Indien verstehen

Arndt Michael • Marcel M. Baumann (Hrsg.)

Indien verstehen

Thesen, Reflexionen und
Annäherungen an Religion,
Gesellschaft und Politik

 Springer VS

Herausgeber
Arndt Michael
Freiburg im Breisgau, Deutschland

Marcel M. Baumann
Freiburg im Breisgau, Deutschland

Gefördert vom Innovationsfonds 2014 der Albert-Ludwigs-Universität Freiburg

ISBN 978-3-658-08907-8   ISBN 978-3-658-08908-5   (eBook)
DOI 10.1007/978-3-658-08908-5

Die Deutsche Nationalbibliothek verzeichnet diese Publikation in der Deutschen National-
bibliografie; detaillierte bibliografische Daten sind im Internet über http://dnb.d-nb.de abrufbar.

Springer VS

Gedruckt auf säurefreiem und chlorfrei gebleichtem Papier

Springer VS ist Teil von Springer Nature
Die eingetragene Gesellschaft ist Springer Fachmedien Wiesbaden GmbH

Inhaltsverzeichnis

Mohandas Gandhi zwischen Glorifizierung und Fundamentalkritik

Abkürzungsverzeichnis

AAP	Aam Aadmi Party (Partei des einfachen Mannes)
AITC	All India Trinamool Congress
ASEAN	Association of Southeast Asian Nations
BJP	Bharatiya Janata Party (Indische Volkspartei)
BJS	Bharatiya Jana Sangh (Indische Volksvereinigung)
BPO	Business Process Outsourcing
BRICS	Brazil, Russia, India, China, South Africa
CII	Confederation Indian Industries
CPI	Communist Party of India
CSSS	Center for Study of Society and Secularism
CWMG	Collected Works of Mahatma Gandhi
DBR	Deutsche Bank Research
EU	Europäische Union
FICCI	Federation of Indian Chambers of Commerce and Industry
GIDC	Gujarat Industrial Development Corridor
GTAI	Germany Trade and Investment
HDI	Human Development Index
IB	Internationale Beziehungen
INC	Indian National Congress
IPKF	Indian Peace Keeping Force
IT	Informationstechnologie
ITO	Information Technology Outsourcing
IWF	Internationaler Währungsfonds
KPO	Knowledge Process Outsourcing
LAC	Line of Actual Control
NAM	Non-Aligned Movement
NDA	National Democratic Alliance

NDB	New Development Bank
NPT	Non-proliferation Treaty
NVK	Vertrag über die Nichtverbreitung von Kernwaffen
OPEC	Organisation erdölexportierender Länder
PI	Performance Index
PLA	People's Liberation Army
RSS	Rashtriya Swayamsevak Sangh (Nationaler Freiwilligenbund)
SAARC	South Asian Association for Regional Cooperation
SAFTA	South Asian Free Trade Area
SAPTA	SAARC Preferential Trading Agreement
TASMA	Tamil Nadu State Marketing Corporation
UN	United Nations
UNASUR	Union Südamerikanischer Staaten
UPA	United Progressive Alliance
VHP	Vishwa Hindu Parishad (Welthindurat)
VN	Vereinte Nationen
WTO	World Trade Organization

Vorwort

Der vorliegende Sammelband ist das Ergebnis eines Lehrforschungsprojektes, das am Seminar für Wissenschaftliche Politik an der Albert-Ludwigs-Universität Freiburg durchgeführt wurde. Die Lehrforschung bestand aus zwei Teilen: Zum einen wurden Lehrveranstaltungen im Bereich der Internationalen Beziehungen und Friedens- und Konfliktforschung angeboten. Zum anderen haben im Rahmen dieser Lehrveranstaltungen fünfzehn Bachelor- und Master-Studierende zu vielfältigen Themenfeldern und Aspekten Indiens recherchiert und auf dieser Grundlage die vorliegenden Beiträge verfasst. Zwei weitere Beiträge steuerten die Herausgeber bei. Finanziert wurde das Projekt aus Mitteln des Innovationsfonds 2014 der Albert-Ludwigs-Universität Freiburg.

Das methodische Vorgehen der Autorinnen und Autoren umfasste eine intensive Analyse von Primärliteratur, Sekundärliteratur sowie grauer Literatur. Hinzu kamen Experteninterviews und teilnehmende Beobachtungen vor Ort.

Die Beiträge richten sich an ein breites Publikum: an Wissenschaftler, Lehrende, Journalisten, zivilgesellschaftliche Akteure und Indienexperten und an alle an Indien – und insbesondere an neuen Perspektiven auf Indien – interessierten Personen.

Unser besonderer Dank gebührt dem Springer VS Verlag, der das Projekt von Beginn an intensiv betreut hat.

Freiburg, im November 2015
Arndt Michael und Marcel M. Baumann

Einleitung: Indien zwischen Mythos, Widerspruch und Realität

Arndt Michael und Marcel M. Baumann

Kann man Indien verstehen? Bei dem Versuch, die mannigfaltigen gesellschaftlichen, sozialen und politischen Phänomene, die man in Indien beobachten kann, nachzuvollziehen, wird man mit Klischees und Vorurteilen konfrontiert, die widersprüchlich und nur schwer miteinander zu vereinbaren sind: Indien ist das zweitgrößte Land der Erde und die weltgrößte Demokratie. Das Land wird seit Jahren als potenzielle außenpolitische Weltmacht betrachtet, denn nicht zuletzt ist Indien eine der wenigen Atommächte der Welt. Indien, das ist natürlich auch das Land Gandhis und der Bewegung der Gewaltfreiheit, ebenso wie von Ayurveda, Bollywood und berühmten Festivals wie Holi oder Diwali. Mit Indien verbindet man gleichzeitig den Hinduismus, das Kastenwesen und Siddhartha Gautama, der im Allgemeinen „Buddha" genannt wird und dessen Lehre den Buddhismus begründete. Negativ wird Indien assoziiert mit dem Aufeinanderprallen von Tradition und Moderne, mit weitverbreiteter Armut, den größten Slums der Welt, der Missachtung von Frauenrechten, einer maroden Infrastruktur, Luftverschmutzung oder allgegenwärtiger Korruption.

Kurzum: Indiens Kultur und Gesellschaft sind gekennzeichnet von großer Mannigfaltigkeit und Widersprüchlichkeit, die verschiedenen Akteure und Prozesse seiner Innen- und Außenpolitik sind für viele nur schwer zugänglich oder nachvollziehbar. „Einheit in der Vielfalt", so beschrieb Jawaharlal Nehru, Indiens erster Premierminister, das zentrale Kennzeichen Indiens und gleichzeitig seinen eigenen Anspruch an das unabhängige Indien. Mit dem vorliegenden Buch „Indien Verstehen – Thesen, Reflexionen und Annäherungen an Religion, Gesellschaft und Politik" wird der Versuch unternommen, sich dieser beeindruckenden Vielfalt Indiens aus unterschiedlichen und teils neuen Perspektiven zu nähern. Gleichzeitig sollen gerade der Mythos Indien und zahlreiche, damit zusammenhängende Vorstellungen kritisch hinterfragt werden. Warum aber ist Indien ein Mythos?

Ein Mythos kann als Phänomen verstanden werden, das auf der Basis bestimmter Vorstellungen glorifiziert wird und einen legendären Charakter zugesprochen bekommt. Dass Indien seit Jahrhunderten eine große Faszination ausübt und viele seiner Facetten und seine Geschichte bisweilen glorifiziert werden, ist unbestritten. Gleichzeitig hat diese Faszination zu einem hohen Maß an Verklärung geführt. Begriffe wie „Kaste", Personen wie Mahatma Gandhi oder die Ausprägungen des Hinduismus werden sehr oft mit falschen Assoziationen verbunden. Gleiches gilt für die Charakterisierung Indiens als politischer oder wirtschaftlicher Weltmacht. Die Autoren dieses Buches hinterfragen genau jene Vorstellungen, auf denen der Mythos gründet: Warum halten sich hartnäckig bestimmte Interpretationen und Wahrnehmungen über das Kastenwesen, obwohl sie in der Realität so nicht existieren? Warum wird Indien häufig zu einer politischen und wirtschaftlichen Weltmacht stilisiert, obwohl die meisten Voraussetzungen, die eine Weltmacht ausmachen, bis auf Weiteres nicht erfüllt sind? Oder warum wird Gandhi häufig wie ein Heiliger verehrt, womit Teile seiner Biografie und seiner kontroversen Aussagen zu bestimmten Themen ignoriert werden? Gleichzeitig hinterfragen wir den gegenwärtigen Trend, Gandhi zu kritisieren, der von der bekannten indischen Autorin und Aktivistin Arundhati Roy angestoßen wurde: Geht es in der Fundamentalkritik an Gandhi, die darauf hinausläuft, Gandhi sogar als „Rassisten" zu diskreditieren, wirklich um die Substanz seines Denkens, oder geht diese Kritik in einer unreflektierten, beinah populistischen Art und Weise zu weit?

Es ist das Ziel der Herausgeber, Antworten auf diese Fragen zu finden. Hierzu bedurfte es einer reflektierten Auseinandersetzung mit den gesellschaftlichen, politischen und sozialen Aspekten eines schier unendlich facettenreichen Landes. Die folgenden Analysen gingen von fünf zugespitzten Thesen aus:

- Es gibt *kein* Kastensystem.
- Es gibt *keinen* Hinduismus.
- Indien ist *kein* Beispiel für friedliche, inter-religiöse Koexistenz.
- Indien ist *keine* Weltmacht.
- Gandhi war *kein* Heiliger und *kein* Rassist.

Aufbauend auf diesen Thesen wurden in fünf Themenblöcken siebzehn Einzelbeiträge verfasst. Darunter befindet sich in jedem dieser fünf Themenblöcke ein spezieller Beitrag unter der Rubrik „Querdenken", in dem die Autorinnen oder Autoren zu einer intensiveren Auseinandersetzung mit dem Mythos Indien aufrufen und herrschende Vorstellungen über Indien kritisch hinterfragen. Im ersten Themenblock – *Homo hierarchicus:* **Das Kastenwesen** – stellt Raphael Steinhilber zunächst das Kastenwesen vor. Die zentrale These des Beitrags wird bereits im Titel formuliert: *„Es gibt kein Kastensystem!"* In der Indienforschung ist dieses Thema das wohl umstrittenste überhaupt. Das Plädoyer des Beitrags lautet, dass bereits der Begriff „Kastensystem" fragwürdig ist und nicht verwendet werden sollte. Stattdessen sollte man eher den Plural „Kastensysteme" gebrauchen oder vom „Kastenwesen" sprechen. Im folgenden Beitrag bringt Philipp Rack die Kritik an gängigen Vorstellungen, die sich mit dem Begriff „Kaste" verbinden, auf den Punkt. Er stellt die Frage, ob Deutschland selbst als Kastengesellschaft verstanden werden kann *(*QUERDENKEN*: Ist Deutschland eine Kastengesellschaft?).* Die zentrale These seines Beitrags lautet also: Wenn man überhaupt den umstrittenen Begriff „Kaste" verwenden möchte, finden sich dann nicht auch in Deutschland bestimmte Charakteristika eines „Kastenwesens"?

Der zweite Themenblock – **Die Religionen des Hinduismus versus Hindu-Nationalismus** – beschäftigt sich in vier Beiträgen näher mit dem Hinduismus. Vergleichbar mit der Infragestellung des Begriffs „Kastensystem" durch Raphael Steinhilber hinterfragen Julian Etspüler, Daniel Schröder und Bernadette Wilke populäre Vorstellungen, auf denen die Verwendung des Begriffs „Hinduismus" aufbaut. Erneut wird hier die zentrale These bereits im Titel formuliert: *„Es gibt keinen Hinduismus."* Die wesentliche Aussage des Beitrags besteht darin, auch hier den Plural anzuwenden und von „Hindu-Religionen" zu sprechen. „Hinduismus" ist eine „im Westen" entstandene Fremdbezeichnung für ein großes Kollektiv an verschiedenen Religionsausprägungen und Ritualformen. Ausgehend von dieser reflektierten Hinduismus-Analyse setzen sich die folgenden drei Beiträge mit dem Hindu-Nationalismus auseinander. In der Rubrik „Querdenken" übt Lisa Janz heftige Kritik an den politischen Ausprägungen des Hindu-Nationalismus. Sie vergleicht diesen mit westlichen Faschismustheorien *(*QUERDENKEN*: Hindu-Nationalismus gleich Hindu-Faschismus?).* Im vierten Beitrag untersucht Sonja Grässle den Wahlsieg der *Bharatiya Janata Party* (BJP) bei den Wahlen zur *Lok Sabha* im Mai 2014 *(Die indischen Parlamentswahlen 2014 und mögliche Konsequenzen des Sieges der Hindu-Nationalisten).* Der Beitrag analysiert die besonderen Bedingungen des indischen Wahlsystems und des Wählerverhaltens sowie die Konsequenzen des BJP-Wahlsieges. In diesem Kontext betrachtet der Beitrag jedoch auch die herbe Wahlniederlage, die die BJP im Februar 2015 bei den Landtagswahlen in Delhi – nach nur neun Monaten im Amt – erfahren musste. Aufbauend darauf analysiert Marcel M. Baumann im letzten Beitrag des Themenblocks das erste Amtsjahr Narendra Modis *(Narendra Modis Dilemma: Zwischen Hindu-*

Nationalismus, Regierungsalltag und politischem Pragmatismus). Dabei zeigt er das Dilemma auf, mit dem sich Modi konfrontiert sieht. Auf der einen Seite muss Modi die Bedürfnisse der hindu-nationalistischen Hardliner befriedigen, auf der anderen Seite stehen die säkularen Interessen der indischen Wirtschaft, die Modi im Wahlkampf in großem Stil finanziell unterstützt haben.

Der dritte Themenblock – **Vielfalt und Toleranz der größten Demokratie der Welt versus ethnische, religiöse und soziale Konflikte** – widmet sich einem sehr kontroversen Thema, das gemeinsam mit den Stereotypen, die sich mit dem Begriff „Kaste" verbinden, zu der am heftigsten diskutierten Problematik in der Indienforschung gehört. Um zu verstehen, warum es in Indien zu Konflikten zwischen verschiedenen Religionsgemeinschaften kommt, muss man sich von der Vorstellung verabschieden, der „Hinduismus" als polytheistisches Religionssystem (nicht als „Religion") sei toleranter und weniger gewaltanfällig als monotheistische Religionen wie das Christentum oder der Islam. Dass auch Hindus im Namen ihrer Götter zur Gewalt greifen können, zeigt der erste Beitrag von Stephan Lutzenberger, in dem er die jahrhundertelange Genese und die Folgen des Ayodhya-Konflikts betrachtet (*Hinduismus und Gewalt: Der Ayodhya-Konflikt aus historischer Perspektive*). Der vorläufige Höhepunkt des Konflikts war die Zerstörung der Babri-Moschee durch fanatisierte Hindus am 6. Dezember 1992. Um zu erklären, wie es dazu kommen konnte, dass ein aus Stein erbauter Tempel innerhalb weniger Stunden mit bloßen Händen zerstört wurde, wählt der Beitrag eine weit zurückreichende historische Perspektive. Im anschließenden Artikel von Felix Ettensperger und Florian Hagenbeck liegt der Fokus auf dem Bundesstaat Gujarat und der konfliktbehafteten Koexistenz von Hindus und Muslimen (*Der Hindu-Nationalismus und religiöse Konflikte in Gujarat*). In Gujarat ereignete sich der vorläufige Tiefpunkt der religiösen Auseinandersetzungen im Februar und März 2002, als mehrere Tausend Muslime ums Leben kamen. In diesem Beitrag wird versucht, den Verlauf der Gewaltakte von 2002 strukturiert nachzuzeichnen und anhand verschiedener Erklärungsansätze die Entwicklung des Gewaltausbruchs plausibel zu machen. Im folgenden Beitrag beschäftigen sich Sebastian Wirtz und Moritz Niyoman von Feilitzsch in der Rubrik „Querdenken" mit der Situation der Christen in Indien (QUERDENKEN: *Christenverfolgung in Indien: Werden Christen verfolgt, gerade weil sie Christen sind?*). Der Beitrag untersucht vor allem die Gewaltereignisse, die im Sommer 2008 im Bundestaat Odisha beobachtet wurden. Bei diesen Gewaltausbrüchen kamen mehr als 100 Christen ums Leben, mehr als 50.000 wurden aus ihren Häusern vertrieben. Der Beitrag lädt ein zum Querdenken: Wie kann es sein, dass in der größten Demokratie der Welt Christen verfolgt werden?

Der Themenblock endet mit einem Blick von Teresa Merz auf die Situation der Frauen und häusliche Gewalt am Beispiel des südindischen Bundestaates Tamil Nadu (*Frauen und häusliche Gewalt in Indien: Beispiele und Beobachtungen aus Tamil Nadu*). Der Beitrag greift damit eine besonders heikle Thematik auf, die weltweit seit der Massenvergewaltigung einer jungen indischen Studentin in Delhi im Dezember 2012 thematisiert wird. Der Beitrag erläutert, dass in einem traditionellen Gesellschaftssystem, das in hierarchische Strukturen eingebettet ist, es mehr als unwahrscheinlich ist, dass sich das Problem von häuslicher Gewalt schnell lösen wird.

Der vierte Themenblock – **Quo vadis, Weltmacht Indien?** – beschäftigt sich mit der indischen Außenpolitik und der Rolle Indiens als potenzieller Weltmacht. Im ersten Beitrag analysiert Arndt Michael die Außenpolitik von 1947 bis 2015 unter besonderer Berücksichtigung der aktuellen indischen Außenpolitik seit Mai 2014 (*Zwischen Blockfreiheit, Panchsheel und Hindutva: Die Paradoxien indischer Außenpolitik von 1947 bis 2015*). Die indische Außenpolitik ist seit 1947 durch starke Kontinuität, aber auch große Brüche charakterisiert. Diese Brüche und die Konturen einer „neuen" BJP-Außenpolitik werden intensiv diskutiert. Daran schließt sich der Artikel von Jonas Hirt an, der der Frage nachgeht, welche Art von „Macht" Indien außenpolitisch eigentlich darstellt (*Ist Indien Regionalmacht, Großmacht oder Weltmacht? Stationen indischer Außenpolitik*). In der Rubrik „Querdenken" geht Astrid Kentischer noch einen Schritt weiter und setzt sich mit der kritischen These auseinander, ob die Bewertung Indiens als globale Wirtschaftsmacht lediglich auf bestimmte ökonomische Interessen *außerhalb* Indiens zurückzuführen ist (QUERDENKEN: *Wie man eine Weltmacht konstruiert: Die Rolle des Think Tanks Deutsche Bank Research*). Ihre Ausführungen zeigen auf, wie stark die Arbeiten eines Think Tanks aus dem Bankensektor Stoßrichtung und Perspektive von journalistischen und politischen Analysen beeinflussen können. Der letzte Beitrag dieses Themenblocks von Fedor Unterlöhner betrachtet die Bedeutung der Regionalorganisation *South Asian Association for Regional Cooperation* (SAARC) für die Region Südasien (*Die SAARC und die regionale Integration in Südasien: Eine Bestandsaufnahme und die zentrale Rolle des indisch-pakistanischen Konflikts*). Der Beitrag zeigt deutlich, in welch hohem Ausmaß der indisch-pakistanische Konflikt Fortschritte in der regionalen Integration und Kooperation in Südasien seit Gründung der SAARC im Jahr 1985 verhindert hat.

Der fünfte und letzte Themenblock – **Mohandas Gandhi zwischen Glorifizierung und Fundamentalkritik** – stellt die Person des Mohandas Gandhi in den Fokus der Analyse. Der erste Beitrag von Christopher Rüchardt beschreibt und reflektiert die kritische Debatte über die Rolle und Bedeutung von Gandhi, die von Arundhati Roy neu entfacht wurde (*Mythos versus Wirklichkeit: Mohandas Gandhi im Lichte der Kritik von Arundhati Roy*). Diese Debatte ist allerdings nicht neu, sondern wurde von Roy lediglich neu belebt und bezieht sich auf die historische Kontroverse zwischen Bhimrao Ramji Ambedkar und Gandhi. Im Kontext dieser Debatte setzt sich der letzte Beitrag von Timothy Schlegel mit der Fundamentalkritik von Ambedkar und Roy an Gandhi auseinander (*Gandhi und Ambedkar: Der „Heilige des Status quo" und der Dalit-Professor*).

Homo hierarchicus: Das Kastenwesen

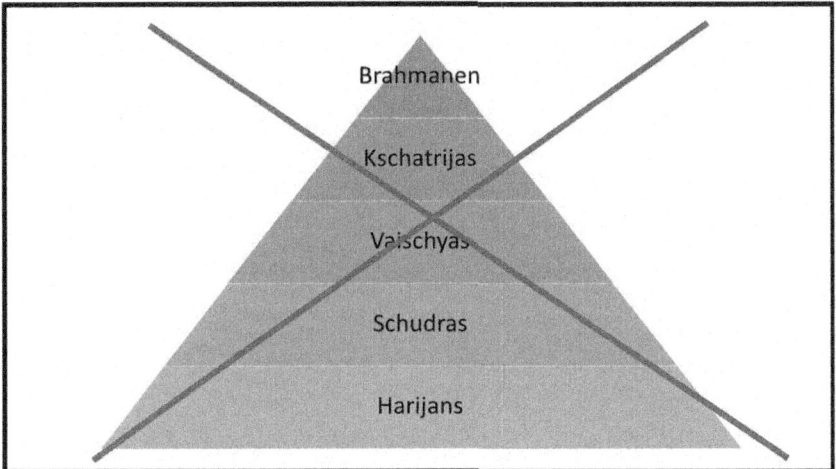

„Es gibt kein Kastensystem!"

Raphael Steinhilber

Einleitung

Das „westliche" Bild des indischen Lebens ist zumeist auf zwei Dinge beschränkt: den Hinduismus und das Kastenwesen. Vielen ist das Schaubild der Kasten bekannt: ein Dreieck, in dem vier oder fünf gesellschaftliche „Schichten" aufeinandergestapelt sind.

Ganz oben steht die kleine, geistliche Elite der Brahmanen *(brahmin)*, gefolgt von den Kriegern *(kschatriya)*, den Händlern *(vaishya)* und den Bediensteten *(shudra)*. Ganz unten in diesem System befindet sich die große, verarmte Schicht der „Unberührbaren". In der Regel wird dabei angenommen, dass die „Unberührbaren" aufgrund der Wiedergeburtslehre – nach der jeder in seine Kaste hineingeboren wird, aus der er dann für sein gesamtes Leben keinen Ausweg finden kann – keinerlei Aussicht auf sozialen Aufstieg haben. Das angeblich vom „Hinduismus"[1] begründete Kastensystem beraubt in dieser Sichtweise alle Inder der Möglichkeit, ihre gesellschaftliche Position zu verändern: Sie sind in ihrer Kaste gefangen.

Soweit die populäre und mythische Vorstellung des Kastensystem – doch wie erleben und beschreiben die Inder selbst diese Realität? Kann man einer so großen und diversen Gesellschaft mit mehr als einer Milliarde Menschen, einer Vielzahl regionaler Identitäten und Religionen mit einem derart vereinfachenden Modell gerecht werden? Sicherlich ist der „Hinduismus" ein wichtiger Faktor des indischen Lebens, trotzdem ist die indische Gesellschaft zwar „verwandt mit, aber zu unterscheiden vom Hinduismus als Religion".[2] Deshalb kann der „Hinduismus" nicht als einzige Erklärungskategorie herangezogen werden. Gerade das fälschlicherweise allein aus dem „Hinduismus" abgeleitete Kastenwesen kann nicht ohne die historische Entwicklung Indiens verstanden werden. Dieser Mythos muss deshalb dringend korrigiert werden.

Die Kastensysteme

In Indien existiert nicht das *eine* Kastensystem, vielmehr gibt es eine Vielzahl verschiedener Kastensysteme, die teilweise religiös, teilweise aber auch in sozialer Praxis begründet sind, die in einer stetigen Wechselbeziehung stehen und ständigem Wandel unterliegen.

Daraus lässt sich jedoch nicht folgern, dass die indische Gesellschaft nicht hierarchisch aufgebaut wäre und die Kasten keine sozialen Hürden darstellten. Ganz im Gegenteil: Die indische Gesellschaft folgt einer sehr strengen Hierarchie, die auch im Kastenwesen begründet ist. Allerdings ist die stark vereinfachende Vorstellung, die das populäre Indienbild prägt, der tatsächlichen Komplexität nicht angemessen.

Die im Westen dominierenden Vorstellungen des *einen* Kastensystems gehen auf falsche Grundprämissen zurück. Die erste ist, dass das Kastenwesen ein aus dem Hinduismus begründetes Phänomen darstellt, das sich historisch nicht gewandelt hat. Die zweite Annahme geht von einem einzigen, für alle Inder gleichermaßen gültigen Kastensystem aus, dem sich jeder unterzuordnen hat.

Schon bei der Betrachtung der sprachlichen Wurzeln des Begriffs „Kaste" wird deutlich, dass diese Prämissen kaum der Realität entsprechen. Der Begriff „Kaste" leitet sich aus dem portugiesischen Wort *casta* ab, das „ursprünglich etwas nicht Vermischtes, also Art, Rasse, Stamm, Geschlecht"[3] bezeichnete, später wurde es dann vor allem im englischen Sprachgebrauch synonym mit „Stamm" verwendet. Heute lassen sich damit zwei vollkommen unterschiedliche „Institutionen" der indischen Gesellschaft ableiten oder bezeichnen: das religiös begründete *varna* und das in sozialer Praxis begründete *jati*. Varna („Farbe") bezeichnet das oben beschriebene – und unserer westlichen Vorstellung am nächsten kommende – traditionelle System der Kasten, an deren Spitze die Brahmanen stehen. Wenn im modernen Indien von „Kasten" die Rede ist, bezieht sich dies allerdings zumeist auf das weniger bekannte *jati*-System, womit das unmittelbare soziale Umfeld und die berufliche Spezialisierung gemeint sind. Aktuell existieren ungefähr 3.000 dieser berufsspezifischen Kasten. Allein dies macht deutlich, dass die Reduzierung der indischen Gesellschaft auf vier oder fünf Kasten der Realität kaum entspricht.

Um das *jati*-System in seiner Komplexität verstehen zu können, ist es notwendig, seine Entstehung im historischen Kontext zu betrachten. Es entwickelte sich im Zuge der Verbreitung der Bauerngesellschaft auf dem indischen Subkontinent. In dieser von landbesitzenden Bauern dominierten Gesellschaft bildeten einzelne Dörfer oder Gruppen von Dörfern abgeschlossene, autarke Einheiten, die weitgehend von der Außenwelt abgeschottet waren. Aufgrund dieser Abgeschlossenheit mussten die notwendigen Güter innerhalb dieser Gemeinschaften produziert werden, weshalb sich diese zu „sozial und funktionell hoch differenzierte[n] Einheit[en]"[4] entwickelten. An ihrer Spitze standen die Bauern, deren Wünsche die übrigen Dorfbewohner – Dienstleister und Handwerker – erfüllen mussten, wofür sie im Gegenzug mit Ernteanteilen oder eigenen Parzellen entlohnt wurden. So entstanden viele verschiedene, hierarchische (Dorf-)Gesellschaften, innerhalb derer die unterschiedlichen Gruppen durch ihre Berufe und die soziale Rangordnung voneinander getrennt waren, die sich somit zwar fremd, aber auch füreinander unverzichtbar waren. Außerhalb dieses Systems standen nur die mittellosen Landarbeiter und Tagelöhner, die von Dorf zu Dorf zogen, um sich ihren Lebensunterhalt zu verdienen. Durch diese funktionelle Notwendigkeit entwickelten sich die verschiedenen Kasten – die *jatis* –, deren Mitglieder durch Geburt und gemeinsame Merkmale von anderen *jatis* abgrenzbar sind. Damit ist die Geburt und die Zugehörigkeit zu einem *jati* ein konstitutives Merkmal für jedes Individuum, das selbst seine Berufswahl bestimmt und aus dem sich auch die Endogamie – also die Heirat ausschließlich innerhalb der eigenen Kaste – ergibt. Zwischen diesen Gruppen besteht eine Hierarchie, die sich „vorrangig an Macht, aber auch an Besitz und an sozialem und rituellem Prestige orientiert".[5] Es zeigt sich also, dass der „Hinduismus" keine entscheidende Rolle in der Entstehung der *jatis* spielte und das Kastenwesen auch alles andere als statisch ist. Vielmehr verändert es sich ständig innerhalb einer Dorfgesellschaft, da die Zusammensetzung der Kasten immer wieder durch Verlust oder Gewinn an Macht und Besitz einzelner Gruppen beeinflusst wird. Es ist außerdem in verschiedenen Dörfern bzw. Regionen, je nach dortiger berufsspezifischer Orientierung, vollkommen anders ausgestaltet.

Reinheit und Unreinheit

Das *jati*-System konnte bisher vollkommen ohne die Kategorien „Reinheit" und „Unreinheit" beschrieben werden, die in der Regel als das „zentrale, organisierende Prinzip des Kastensystems"[6] aufgefasst werden. Tatsächlich war auch in den frühen Dorfgemeinschaften die „Unreinheit" eines Menschen ein wichtiges Kriterium des sozialen Zusammenlebens. Nach dieser Einteilung gilt man als unrein, wenn man gegen den Verhaltenskodex der Hindu-Elite verstößt oder in Kontakt mit als „unrein" angesehenen Dingen (wie Fäkalien oder Tierkadavern) kommt. Die Mitglieder der niedrigeren *jatis* übernehmen üblicherweise Aufgaben, bei denen es unumgänglich ist, einige dieser Verbote zu brechen. Aus diesem Grund gelten sie schon von Geburt an als unrein. Rein sind hingegen diejenigen, die das Unreine vermeiden, was dazu führt, dass Mitglieder höherer bzw. reinerer Kasten keinerlei Umgang mit denen niedrigerer Kasten pflegen. Die Kategorie der Unreinheit ist dementsprechend sehr eng mit der sozialen Hierarchie innerhalb der Gemeinschaft verbunden und kann als ein für die „Bauernkultur angemessene[s] Bild und spezifische[s] Anschauungsmaterial für die abstrakte Kategorie des sozialen Prestiges"[7] beschrieben werden. Sie ist damit aber auch keine feststehende, vielmehr muss sie sich immer wieder den aktuellen Verhältnissen anpassen, um die tatsächliche soziale Hierarche widerzuspiegeln.

Insgesamt ist das *jati* also ein streng hierarchisches System, das mit Hilfe der Kategorie der Unreinheit strukturiert wird. Es ist aber kein vollkommen statisches Gebilde, in dem es keinerlei sozialen Aufstieg oder Abstieg gäbe. Denn auch wenn nicht unbedingt vorgesehen, geschehen solche Übergänge durch Anpassung der verschiedenen Kasten doch ständig. Bisher haben wir uns nur mit einer Hälfte des „Kastensystems" beschäftigt. Um aber die heutige Situation der indischen Gesellschaft verstehen zu können, ist es außerdem notwendig, dessen zweiten Teil – das *varna* – genauer zu untersuchen.

Hier kommt nun ein weiteres Merkmal des „Hinduismus" zum Tragen, das oft als zentraler Bestandteil der indischen Gesellschaft und des Kastenwesens gesehen wird: der Wiedergeburtsglaube, nach dem jeder Mensch während seines Lebens positives oder negatives *karma* ansammelt, das am Ende seines Lebens dann entscheidet, ob er in einer höheren oder niedrigeren Kaste wiedergeboren wird. Wie wir gesehen haben, ist es möglich, das indische Kastenwesen (im Sinne von *jati*) komplett ohne diesen Glauben zu verstehen; seine Bedeutung kann also kaum so groß sein, wie oft angenommen wird. Dennoch lässt sich auch nicht behaupten, dass er keine Rolle in der indischen Gesellschaft spielt, denn er ist maßgeblich für die Entstehung des *varna* verantwortlich. Die Brahmanen versuchten zwar nie, die Doktrin der Wiedergeburt auf dörflicher Ebene anzuwenden, allerdings sahen sie sich gezwungen, ein zu diesem Glauben passendes universales System sozialer Ordnung zu schaffen.

Vereinfacht ausgedrückt, überwölbt das *varna* mit seinen vier Kasten und den noch außerhalb stehenden „Unberührbaren" die vielen kleinen Einzelkasten auf dörflicher Ebene. Dementsprechend wird jeder Inder in eine der *varna*-Kasten hineingeboren, gehört aber gleichzeitig immer auch einer der *jati*-Kasten an. Aus historischer Sicht kann das *varna* vor allem als Herrschafts- und Selbstlegitimation der

Brahmanen und der oberen Schichten betrachtet werden. Für die untersten sozialen Schichten war diese „Doktrin zumeist unbekannt und weitgehend ohne Bedeutung".[8] Gleichzeitig war sie auch nie konkurrenzlos, denn andere soziale Gruppen versuchten, ihre eigenen hierarchisch angelegten Modelle durchzusetzen, in denen nicht die Brahmanen, sondern die Könige oder Asketen an der Spitze standen. Erst die britischen Besatzer sorgten dafür, dass das *varna* sich durchsetzen sollte, da sie ein einfaches Gesellschaftsmodell suchten und es im *varna*-System fanden. Dieses Gesellschaftsmodell festigten die Briten durch die Einführung des *Census of India*, einer alle zehn Jahre stattfindenden Volkszählung, bei der die indische Bevölkerung, nach ihrer varna-Kaste eingeteilt, erfasst wird. Welche Rolle spielen aber *varna* und *jati*, Reinheit und Unreinheit in der heutigen indischen Gesellschaft?

Die Rahmenbedingungen der indischen Gesellschaft und des Kastenwesens haben sich heute deutlich geändert. Zwei Veränderungen sind dabei besonders entscheidend. Einerseits haben moderne Kommunikationsmittel und Verkehr dafür gesorgt, dass die meisten Inder mittlerweile Zugang zu breitem Wissen haben, das früher nur einer kleinen (brahmanischen) Elite zugänglich war. Dies bedeutet einen erheblichen Legitimitätsverlust für die religiöse Elite und damit einhergehend die Infragestellung der brahmanischen Leitkultur. Auf der anderen Seiten hat das *jati*-System in seiner klassischen Form aufgrund wirtschaftlicher Entwicklung seine Daseinsberechtigung verloren, da die meisten seiner Berufe im sozialen Gefüge eines Dorfes nicht mehr notwendig sind.

Da die *jati*-Kasten ihre Funktion und damit einen Großteil ihrer Legitimation verloren haben, ist ihre Bedeutung für das individuelle Leben entsprechend deutlich geringer geworden. Vor allem in der städtischen Mittelschicht richtet sich das soziale und berufliche Leben kaum noch nach dem jeweiligen *jati*; Freundschaften werden unabhängig von der Kaste geschlossen und es wird nach höherer Bildung und qualifizierten Berufen gestrebt. Trotzdem sind die Kasten nicht verschwunden, vielmehr haben sie eine neue Funktion als politische Interessengemeinschaften übernommen. Die Mitglieder der verschiedenen *jatis* organisieren sich auf regionaler Ebene, versuchen für ihre eigenen Interessen einzutreten und erzielen dabei auch Erfolge, wie z. B. die quotierte Vergabe von Studienplätzen nach Kastenzugehörigkeit. Viele der größeren *jatis* haben im Zuge der Demokratisierung Indiens erheblich an Macht gewonnen und sind heutzutage für die Politik kaum zu ignorierende Akteure. Neben diesen neuen Entwicklungen ist die Endogamie als einer der traditionellen Faktoren der *jatis* in breiten Teilen der indischen Bevölkerung erhalten geblieben und wird bisher nur von einer kleinen städtischen Elite in Frage gestellt.

Das *varna* spielt in der heutigen indischen Gesellschaft hingegen nur noch eine untergeordnete Rolle. Auch wenn es von den Briten durch den *Census of India* zu einer hochpolitischen Angelegenheit gemacht wurde, da sich die Mitglieder verschiedener Kasten zum ersten Mal ihrer Position in der Gesellschaft bewusst wurden und damit auch ein Kampf um diese einsetzte, wird das *varna* heute hauptsächlich zur groben Verortung einer Person im weiten, sozialen Raum benutzt, so zum Beispiel im Kontext politischer Debatten.

Anders steht es um die Kategorie der „Unreinheit" und um die Kaste der ungefähr 150 Millionen „Unberührbaren", die sich heute selbst als *dalits* („die Unterdrückten") bezeichnen. Trotz vieler sozialpolitischer Bewegungen, die im letzten Jahrhundert die Situation der „Unberührbaren" anprangerten und zu verbessern suchten, ist die „Unreinheit" immer noch eine wichtige Kategorie in der heutigen Gesellschaft und es bestehen deutliche soziale Benachteiligungen für die *dalits*. Diese sind allerdings nicht mehr mit früheren Zeiten zu vergleichen, in denen „Unberührbare" von den oberen Schichten vollkommen gemieden und nicht einmal eines Blickes gewürdigt wurden. Auch die *dalits* vertreten heutzutage ihre Interessen in der Politik.

Konklusionen

Insgesamt ist es also falsch zu behaupten, die indische Gesellschaft sei nicht vom Kastenwesen und von hierarchischem Denken geprägt. Oder in den Worten des Marathi-Dichters Govindraj ausgedrückt:

> Die indische Gesellschaft setzt sich aus Menschen zusammen, die ihre Häupter senken, um die Schläge von oben entgegenzunehmen und gleichzeitig nach unten zu treten – niemals aber darüber nachdenken, dem einen zu widerstehen oder das andere zu lassen.[9]

Das hierarchische Prinzip ist weiterhin stark im Bewusstsein der indischen Gesellschaft und ihrer Mitglieder verankert und es besteht auch eine große Diskrepanz zwischen nach außen hin gezeigtem politisch korrektem Verhalten und einer „abfälligen privaten Anschauung"[10] seitens der Mittel- und Oberschicht.

Gleichzeitig werden die Zwänge der Kasten weiterhin gelockert und haben bei Weitem nicht mehr die Bedeutung, die ihnen noch vor wenigen Jahren zukam. Gerade im politischen Bereich sind die *jatis* heutzutage prinzipiell gleichgestellt, wenn sie auch aus Positionen „unterschiedlicher Stärke, Kompetenz und Erfolgsaussicht um Macht, Einkommen und Prestige"[11] kämpfen.

Insbesondere ist aber die westlich geprägte Vorstellung des einen, allgemeingültigen Kastensystems angesichts der realen Komplexität der indischen Gesellschaft nicht haltbar. Vielmehr existieren verschiedene konkurrierende und sich ergänzende Kastensysteme, die nicht unabhängig von Zeit und Raum Gültigkeit besitzen. Somit ist die Kastengesellschaft „nicht mehr fixe Idee, sondern flexible, situationsbedingte Kategorie und Form sozialer Organisation".[12]

Anmerkungen

1   Vgl. hierzu auch den Beitrag von *Etspüler/Schröder/Wilke* in diesem Band.
2   Kakar (2006: 10).
3   Jürgenmeyer & Rösel (2009: 208).
4   Ebd.: 207.
5   Ebd.: 208.
6   Kakar (2006: 36).
7   Jürgenmeyer & Rösel (2009: 209).
8   Ebd.: 212.
9   Govindraj zitiert nach Kakar (2006: 32).
10 Ebd.: 35.
11 Jürgenmeyer & Rösel (2009: 214).
12 Ebd.

Ist Deutschland eine Kastengesellschaft?

Philipp Rack

Einleitung

„Indien ist eine Kastengesellschaft" – diese Aussage gehört, wie Raphael Stein-hilber erläutert hat, zum klassischen Indienbild. Dabei zeigt sich, dass ein unre-flektierter Umgang mit dem Konzept „Kaste" sehr problematisch sein kann. Des-halb soll im Folgenden herausgearbeitet werden, ob nicht auch in der deutschen Gesellschaft Facetten gefunden werden können, die dem in der Alltagssprache verwendeten Konzept der Kasten zuzuordnen sind. Doch wenn selbst unsere eige-ne Gesellschaft Facetten aufweist, die jenen Grundlagen des Kastenwesens na-hekommen, mit dem die indische Gesellschaft beschrieben wird, um sie damit üblicherweise gleichzeitig zu kritisieren, ist es dann nicht an der Zeit, die bisweilen inflationäre Verwendung des Kastenbegriffs grundsätzlich zu überdenken?

Der Begriff Kaste ist eine Fremdbeschreibung, er stammt vom portugiesischen *casta* ab.[1] „Die Portugiesen [...] versuchten damit ein Phänomen der Abgrenzung und hierarchische[n] Anordnung gesellschaftlicher Gruppen vor allem in Bezug zur Heirat zu benennen, das sie aus ihrer eigenen Kultur nicht kannten."[2] Unserem Verständnis von Kaste entspricht in Indien am ehesten das Wort *jati*[3]:

> Mit jati bezeichnen die Inder [...] eine durch das Kriterium der Geburt im Sinne der gemeinsamen Abkunft gekennzeichnete soziale Einheit (Genus), deren Mitglieder gemeinsame Merkmale besitzen, die sie von anderen jatis unterscheidbar machen.[4]

Doch wie sieht *unsere* Vorstellung einer Kaste aus? Zentral scheinen die durch Geburt bestimmte Zugehörigkeit der Mitglieder, die Berufsbezogenheit sowie das Vorhandensein von Vorschriften zur Reinheit der Kaste und der damit einhergehende Einfluss auf das Heiratsverhalten zu sein.[5]

Obwohl häufig die Vorstellung eines starren Systems ohne gesellschaftliche Mobilität unser Bild der Kasten prägt, ist dies nicht richtig. Innerhalb der Kastengesellschaft gibt es ständige Auf- und Abstiegsprozesse.[6] Allgemein ist auch wichtig festzustellen, dass es kaum möglich ist, von *einem* Kastensystem zu sprechen: „Kaste und Kastensystem sind also nicht allgemein, ohne Bezug zu Zeit und Raum, verbindlich zu definieren."[7] Daher gebietet es die Vielfalt, „nicht von einem System zu sprechen, sondern von verschiedenen, durchaus konkurrierenden Systemen, die je nach Kontext unterschiedlich ausfallen können".[8] Trotzdem dominiert hierzulande die Vorstellung Indiens als eines feststehenden Kastensystems; dieses Bild aber ist ein Mythos.[9] Richtiger ist es stattdessen, von Kastensystem*en* zu sprechen. Oder man verwendet den Singular „Kastenwesen".

Die drei Säulen des Kastenwesens

Wie lässt sich das Kastenwesen im Allgemeinen definieren? Ein Ansatz dafür ist das Benennen dreier Säulen, auf denen das Kastenwesen basiert. Diese sind:

- die Trennung der Gruppen insbesondere in Bezug auf Heirat und Essen
- eine erbliche Arbeitsteilung
- die Hierarchie[10]

Die obigen Ausführungen machen deutlich, wie problematisch der Begriff der Kastengesellschaft ist. Nicht nur, dass das Wort Kaste selbst eine Fremdbeschreibung ist, die damit verbundenen Vorstellungen stimmen zudem nicht immer mit der Realität überein. Die drei genannten Säulen zeigen ein weiteres Problem. Definitionen, die unseren Begriff einer Kastengesellschaft prägen, sind teils so allgemein, dass sie nicht nur auf dieses als Besonderheit der indischen Gesellschaft wahrgenommene Phänomen zutreffen.

Wenn man Kastengesellschaft so allgemein definiert, stellt sich die Frage, ob dann nicht auch Deutschland eine Kastengesellschaft sei. Um sich dieser Frage zu nähern, sollen im Folgenden exemplarisch zwei Aspekte der deutschen Gesellschaft behandelt werden, die zu den ersten beiden Säulen einer Kastengesellschaft passen.

Die erste Säule der indischen Kastengesellschaft soll die „Trennung der Gruppen insbesondere in Bezug auf Heirat und Essen" sein.[11] Doch findet man nicht auch in Deutschland eine Art Gruppentrennung vor, wenn man das Heiratsverhalten betrachtet? Die Berichterstattung in den Medien untermauert diese These. Die *Süddeutsche Zeitung* überschrieb am 30.01.2014 einen Artikel ihrer Onlineausgabe mit der Überschrift „Heiraten zementiert soziale Spaltung". Darin heißt es: „80 Prozent der deutschen Paare haben inzwischen ähnliche Berufe und ein ähnliches Bildungsniveau",[12] stellt der Soziologe Hans-Peter Blossfeld von der Universität Bamberg fest.

Die Feststellung, dass soziale Gruppen sich in Deutschland durch das Heiraten nicht vermischen, sondern eher abgrenzen, findet sich auch in Betrachtungen der Familiendemografie in Deutschland.[13]

Bei der Wahl des Partners dominiert heute weiterhin eindeutig Ähnlichkeit, während sich Personen aus unterschiedlichen sozialen Milieus offenbar nur selten attraktiv finden und statistisch gesehen auch eine kleinere Chance haben, sich überhaupt zu begegnen. So haben 67 % der Ehepartner den gleichen Schulabschluss und 85 % wohnten vor dem Kennenlernen nicht weiter als 20 km voneinander entfernt.[14]

Auch eine soziologische Studie zum Heiratsverhalten in Westdeutschland Mitte der 90er Jahre untermauert die These. Dort heißt es, es gäbe „eine deutlich ausgeprägte Neigung, innerhalb der eigenen Bildungsgruppe zu heiraten, in den jüngeren Kohorten ist nahezu die Hälfte aller Ehen bildungsmonogam."[15]

Offensichtlich ist auch in Deutschland das Heiratsverhalten von der Zugehörigkeit zu sozialen Gruppen geprägt. Dabei scheint das Bildungsniveau ein wichtiger Faktor bei der Wahl des Ehepartners zu sein. Anscheinend erfüllt die deutsche Gesellschaft zumindest diesen Aspekt einer Kastengesellschaft.

„[D]er aktuelle ‚Chancenspiegel 2013' der Bertelsmann Stiftung [zeigt]: Noch immer ist in Deutschland der Zusammenhang zwischen Bildungserfolg und sozialer Herkunft erschreckend hoch."[16] Meldungen wie diese befeuern immer wieder die Diskussion über Chancengerechtigkeit in Deutschland. Festzustellen ist, dass „[d]ie Chancen auf eine höhere Ausbildung an Gymnasien und Universitäten […] nach wie vor sehr ungleich verteilt [sind]".[17] Dabei sind vor allem Kinder aus sozial schwachen Familien benachteiligt.[18] Gleichzeitig ist „[d]er Einstieg oder Aufstieg in höhere berufliche Positionen [...] immer häufiger an einen Hochschulabschluss gebunden".[19]

Soziale Herkunft ist also ein wichtiger Faktor, der die Bildungschancen beeinflusst. Über die Bildungschancen beeinflusst er schließlich auch die Chancen im Berufsleben allgemein. Versteht man als zweite Säule einer Kastengesellschaft die erbliche Arbeitsteilung, scheint, provokant gesagt, auch Deutschland nicht weit davon entfernt. Durch die Ungerechtigkeit im Bildungsbereich reproduzieren sich soziale Unterschiede über Generationen.

Deutlich wird wieder, welche zentrale Rolle Bildung spielt. Nicht nur ist Bildung bei der Wahl der Heiratspartner entscheidend, auch bei den Berufschancen kommt die Bildungsungerechtigkeit zum Tragen.

Konklusionen

Ist Deutschland eine Kastengesellschaft? Die Antwortet lautet: Nein. Die obige, kurze Darstellung blendet natürlich viele für Indiens Gesellschaft wichtige Aspekte aus. Zu nennen sind hier auch z.b. rituelle Komponenten und die Begriffe der Reinheit und Unreinheit.[20] Und dennoch: Obwohl Deutschland keine „reine" Kastengesellschaft darstellt, gibt es auch in unserer Gesellschaft große Probleme mit sozialer Ungleichheit.

Wichtiger noch ist aber, darauf aufmerksam zu machen, wie problematisch der Begriff der Kaste ist. Dieser wird teilweise so allgemein gebraucht, dass er sich im Prinzip sogar grob auch auf Deutschland anwenden lassen könnte. Doch vor allem liegt das Problem darin, dass der Begriff häufig verallgemeinernd für eine Reihe von Phänomenen genutzt wird, die nicht klar voneinander abgegrenzt werden.

Anmerkungen

1 Jürgenmeyer & Rösel (2009: 208). Vgl. hierzu auch den Beitrag von *Steinhilber* in diesem Band.
2 Skoda (2014).
3 Jürgenmeyer & Rösel (2009: 208).
4 Ebd.
5 Betz (2007: 14).
6 Jürgenmeyer & Rösel (2009: 209).
7 Ebd.: 214.
8 Ebd.
9 Vgl. hierzu auch den Beitrag von *Steinhilber* in diesem Band.
10 Skoda (2014).
11 Ebd.
12 Hagelüken, in sueddeutsche.de (29.07.2014).
13 Schneider (2012).
14 Ebd.
15 Wirth (1996: 383).
16 Bach (2013).
17 Geißler (2006: 40).

18　Ebd.
19　Ebd.: 34.
20　Jürgenmeyer & Rösel (2009: 209).

Die Religionen des Hinduismus versus Hindu-Nationalismus

Ein Hindu mag an einen oder an viele Götter glauben oder kann ein Atheist sein, was ihn allerdings zum Hindu macht, sind die rituellen Praktiken und sein Einhalten von Regeln statt das Befolgen von Doktrinen [...] die religiöse Identität eines Hindu hängt nicht von geteilte Ideen und Glaubensvorstellungen ab, sondern von Ritualen und Übergangsriten, die zu Hause oder im Tempel, auf Festen oder Pilgerfahrten zelebriert werden. Kurzum, ein Hindu ist, was ein Hindu tut.
(Sudhir Kakar 2008: 143)

„Es gibt keinen Hinduismus": Reflexionen über Hindu-Religionen

Julian Etspüler, Daniel Schröder und Bernadette Wilke

Einleitung

> Diesen Bösewicht [den Gott Viṣṇu, Anm. der Verf.] verehren Millionen Hindus. Wie schrecklich ist dies! [...] Ein Durcheinander von Göttergeschichten, welche vielfach so gemein sind, dass man sie weder lesen noch hören kann, aber gerade in diesem Sumpf watet das heutige Heidenvolk Indiens. [...] Diese nichtssagende Geplapper leiern sie oft 108 Mal hintereinander her und glauben, dass sie sich dadurch ein großes Verdienst erwerben. Vom heiligen und gerechten Gott und gnädigen Heiland wissen sie nichts.[1]

Mit diesen drastischen Worten verleiht der deutsche Missionar Johann Wörrlein seinen Erfahrungen Ausdruck, die er während seines vierzigjährigen Indienaufenthalts gemacht hat. Wörrleins Aussagen stehen für die monotheistisch geprägte Kultur Westeuropas Modell, die mit der komplexen Vielfalt der indischen Kultur nichts anzufangen weiß.

Heute wird der Hinduismus als eine von fünf Weltreligionen angesehen. Es entsteht damit der Eindruck, es handele sich beim Hinduismus um einen monolithischen Block, der jedoch nur eine allzu naive Vereinheitlichung zahlreicher religiöser Strömungen des indischen Subkontinents abbildet. Nicht selten entstammt diese Vorstellung eines monolithischen Blocks den Ordnungskategorien einer monotheistischen Vorprägung. Jenem Missverständnis fällt auch Johann Wörrlein anheim, wenn er der indischen Bevölkerung das Erkenntnispotenzial eines einzigen „wahren" Gottes abspricht. Dennoch sind Wörrleins vereinfachende Aussagen

im Hinblick auf die Komplexität der hinduistischen Religionen verständlich. Eine
einheitliche Definition des Hinduismus zu finden, birgt einige Schwierigkeiten.
Das stellt Axel Michaels unter Berufung auf Dr. Heinrich Freiherr von Stietencron
fest, wenn er diesen in den Einführungen seines Werkes zum Hinduismus zitiert:

> Heute weiß man, ohne dies zugeben zu wollen, dass der Hinduismus nichts ist als
> eine von der europäischen Wissenschaft gezüchtete Orchidee. Sie ist viel zu schön,
> um sie auszureißen, aber sie ist eine Retortenpflanze: In der Natur gibt es sie nicht
> (von Stietencron).[2]

Hieraus ergibt sich folgende Überlegung: Die religiöse Vielfalt des „Hinduismus"
lässt sich mit monotheistisch-dogmatischen Denkkategorien nicht greifen. Michaels gelangt zu der Ansicht, dass es im „Hinduismus" weder ein universal gültiges Glaubensbekenntnis noch ein religiöses Oberhaupt oder einen „Religionsstif-
ter" gebe. Ebenso wenig existiere eine heilige Schrift oder ein heiliges Zentrum.[3]

Ist es überhaupt zielführend, alle variationsreichen Facetten des indischen Kul-
turkreises unter einem uniformen Deckmantel zu vereinigen? Der vorliegende
Beitrag wird sich dieser Frage annehmen und nach möglichen Antworten suchen.

Hinduismus und Religionsbegriff: Ist „Hinduismus" überhaupt eine Religion?

Religionsbegriff

Heute werden in der Regel unter dem Namen „Hinduismus" eine Vielzahl verschiedener religiöser Gemeinschaften, die im Laufe von rund dreitausend Jahren
entstanden sind, zusammengefasst.[4] Religion, das aus dem Lateinischen *religio*
stammt und mit Gewissenhaftigkeit, Scheu und Gehorsam übersetzt werden kann,
wurde im frühen Christentum auch als Bezeichnung heidnischer Kulte verwendet.[5] Seine heutige Verwendung erfuhr der Begriff erst im Zuge der Aufklärung.
Integrale Bestandteile des heutigen, westlichen Bedeutungshorizonts von Religion
sind ein personaler Gottesbegriff sowie „[...] eine Vorstellung vom Heiligen, das
jenseitig ist und sich in dieser Welt manifestiert, inkarniert"[6] und dem das Profane
respektive Weltliche gegenübersteht.

Eine andere, als Minimaldefinition bekannte Religionsdefinition stammt von
dem Ethnologen Edward Burnett Tylor. Er assoziiert Religion mit dem Glauben an
spirituelle Gedankenmuster.[7] In den abrahamitisch-monotheistischen Glaubensrichtungen sind dies unter anderem der Glaube an eine heilige Schrift, an einen

Gott und an eine Heilsvorstellung. An dieser Stelle lässt sich eine Trennlinie zum hinduistischen *dharma*-Begriff feststellen. Dieser schreibt die Berufung auf eine transzendente Schöpfungsquelle entgegen dem abrahamitisch-monotheistischen Religionsverständnis nicht vor.

> Dharma [...] ist das, was die Welt zusammenhält und stützt, das ewige Gesetz (*sanātana*), „die Ordnung im Vollzug". Der Dharma gilt für Menschen und Tiere, aber auch für Elemente; er umfasst natürliche und gesetzte Ordnung, Recht und Sitte im weitesten Sinne.[8]

So handelt es sich beim *dharma* weniger um ein Bekenntnis, das innere Beteiligung vorschreibt, als um einen Handlungskatalog, der Normen, Regeln und Rituale anbietet. Michaels attestiert dem *dharma* indes eine gewisse Nähe zu theistischen Vorstellungen. Dennoch rückt er den Unterschied zu einer monotheistischen Religionsauffassung in den Vordergrund: „*Dharma* ist ein relativer Begriff, immer bezogen auf besondere Umstände."[9] Gibt es in monotheistischen Religionen zumeist universal gültige und vom Individuum unabhängige Gesetzmäßigkeiten und Vorschriften, variieren diese für hinduistische Religionen je nach sozio-religiöser Positionierung innerhalb der Gesellschaft für eine Person. Ein Brahmane (eine Art Priester) wird in der Regel einem anderen ethischen Kodex folgen als ein einfacher Handwerker eines anderen sozio-religiösen Status.

Ein weiterer Unterschied zu den abrahamitisch-monotheistischen Religionen besteht darin, dass die innere Haltung als zweitrangig gegenüber der religiösen Praxis empfunden wird. Im Christentum, Judentum und Islam wird die religiöse Verbundenheit überhaupt erst durch die innere Überzeugung hergestellt. Die hinduistischen Religionen kennen ein derartiges Dogma nicht; es existieren sogar nahezu atheistische Ausprägungen.[10] So gibt es Hindus, die den Hinduismus nicht als Religion, sondern als kulturellen Ethos verstehen. Die *Charvaka*, eine altindische philosophische Schule, negiert jegliche Form von postmortalem respektive metaphysischem Gedankengut und versteht sich als rein empirische Gruppierung innerhalb des indischen Wertekodexes.[11]

Auch eine einheitliche und in gewissem Rahmen als heilsbringend anerkannte Schrift sucht man vergeblich in den hinduistischen Strömungen. Allerdings hatten und haben die Veden, eine zuerst mündlich überlieferte und später schriftlich fixierte Sammlung von religiösen Texten, für große Teile der hinduistischen Religionen einen hohen Stellenwert. Vor allem in brahmanisch dominierten Kreisen und Gegenden haben die Veden eine besondere Bedeutung. Den Inhalten wird im alltäglichen Leben allerdings kaum noch Relevanz beigemessen sodass diese lediglich symbolisch in zusammengefasster Form auswendig gelernt werden.[12]

Wenn es aber nur Unterschiede gäbe, würde eine einheitliche Bezeichnung keinen Sinn ergeben. Wo liegen also die Gemeinsamkeiten der diversen hinduistischen Strömungen? Es ist die gemeinsame Akzeptanz von verschiedenen, aber gleichwertigen Wegen (*mārga*), Doktrinen (*mata, vāda*), einer gleichwertigen Philosophie (*darśana*) oder gleichwertigen Traditionen (*sampradāya*). Diese Bezeichnungen finden im indischen Raum eher Verwendung als eine gemeinsame Religion.[13] Es erscheint also sinnvoller, betrachtet man die Gleichwertigkeit der Glaubenswege, den Hinduismus anhand religiöser Praktiken und Organisationen zu kategorisieren. Darum versucht Michaels die Zugehörigkeit als Hindu mittels „identifikatorischem Habitus" zu erklären: So wird man als Einzelner nicht zum Hindu durch Konversion, sondern durch Geburt oder mit Hilfe des „identifikatorischen Habitus". Dieser ist es, der Hindu-Religionen zusammenhält und sie gegen fremde Einflüsse widerstandsfähig macht. Dabei verwendet er den Habitus-Begriff auf der Basis von Pierre Bourdieu als „kulturell erworbene Lebenshaltungen und -einstellungen, Gewohnheiten und Veranlagungen ebenso wie bewusste, zielgerichtete Handlungen oder mythologische, theologische bzw. philosophische Arte- und Mentefakte".[14] So würden, laut Michaels, amerikanische Anhänger der Hare-Krishna-Sekte kaum in bestehenden hinduistischen Tempeln in Indien Einlass erhalten, dürften aber auch in Indien ihren eigenen Krishna-Tempel bauen und sich Hindus nennen.[15]

Hinduismus als Importbegriff

Der Begriff „Hindu" war seit jeher eine von außen herangetragene Bezeichnung für die Bevölkerung des indischen Subkontinentes. Sein Ursprung wird in der persischen Bezeichnung für die am Indus lebende Bevölkerung vermutet, denn „Hindu" ist aus dem Sanskrit *sindhu* abgeleitet, was mit „Fluss" oder „Meer" übersetzt wird.[16] Mit den muslimischen Eroberungszügen wurde der Begriff weitläufiger angewandt. Fortan wurde die gesamte nicht-muslimische Bevölkerung als solche bezeichnet. „Die Europäer schlossen sich diesem Gebrauch an. So wurde die Bezeichnung einer Bevölkerung (alle Nicht-Muslime) um 1830 n. Chr. zur Bezeichnung einer Religion, zu ‚Hinduismus', die es als Einheit im Bewusstsein jener Bevölkerung aber gar nicht gab."[17] Damit haben die Europäer aus pragmatischen Gründen eine Begrifflichkeit geschaffen, die sich an christlich-abendländischen Traditions- und Organisationsmustern orientierte und somit der Wirklichkeit nicht gerecht werden konnte und kann. Dies äußerte sich z. B. in der 1881 durchgeführten Volkszählung der britischen Kolonialverwaltung: Als Kriterium für die hinduistische Religionszugehörigkeit definierte der Anthropo-

loge Denzil Ibbetson jeden Inder als Hindu, „der unfähig war, sein Glaubensbekenntnis [creed] anzugeben oder mit dem Namen irgendeiner anerkannten Religion oder der Sekte einer solchen Religion zu umschreiben [...]".[18] Vor diesem
Hintergrund ist es offensichtlich, dass bis ins frühe 19. Jahrhundert der Begriff
des „Hinduismus" als Sammelbegriff keinen Eingang in das indische Sprach-
repertoire gefunden hat.

Durch die europäische Kolonialherrschaft Ende des 19. und Anfang des 20.
Jahrhunderts sowie die anti-imperialistischen Gegenbewegungen hat sich das religiöse Selbstverständnis jedoch grundlegend gewandelt.[19] Der Begriff wurde auf
der einen Seite zunehmend verwandt, um eine religiöse Identität zu konstruieren,
da bis zu jener Zeit eine eher diffuse religiöse Identität bestand. Dadurch schuf
man zugleich eine Abgrenzung zu christlichen Missionaren. Im Zuge der indischen Unabhängigkeitsbewegung im frühen 20. Jahrhundert wurde der Begriff
Hinduismus von seiner religiösen Prägung teilweise entkoppelt und zunehmend
im politischen Spektrum hindu-nationalistischer Bewegungen verwendet. Als Beispiele dafür standen und stehen zum Teil heute noch politische Bewegungen wie
die *Bharatiya Janata Party* (BJP).

Im politischen Sprachgebrauch fanden nun auch die Begriffe *hindūtva* und
hindūrāṣṭra Eingang. Beide Begriffe, so Michaels, stammen aus der Schrift
„Hindūtva" von Vinayak Damodar Savarkar.[20] Ersterer ist eine genealogische und
nationale Eingrenzung und kann mit „Hindutum" übersetzt werden. Gemeint sind
damit Personen, die den indischen Subkontinent als ihr heiliges Vaterland betrachten.[21] *Hindūrāṣṭra* bedeutet „Hindureich" – es handelt sich also um eine Orts- und
Raumbezeichnung.[22]

Im Jahr 1979 kam es in Allahabad zu einer von der Vishva Hindu Parishad
initiierten „Welt-Hindu-Konferenz". Teilnehmer waren Repräsentanten verschiedener hinduistischer Gruppierungen, Kasten oder religiöser Richtungen.[23] Eine
minimale Konsensfindung resultierte in einem 6-Punkte-Kodex: „Wer Gebete [...]
spricht, die *Bhagavadgî* liest, eine persönliche Wunschgottheit [...] verehrt, die
heilige Silbe *oṃ* verwendet und den *Tulasî*- bzw. *Tulsî*-Strauch anpflanzt, der darf
sich Hindu nennen."[24] Eine begriffliche Schärfe ist mit diesen sechs Punkten jedoch nicht gewonnen.

Wie schwierig es allerdings ist, alle hinduistischen Strömungen einem gemeinsamen Begriff zuzuordnen, lässt sich auch durch Äußerungen Mahatma
Gandhis aufzeigen. Er geht noch einen Schritt weiter, wenn er schreibt: „Ich
betrachte weder den Buddhismus noch den Jainismus als vom Hinduismus getrennte Religionen."[25] Gandhi stößt damit in eine noch grundlegendere Argu-
mentationslinie vor, indem er gar der Sammelbezeichnung, die schon für sich
genommen Profilschärfe vermissen lässt, jegliches Unterscheidungsmerkmal

abspricht. So seien auch der Buddhismus und der Jainismus[26] artverwandte Religionen.

Hindu-Religionen statt Hinduismus

Michaels teilt den Begriff Hinduismus in drei Hindu-Religionen und vier Formen hinduistischer Religiosität ein. Eine hinduistische Strömung ist ihm zufolge als eine Religion zu bezeichnen, wenn „eine Mitgliedschaft oder Zugehörigkeit aufgrund sozio-religiöser Kriterien erkennbar ist."[27] Als hinduistische Religiosität bezeichnet er hingegen lediglich Formen religiöser Betätigung innerhalb der Hindu-Religionen. Als erste sogenannte „Basisreligion"[28] nennt er den brahmanischen Sanskrit-Hinduismus. Es ist der in Abhandlungen geläufigste, da er übliche Definitionskriterien von Religion erfüllt: Es gibt kanonische Texte (*Veden*), eine heilige Sprache, eine einheitliche Priesterschaft (*Brahmanen*) und eine sichtbare Zugehörigkeit durch die „Heilige Schnur".[29] Er ist polytheistisch und weist durch einheitliche Texttraditionen eine Vielzahl gemeinsamer Rituale sowie eine Ähnlichkeit in der Verehrung von Hochgöttern auf (*Siva, Viṣṇu, Devī, Rāma, Kṛṣṇa, Gaṇeśa* oder eine Erscheinungsform davon).

Die zweite Basisreligion bezeichnet Michaels als Volksreligionen der Regionen und sozialen Gemeinschaften.[30] Polytheistisch und teilweise animistisch findet sich diese Form hinduistischer Religion meist in lokal begrenzten sozialen Einheiten des Dorfes oder Stammes. Diese sozialen Einheiten haben zumeist eigene Priester und lokal verehrte Gottheiten, deren Entstehungs- und Verehrungsort zusammenhängen, sowie ein eigenes Pantheon mit vergötterten Helden. Oft herrscht zwischen den beiden Basisreligionen eine Spannung, da diese volkstümlichen Hindu-Religionen von den Brahmanen als „unrein" bezeichnet werden. So kann nach brahmanischer Auffassung die rituelle Reinheit durch die ortsgebundenen Praktiken nicht aufrechterhalten werden. Allerdings mischen sich die beiden Formen im populären Hinduismus zunehmend.[31]

Die dritte Variante bilden die „gestifteten Religionen", die sich zumeist als Gegenpole der Basisreligionen entwickelt und von deren ursprünglichem Charakter entfernt haben. Meist in asketischer, anti-brahmanischer Form erscheinen sie als missionierende Erlösungsreligionen. Nicht selten stammen die Basistexte dieser Hindu-Religionen von den Stiftern persönlich, also jenen, die aktiv zur Herausbildung eben solcher Religionen beigetragen haben. Unter anderem war auch der Buddhismus eine solche Stifterreligion, konnte sich aber frühzeitig durch Organisation und Lossagung von hierarchischen Strukturen als eigene Religion etablieren.[32] Außerdem zählt Michaels noch zahlreiche Sektenreligionen[33] (bspw.

viṣṇuitische Sekten), sowie Mischformen wie bspw. den hindu-muslimischen Sikhismus oder den hindu-christlichen Neohinduismus und als letzte Stifterreligion den Guruismus zu den Hindu-Religionen.[34]

Die Formen hinduistischer Religiosität unterteilt Michaels in Ritualismus, also das Ausführen von Ritualen mit Hilfe von Priestern; den Spiritualismus, dessen Hauptziel die eigene, individuelle Befreiung ist; den Devotionalismus, eine hingebungsvolle und oft mystische Verehrung eines Gottes durch Lieder und mythologische Texte; sowie den Heroismus, eine aus der polytheistischen und militärischen Tradition stammende Religiositätsform, die die Vergöttlichung von Helden beim Heldentod und andere Totenkulte wie bspw. die Witwenverbrennung beinhaltet.[35]

Eine andere Einteilung der hinduistischen Religionen macht Günther-Dietz Sontheimer, der fünf Einzelreligionen unterscheidet und ihre Entwicklungsprozesse historisch einzuordnen versucht.[36] Analog zu Michaels gibt es laut Sontheimer eine von spezialisierten und von gesellschaftlich hochrangigen Personen entwickelte und tradierte Hindu-Religion, die sich in einem Übertragungsprozess auf dem gesamten indischen Subkontinent verbreitete und auch von nichtbrahmanischen Bevölkerungsschichten angenommen wurde. Die Grundpfeiler dieser Hindu-Religion bilden Opfer, Ritualistik und philosophische Spekulationen. Eine zweite Form hinduistischer Religion stellt den Asketismus in den Mittelpunkt der religiösen Praxis. Sie wurde hauptsächlich von Einzelgängern und Einsiedlern verbreitet. Die hauptsächlichen religiösen Praktiken dieses Asketismus bilden Meditation und Erlösungssuche. Eine weitere, immer weniger verbreitete hinduistische Religionsform ist die sogenannte Stammesreligion. Sie wird hauptsächlich von Stammesältesten und Schamanen weitergegeben. Der Devotionalismus als vierte spezifische Form hinduistischer Religion ist historisch erst spät entstanden. Er wird weder speziell von Stammesältesten noch von Brahmanen oder von volkstümlichen Sekten weitergegeben und gilt als eher „pietistische" Religion der Bhakti, bei der die Gottesinnigkeit, wonach die Gottheit im Menschen selbst lokalisiert ist und keiner anderweitigen Lokalisierung bedarf, im Vordergrund steht. Als letztes übergreifendes Merkmal steht für Sontheimer jedoch der Hinduismus als Volksreligion, die als Synthese der bereits genannten Ausprägungen und Traditionen gelten und somit als eigenständige Struktur aufgefasst werden kann. Auch sie stellt keinen starren, von Dogmatik durchdrungenen Block dar, sondern ihre Strömungen beeinflussten sich im geschichtlichen Verlauf gegenseitig. Nicht zuletzt wurde und wird durch soziopolitische Veränderungen wie z. B. die Entstehung von Städten und die Ausbildung ausgedehnter Regionalreiche die hinduistische Religion der Stämme immer seltener und immer weiter an die Peripherie verdrängt.[37]

Allerdings lassen sich auch in den bereits genannten Formen Gemeinsamkeiten finden. Allen Ausprägungen ist die dauerhafte Anwesenheit einer jeweiligen Gottheit entweder in Form einer Figur oder zumindest eines „Natur- oder Kunststeines"[38] gemeinsam. Diese Lokalisierungen erfahren von Ritualisten, die einer brahmanischen Hindu-Religion angehören, sowie von Dorfbewohnern, der Nachbarschaft oder von Pilgern regelmäßige Verehrung und Bewirtung. Wo die ablehnende Vorstellung einer tempelzentrierten Verehrung, also die Ablehnung von Stadttempeln oder Tempelstädten oder gar die Ablehnung einer generellen Lokalisierbarkeit und Körperhaftigkeit einer Gottheit aufgrund traditioneller Muster vorherrscht, entsteht schließlich die der Gottesinnigkeit sowie der Volksmystik verschriebene Form einer hinduistischen Religion.[39] Nach Jürgenmeyer und Rösel seien dies unumkehrbare Differenzierungsprozesse, die einerseits eine Umwandlung der Stämme und ihrer hinduistischen Religionsform zur Folge haben; andererseits würden diese aber den künftigen Hinduismus – als Synthese dieser Strömungen – „[…] zivilisierter, vielgestaltiger und kreativer […] sowohl innerhalb als auch zwischen den Religionen, die dem Hinduismus seine Vorstellungsräume, Glaubensorientierungen und Entfaltungsrichtungen vorgeben [...]"[40] machen.

Vergleicht man die hier dargestellten Kategorisierungsversuche, so wird deutlich, wie vielfältig die hinduistischen Religionsformen und deren Verflechtungen sind. Alle Kategorisierungen oder Typologisierungen stehen vor der Herausforderung, den schmalen Grat zwischen Überkomplexität und unzureichender Vereinfachung in ihren Beschreibungen zu meistern. Auch wenn diese Strukturierungen nun scheinbare scharfe Umrisse schaffen, so sind diese Grenzziehungen für Inder keineswegs so strikt, wie sie erscheinen, und wirken keinesfalls ausgrenzend. Hier spielt die Ansicht eine Rolle, dass die höchste auszufüllende Leerstelle durch mehrere, austauschbare und gleichwertige Wege erreicht werden kann, „andernfalls wäre es nicht das Höchste."[41]

Konklusionen

Eines sollte in diesem Beitrag deutlich geworden sein: *Den* Hinduismus gibt es nicht. Es gibt ihn weder als einheitliche abgrenzbare religiöse Gruppierung noch als Religion mit einheitlichen Ritualen, mit einheitlich-autoritären heiligen Schriften und dogmatischen Glaubensbekenntnissen. Schon die Bezeichnungen Hindu und davon abgeleitet Hinduismus sind seit jeher nur von außen herangetragene Konstrukte, die der Komplexität der religiösen Gruppierungen auf dem indischen Subkontinent keineswegs gerecht werden. Rassismus, ethnisch-kulturelle

Vereinfachungen während der islamischen Eroberungszüge sowie rechtlich-orga-nisatorische Kategorisierungen während der britischen Kolonialzeit erzeugten im geschichtlichen Verlauf das Bild von einer vermeintlich einheitlichen indischen Gesellschaft mit einer vermeintlich einheitlichen Religion bei nicht-indischen Betrachtern. Die komplexen Verflechtungen innerhalb der Bevölkerung des in-dischen Subkontinents sowie die Vielschichtigkeit der Hindu-Religionen machen selbst heutigen (westlichen) Forschern Schwierigkeiten bei der Analyse der indi-schen Gesellschaft und der Hindu-Religionen. Dies zeigte sich deutlich bei den Kategorisierungsversuchen der unterschiedlichen Hindu-Religionen von Axel Michaels und Günther-Dietz Sontheimer. Außerdem stellte sich heraus, dass die Religionen und religiösen Praktiken, deren Ursprung und hauptsächliches Ver-breitungsgebiet der indische Subkontinent darstellt, besser mit dem Begriff Hin-du-Religionen anstelle des Hinduismus beschrieben werden können. Der Begriff entfernt sich zum einen von den falschen, kolonialistischen, simplifizierenden und stereotypischen Bezeichnungen und weist zum anderen auf die Komplexität der hinduistischen Religionsformen und -praktiken hin, ohne diese als unverbundene Einheiten darzustellen. Was diese Einheiten jedoch verbindet, ist durchaus um-stritten. Deutlich wurde dies am Zitat Gandhis, der auch den Buddhismus und den Jainismus zu den Hindu-Religionen zählte, am 6-Punkte-Kodex der „Welt-Hin-du-Konferenz" oder am Modell des „identifikatorischen Habitus" von Michaels in Anlehnung an Bourdieu. Die Benutzung des Begriffs Religion im Kontext der Hindu-Religionen ist zwar nur eingeschränkt brauchbar, da Begriffe wie *mārga* (Weg), *mata*, *vāda* (Doktrin), *darśana* (Philosophie) oder *sampradāya* (Tradi-tionen) eher in der Sprachpraxis Anwendung finden; entkoppelt man jedoch den Begriff der Religion von spezifisch abrahamitisch-monotheistischen Interpreta-tionen und folgt der Vorgehensweise Michaels und dem von ihm verwendeten Modell des „identifikatorischen Habitus" von Bourdieu, so lassen sich auch die Hindu-Religionen als Religionen zusammenfassen.

Anmerkungen

1   Wörrlein (1913: 27 f., 227).
2   Michaels (1998: 27).
3   Ebd.: 17.
4   Baudler (2005: 89).
5   Michaels (1998: 30).
6   Ebd.: 31.
7   Tylor (1871: 8).
8   Michaels (1998: 31).

9 Ebd.
10 Ebd.: 18.
11 Chattopadhyaya (1992: 188).
12 Michaels (1998: 34).
13 Ebd.: 35.
14 Ebd.: 21.
15 Ebd: 35 f.
16 Ebd.: 28.
17 Ebd.
18 Ebd.
19 Framke (2012: 191).
20 Michaels (1998: 29).
21 Ebd. Vgl. hierzu auch die Beiträge von *Baumann* und *Lutzenberger* in diesem Band.
22 Ebd.
23 Ebd.: 30.
24 Ebd.
25 Gandhi (2006: 14).
26 Der *Jainismus* ist eine religiöse Bewegung, deren Ursprünge ins 6. Jahrhundert v. Chr. zurückreichen. Sie hat sich aus der Ablehnung und als Abgrenzung zum *Brahmanismus* entwickelt. Sie lehnt die Autorität der *Veden* und *Upanishaden* (die philosophisch-religiösen Schriften, auf die sich viele Hindu-Religionen berufen) und somit auch die Autorität der *Brahmanen* ab.
27 Michaels (1998: 38 f.).
28 Er teilt, wie gezeigt wird, die drei Hindu-Religionen jeweils noch in zwei Basisreligionen und eine gestiftete Religion ein. Den Begriff Basisreligion verwendet er, da jeder neunte Inder von Geburt an mindestens einer, meistens aber beiden angehört. Als Stifterreligion wird jene bezeichnet, die freiwillig zusätzlich oder ersatzweise gewählt wird. Michaels (1998: 38 f.).
29 Ebd.
30 Ebd.: 38.
31 Ebd.: C. J. Fuller verwendet in seiner Monografie „The Campor Flame. Popular Hinduism and Society in India" den Begriff „Populärer Hinduismus" als Sammelbegriff für zeitgenössische, theistische Strömungen innerhalb des Hinduismus in Indien.
32 Michaels (1998: 38).
33 Das Wort „Sekte" im Kontext des Hinduismus meint nicht eine abgespaltene Gemeinschaft, die sich gegen die Lehren der Basisreligion richtet. Stattdessen wird darunter eine Tradition verstanden, in der unter asketischer Praxis die Gefolgschaft im Mittelpunkt steht. Vgl. Michaels (1998: 38).
34 Ebd.: 38 f.
35 Ebd.: 39 f.
36 Jürgenmeyer & Rösel (2009: 206 f.).
37 Ebd.: 206.
38 Diese Begriffe wurden von Jürgenmeyer und Rösel übernommen. Ebd.: 206.
39 Ebd.
40 Ebd.
41 Michaels (1998: 41).

Hindu-Nationalismus gleich Hindu-Faschismus?

Lisa Janz

Die *Bharatiya Janata Party* (BJP), eine Partei mit Verbindungen zu gewaltbereiten Hindu-Nationalisten, stellt seit Mai 2014 die Regierung der größten Demokratie der Welt. Indiens neuer Premierminister Narendra Modi, der sich selbst stolz als „Hindu-Nationalisten" bezeichnet,[1] wirbt international für ein neues, ein starkes Indien. Bereits im Alter von zehn Jahren trat Modi dem offen gewaltbereiten *Rashtriya Swayamsevak Sangh* (RSS, Nationaler Freiwilligenbund) bei, der für zahlreiche Übergriffe auf Muslime und andere ethnische Minderheiten in Indien verantwortlich gemacht wird. Die Verbindungen von Indiens neuer Regierung zu gewaltbereiten Gruppierungen wie dem RSS werfen Fragen über die politische und gesellschaftliche Bedeutung des Hindu-Nationalismus in Indien auf.

„Ihr Kampf – Wie faschistisch ist der Hindu-Nationalismus?", lautet die Überschrift eines Artikels von Tobias Delfs. Verschiedene in Indien beobachtbare vergangene und aktuelle Phänomene veranlassen ihn, den Hindu-Nationalismus mit Faschismus gleichzusetzen. Er begründet seine These unter anderem damit, dass vor allem seit der Unabhängigkeit Indiens regelmäßig Pogrome gegen Muslime stattgefunden haben. Ebenso findet eine teilweise offene Verehrung von faschistischen Regimen wie dem italienischen unter Mussolini oder dem deutschen unter Hitler auf Seiten führender Hindu-Nationalisten statt. Doch ist der Begriff des „Faschismus" überhaupt exportierbar? Um diese Frage zu beantworten, wird in diesem Beitrag das Modell der „Five Stages of Fascism" von Robert O. Paxton auf die Bestrebungen der hindu-nationalistischen Parteien und Bewegungen angewendet:

Paxton analysiert in seiner Abhandlung „Five Stages of Fascism" den Begriff des Faschismus als Prozess. Demnach handelt es sich weder um einen statischen Zustand noch um ein chronologisch ablaufendes Muster. So können die unterschiedlichsten Regime und Staatsformen Elemente des Faschismus beinhalten oder sich verschiedene faschistische Einzelelemente zunutze machen, um ihre eigene Macht zu sichern und zu kräftigen. Paxton beschreibt dies vor allem als ein Phänomen der 1930er Jahre: „Many regimes that were not functionally fascist borrowed elements of fascist decor in order to lend themselves an aura of force, vitality, and mass mobilization."[2] So ist die eindeutige Unterscheidung, ob nun tatsächlich ein faschistisches Regime vorliegt oder ob es sich um eine „gekonnte Imitation" handelt, an vielen Stellen schwer zu treffen. Dieses Problem stellt sich vor allem dann, wenn man sich analytisch von den klassischen faschistischen Systemen Europas im 20. Jahrhundert wegbewegt.

Wird der Faschismusbegriff inflationär gebraucht, so verliert er seinen Nutzen, vor allem liefert er dann weder Erklärung noch Aufklärung. Dabei ist Faschismus als Massenphänomen ein bis heute weitestgehend vernachlässigter Aspekt. Nach Paxton hat dies sogar die politische Linke, als klassischer politischer Gegner des Faschismus, erst sehr spät erkannt: „It took two generations before the Left understood that fascism is [...] an authentic mass popular enthusiasm and not merely a clever manipulation of populists emotions by the Reactionary Right or by capitalism in crisis."[3]

Auch die Funktionen von Massenmobilisierung im Faschismus kategorisiert Paxton,[4] wobei besonders drei Kategorien für das Fallbeispiel des Hindu-Nationalismus von besonderer Relevanz sind:

1. Der Vorrang der Gruppe gilt als oberste Pflicht, demgegenüber sind persönliche Rechte untergeordnet.
2. Die eigene Gruppe wird als Opfer wahrgenommen, um dadurch den Kampf gegen die Feinde innerhalb und außerhalb der Gruppe zu rechtfertigen.
3. Die Verherrlichung von Gewalt und deren Durchsetzung erfolgt in einem sozial-darwinistischen Kampf.

Bei diesen Kategorien ist zu beachten, dass es sich um Elemente des Faschismus handelt, die jedoch nicht immer deutlich ausgeprägt sind.

Im nächsten Schritt sollen diese Überlegungen Paxtons auf das Beispiel des Hindu-Nationalismus übertragen werden, wobei die Bewegung der RSS und der dazugehörigen Partei BJP im Mittelpunkt der Betrachtungen stehen.

Was allgemeinhin als Hindu-Nationalismus bezeichnet wird, ist eine „Massenbewegung mit Partei".[5] Die wichtigsten Akteure sind der RSS und die BJP.

Dem RSS werden je nach Zählung zwischen fünf und fünfzehn Millionen Mitglieder zugerechnet[6] – sogar die eigenen Angaben der Organisation schwanken zwischen zwei und sechs Millionen.[7] Bereits im Jahr 1925 gegründet, gilt der RSS als Fundament der BJP. Fast alle führenden Mitglieder der Partei sind auch RSS-Mitglieder. Den einenden Standpunkt von Partei und Freiwilligenbund bildet das Hindutum (*hindutva*). Die Umsetzung von dessen Politik war maßgebliches Ziel der Gründung der BJP im Jahr 1951. *Hindutva* beschreibt „das erklärte Ziel der Hindunationalen, eine gemeinsame religiös-kulturelle Identität der Hindus zu erschaffen, die das Wesen des Hindutums *(hindutva)* in klarer Form festschreibt."[8] Gemeinsam mit der religiösen Organisation VHP (*Vishva Hindu Prishad*), was mit „Welt-Hindu-Rat" übersetzt werden kann, bilden BJP und RSS die sogenannte *Sangh Parivar (Sangh*-Familie).[9] Die Wahlerfolge der BJP Ende der 1990er Jahre, die mit rund 30 Prozent stärkste Kraft im indischen Lokh Saba wurden, spiegelten einen konstanten Erfolg der letzten Jahre wider.[10]

Doch der Hindu-Nationalismus befand sich als politische Kraft bereits vor dem historischen Wahlsieg im Mai 2014 im Aufwind:

> Es ist offensichtlich, dass eine wachsende Zahl von Indern ihre politische Heimat bei den Hindunationalen sucht und bei den Wahlen ihre Stimme der BJP und ihren Verbündeten gibt. Die politische Integrationskraft des Congress ist weitgehend hinfällig geworden. Der BJP scheint es gelungen zu sein, in dieses Vakuum zu stoßen und zu Teilen erfolgreich zu besetzen.[11]

Die Gründe hierfür sind vielfältig. So ist das Erstarken der BJP eng mit der Schwäche der Kongresspartei verbunden. Durch Schmiergeldaffären und innere Auseinandersetzungen in die Defensive getrieben, eignet sich die Kongresspartei als idealer Sündenbock der Hindu-Nationalisten. Sie werfen der Kongresspartei regelmäßig eine „Verhätschelung der Minderheiten" und „Pseudosäkularismus"[12] vor. Durch die innere Spaltung unfähig geworden, geschlossen gegen die Hindu-Nationalisten aufzutreten, beförderte die Kongresspartei den Erfolg der BJP.

Ein weiteres zentrales Thema der Hindu-Nationalisten ist die Abgrenzung gegenüber und offene Anfeindung von Muslimen. Bereits 1924 schrieb Mahatma Gandhi über den Hindu-Muslim-Konflikt: „Ich sehe keinen Weg, irgendetwas in diesem geschundenen Land erreichen zu können, ohne eine bleibende Herzenseinheit zwischen Hindus und Muslimen [....]. Es gibt keine wichtigere und drängendere Frage als diese. Meiner Meinung nach blockiert sie allen Fortschritt."[13] Der Psychoanalytiker Sudhir Kakar lieferte eine empirische Studie über die psychologischen Grundlagen der Hindu-Muslim-Konflikte.[14] Aus psychoanalytischer Sicht sind die „Bilder", die in den Köpfen der Hindus über Muslime stecken, entscheidend zur Erklärung der Gewalteskalation. Demnach handelt es sich aus Sicht der Hindu-Nationalisten um einen „Kampf der Kulturen",[15] der bereits seit eintausend Jahren andauert. Kakar beschreibt in seiner Analyse die Selbstwahrnehmung der Hindus in Abgrenzung zu den in Indien lebenden Muslimen. Während die imaginierte Hindu-Gemeinschaft sich, durch innere Spaltungen und ein „friedfertigeres Naturell" bedingt, als strategisch schwächer begreift, seien die Muslime Teil eines aggressiven, gut organisierten, gewalttätigen Mobs.[16] Zudem sind Muslime bewaffnet und werden vom Staat bevorzugt behandelt. Nicht zu vernachlässigen ist hierbei die Rolle der britischen „Kolonialherren". Diese führten in den 1930er Jahren unter anderem getrennte Wahlkreise für Muslime ein und beförderten so die Wahrnehmung eines Sonderstatus der Muslime.[17]

Die Ereignisse vom Dezember 1992 in Ayodhya prägen bis heute die Bedeutung von Gewalt in der Bewegung.[18] Die Stadt Ayodhya liegt im Bundesstaat Uttar Pradesh. Der Legende nach soll dort im Jahr 1528 ein Hindu-Tempel niedergerissen und eine Moschee auf dem Geburtsort des Hindu-Gottes Rama errichtet worden sein. Im Jahr 1991 rief die VHP landesweit alle Hindu-Gemeinden dazu auf, geweihte Ziegelsteine nach Ayodhya zu schicken, um anstelle der Babri-Moschee den alten Rama-Tempel auferstehen zu lassen. 200.000 Gemeinden folgten dem Aufruf. Durch Hetze der VHP kam es landesweit zu sogenannter „kommunalistischer Gewalt"[19] gegen die muslimische Bevölkerung, denen Tausende Menschen zum Opfer fielen. Ein vorläufiger Höhepunkt wurde am 6. Dezember 1992 erreicht, als ein fanatischer Hindu-Mob mit bloßen Händen in wenigen Stunden die Babri-Moschee niederriss.[20]

Auf den ersten Blick erfüllen sowohl die Rhetorik als auch die Aktionen der VHP die Kriterien des Faschismus nach Paxtons Modell. Das oberste Ziel der Sangh-Familie ist es, eine Hindu-Nation zu errichten, deren Angehörige ihr Leben nach der Lehre der *hindutva* ausrichten. Auch der zweite Punkt, die starke Selbstwahrnehmung als Opfer, trifft auf den Hindu-Nationalismus zu: Die Übermacht und Bevorteilung der Muslime verhindere angeblich das Zusammenwachsen als Hindu-Gemeinschaft. Das eindeutigste Indiz dafür, dass es sich nach dem Modell von Paxton tatsächlich um Hindu-Faschismus handelt, scheint die immer wieder auflodernde kommunalistische Gewalt, vor allem gegen Muslime zu sein. Die beschriebenen Ereignisse markieren nur ein Kapitel der Gewalt gegen Muslime in den letzten Jahrzehnten.

Ist der Hindu-Nationalismus als Hindu-Faschismus zu bezeichnen? Die anfangs gestellte Frage lässt sich wie folgt beantworten: Im historisch gewachsenen Hindu-Nationalismus sind, nach der Definition von Robert O. Paxton, entscheidende faschistische Elemente, die den Kern der Bewegung ausmachen, nachzuweisen. Seine Entstehung fällt in die Zeit der Anfänge des europäischen Faschismus in den

1920er und 1930er Jahren. Die ideologischen Väter Keshav Baliram Hedgewar, Gründer des RSS und Vinayak Damodar Savarkar, Autor des Buches „Hindutva: Who is a Hindu?" beziehen sich positiv auf Hitler und Mussolini und deren politische und militärische „Leistung". Hindu-Nationalismus lässt sich als Hindu-Faschismus bezeichnen. Fraglich bleibt, welchen Einfluss das kolonialistische Erbe Indiens auf diese Entwicklungen hatte und hat und ob der Begriff des Faschismus es vermag, dieses Erbe zu fassen.

Anmerkungen

1   The Guardian, 06.03.2014.
2   Paxton (1998: 3).
3   Ebd.: 2 f.
4   Ebd.: 6.
5   Delfs 2013.
6   Kaur & Ramandeep (2013).
7   Vgl. hierzu auch den Beitrag von *Baumann* in diesem Band.
8   Jürgenmeyer (1998: 48).
9   Ebd.: 49.
10   Vgl. hierzu auch den Beitrag von *Grässle* in diesem Band.
11   Ebd.: 51.
12   Kakar (2013).
13   Gandhi (1924).
14   Kakar (1997, 2013).
15   Kakar (2013: 149).
16   Ebd.: 153.
17   Eckert (2002).
18   Vgl. hierzu auch den Beitrag von *Lutzenberger* in diesem Band.
19   Vgl. hierzu auch die Beiträge von *Lutzenberger* und *Ettensberger/Hagenbeck* in diesem Band.
20   Kreutzer (2002).

Die indischen Parlamentswahlen 2014 und mögliche Konsequenzen des Sieges der Hindu-Nationalisten

Sonja Grässle

Einleitung

Die größte Demokratie der Welt hat gewählt. Im Mai 2014 gelang es der *Bharatiya Janata Party* (BJP), bei den 16. Parlamentswahlen die stärkste Kraft im indischen Unterhaus, der *Lok Sabha*, zu werden. Mit Narendra Modi als Premierminister stellt die BJP zum zweiten Mal die Spitze der Regierung seit Indiens Unabhängigkeit im Jahr 1947. Dabei gelang es der BJP, mit 31 Prozent der Stimmen die absolute Mehrheit im indischen Unterhaus zu erreichen. Sie konnte 282 Sitze der insgesamt 545 Sitze der *Lok Sabha* auf sich vereinen. Dazu lassen sich noch 54 Sitze ihrer Koalitionspartner des Bündnisses *National Democratic Alliance* (NDA) hinzufügen.

In diesem Beitrag sollen die Verbindung zur nationalistischen Ideologie und die bisherige Politik der BJP dargestellt werden, um auf dieser Basis die Parlamentswahlen 2014 zu analysieren. Dazu soll im ersten Abschnitt aufgezeigt werden, welche Rolle der Hinduismus in der Ideologie der BJP spielt, um dann im zweiten Abschnitt die von ihr verwendeten Politikstrategien und Handlungen betrachten zu können. Besonderes Augenmerk wird dabei auf die Politik Modis gelegt, der von 2001 bis 2014 den Bundesstaat Gujarat als Regierungschef führte. Exemplarisch soll das Handeln seiner BJP-geführten Regierung anlässlich der Ausschreitungen im Jahr 2002 in Gujarat und ihres Vorgehens bei Landverteilungen zugunsten der Industrie dargestellt werden. Im letzten Abschnitt soll schließlich erörtert werden, wie es zu der deutlichen Niederlage der BJP in den Landtagswahlen in Delhi im Jahr 2015 kommen konnte. Nur ein knappes Jahr nach ihrem herausragenden Sieg bei den Parlamentswahlen, bei denen die BJP noch alle Wahlkreise Delhis gewonnen hatte, konnte sie nun nur noch drei der insgesamt 70 Wahlkreise erobern.

Die ideologische Grundlage der Politikausrichtung der Bharatiya Janata Party

Das alltägliche Leben und auch die Politik Indiens werden in vielfältiger Weise durch den Hindu-Nationalismus bestimmt. Für diesen ist der „Hinduismus" weniger als Glaubensrichtung, sondern vielmehr als Lebensweise von zentraler Bedeutung. Seine Organisationsform ist dabei nicht einheitlich, sondern vor allem auf den außerparlamentarisch-gesellschaftlichen und parlamentarisch-politischen Ebenen verschieden ausgestaltet. Die zentralen Schriften der Hindu-Nationalisten sind „Hindutva: Who is a Hindu?" von V. D. Savarkar (1883-1966), der dieses Werk in den 1920er Jahren im Gefängnis schrieb, und „We or Our Nationhood defined" (1939) von M. S. Golwalkar (1906-1973), einem langjährigen Führer des *Rashtriya Swayamsevak Sangh* (RSS). Savarkar und Golwalkar schufen die Grundlagen der *hindutva*-Ideologie. Diese spricht von der Homogenität des Hinduismus, in der die geografische Einheit, die Gleichheit der „Rasse" und die gemeinsame Kultur besonders betont werden. Religion spielt in diesem Denken eine untergeordnete Rolle, da diese ohnehin integraler Bestandteil der Hindu-Identität ist.[1] Für Golwalkar hat die gemeinsame indische Identität oberste Priorität, und er versucht, den nicht-hinduistischen Teil der Bevölkerung auszuschließen. Das „Wir" definiert er durch fünf Kriterien, die für die Bildung einer Nation grundlegend sind: gemeinsames Territorium, eine Rasse, eine Religion, eine Kultur und eine Sprache.[2] Eine historische und traditionelle Basis liegt den Hindus nicht zugrunde, aber es gibt den ständigen Versuch der Nationalisten, ein solches Fundament aufzubauen und zu verbreiten, wie es für nationalistische Bewegungen typisch ist. Im Vordergrund steht dabei die Bestrebung, eine gemeinsame nationalistische Ideologie herauszubilden und eine Politik zu verfolgen, die die Hindus von den „Anderen", vor allem den Muslimen und Christen, abgrenzt. Die *hindutva*-Ideologie zielt auf das gemeinsame Land (*rashtra*), dieselbe Abstammung (*jati*) und die gleiche Kultur (*sanskriti*) ab.[3]

Die BJP wurde 1980 als direkte Nachfolgerin der *Bharatiya Jana Sangh* (BJS) gegründet und ist seitdem der politische Arm der hindu-nationalistischen Organisation *Sangh Parivar*.[4] Die BJS hatte sich nicht etablieren können und blieb sozial in den mittleren und oberen Kasten sowie geografisch in Nord- und

Zentralindien verankert.[5] Mit circa 11 Prozent der Stimmen erzielte die BJP 1989 ihren ersten politischen Erfolg und eroberte damit 86 Sitze im indischen Unterhaus. Im Jahr 1991 konnte dieses Ergebnis sogar auf 20 Prozent und 120 Sitze verbessert werden, womit die BJP zur Oppositionsführerin wurde. Im Jahr 1996 stellte sie als größte Partei mit 161 Sitzen im Parlament sogar für wenige Tage den Ministerpräsidenten, ehe ihre Koalitionsregierung aus vielen regionalen Parteien zerbrach. Schon damals besaß die BJP mit A. B. Vajpayee eine starke Persönlichkeit als Premierminister und sprach mit einer breiten Wahlkampagne potenzielle Koalitionspartner an. Mit Vajpayee als Spitzenkandidaten entschied die BJP als Anführerin der *National Democratic Alliance* (NDA) die Parlamentswahlen 1998 schließlich für sich. Die Koalition aus insgesamt 24 Parteien regierte bis 2004, wobei sie während ihrer Amtszeit immer wieder durch interne Spannungen zwischen den Koalitionspartnern und auch durch die Selbstdarstellung Vajpayees geschwächt wurde.[6]

Das politische Panorama Indiens hat sich seit den 1980er Jahren in dreifacher Hinsicht gewandelt. Erstens spielt regionale Politik in den Bundesstaaten eine wichtigere Rolle, zweitens werden die verschiedenen Kasten, auch die *dalits*, gezielter angesprochen und als Wähler mobilisiert und drittens festigte sich das Bewusstsein und die Präferenz für eine hindu-nationalistisch ausgerichtete Politik in den mittleren und höheren Kasten.[7] Neben diesen strukturellen Veränderungen begünstigte auch die Veränderung des eigenen Politikstils den Aufstieg der BJP zur Regierungsmacht. Die Ereignisse im Dezember 1992 in Ayodhya können dabei als Wendepunkt der BJP-Politik gesehen werden. Die Partei spielte damals als Mitorganisator der Kundgebung, die später mit der Zerstörung der Babri-Moschee endete, eine zentrale Rolle[8] und stärkte damit ihr hindu-nationalistisches Profil.

Eines der Kernelemente des Hindu-Nationalismus ist das Gefühl der Bedrohung. Die Angst der Hindus, von den Muslimen dominiert zu werden, obwohl diese in Indien nur eine Minderheit darstellen, ist allgegenwärtig. Aufgrund ihrer historischen Erfahrungen mit muslimischen Herrschern und später mit den britischen Kolonialherren ist die Angst der Hindus, eine Minderheitsposition im eigenen Land einnehmen zu müssen, weit verbreitet. Sie vertreten die Auffassung, dass diese Bedrohung nur durch eine geschlossene und organisierte hinduistische Gemeinschaft abgewendet werden kann.[9] Dieses Gefühl nutzten die Hindu-Nationalisten, um ihre Vorstellung einer Hindu-Nation mit eigener Identität voranzutreiben. Durch den wachsenden Zuspruch der Bevölkerung musste die BJP sich jedoch zudem politisch neu orientieren und konnte dem Anspruch, eine Volkspartei zu werden, nicht allein durch nationalistische Themenschwerpunkte gerecht werden. Daher setzte sie die wirtschaftliche Entwicklung Indiens an die erste Stelle und stärkte ihr sozio-ökonomisches Profil. Ein weiterer Erklärungsfaktor für ihren Wahlerfolg

1996 ist der Niedergang der Kongresspartei (*Indian National Congress*, INC). Die BJP erreichte bei den Parlamentswahlen 1996 erstmals mehr Sitze als der INC.[10] Die BJP profitierte also bei ihrem Aufstieg zur Regierungsmacht vom hohen Organisationsgrad der *Sangh Parivar*, die durch ihre vielen Unterorganisationen die indische Gesellschaft durchdringen konnte, von der zurückgehenden Zustimmung für die langjährige Regierungspartei INC und von ihrer politischen Neuausrichtung. Seit den 1980er Jahren verfolgt die BJP eine andere Politik als ihre Vorgängerpartei BJS. Sie konzentriert sich nicht mehr allein auf die hinduistische Ideologie, sondern möchte die wirtschaftlichen und sozialen Perspektiven des ganzen Landes verbessern. Nach ihrer Gründung versuchte die BJP, einen gewissen Abstand vom radikalen Hindu-Nationalismus ihrer Vorgängerpartei zu gewinnen, um sich so als Partei für alle Inder zu positionieren. Diese Bestrebungen wurden durch die Vorfälle in Ayodhya 1989 und vor allem 1992 kurzzeitig durchbrochen, die nationalistische Haltung des BJP erstarkte wieder. Erst die verlorenen Wahlen in Uttar Pradesh, Madyah Pradesh und Himachal Pradesh führten zu einer erneuten Kehrtwende und damit zu einer moderateren Haltung, die es der BJP ermöglichte, neue Koalitionspartner zu gewinnen, woraus schließlich die NDA hervorging.[11]

Als Vajpayee 1998 an die Spitze der Regierung kam, versuchte er zunächst, die Stärke einer Hindu-Nation – nach außen durch den Nuklear-Test 1998 und nach innen durch die weitere Verbreitung der hindu-nationalistischen Ideologie beispielsweise in Schulbüchern – zu demonstrieren. Die erneut vorherrschende nationalistische Strategie der BJP führte zu einer geringeren Zustimmung in der Bevölkerung und so gelangte 2004 und 2009 der INC mit seiner pluralistischen Koalition *United Progressive Alliance* (UPA) wieder an die Macht. Bis zu den Parlamentswahlen 2014 schwand in der indischen Bevölkerung aber diese Angst vor den Hindu-Nationalisten. Außerdem hatte die BJP sich durch ihre wachsenden Wahlerfolge einen festen Platz im indischen Parteiensystem erkämpft und festigt diese Position weiterhin. Durch ihre Bewegung vom äußersten Rand des Parteienspektrums Richtung Mitte schlug sie einen neuen Weg ein hin zu wirtschaftlicher Liberalisierung und Wachstum, anstatt der früher verfolgten Strategie des *swadeshi*. Dieses bezeichnet eine protektionistische Politik, deren Ziel die Verteidigung der nationalen wirtschaftlichen Interessen gegen die Globalisierung ist.[12] Dabei wird auf die Förderung von kleinen und mittelständischen Unternehmen gesetzt und trotz der steigenden Integration in die Weltwirtschaft, wie der Anstieg der Export- und Importvolumina zeigt, Wert darauf gelegt, die nationale Identität nicht verloren gehen zu lassen. Seit 1998 strebt die BJP eine Öffnung der indischen Wirtschaft an. Ihre Wirtschaftspolitik ähnelte zunächst der des INC, sofern intern eine Politik der Mitte und extern eine Angleichung an die Weltwirtschaft vertreten wurde.[13] Als im Laufe der Regierungszeit der BJP die indischen Märkte immer weiter geöffnet wurden, positionierte sich der RSS dagegen und die *Sangh Parivar* schwächte sich selbst durch interne Konflikte.[14] Allerdings musste die BJP eine moderate Politik verfolgen, da sie im Vorfeld der Parlamentswahlen 1998 auf jeweils verschiedener Grundlage viele regionale Kooperationen eingegangen war: in Maharashtra mit *Shiv Sena* aufgrund der ideologischen Nähe, in Punjab mit *Shiromani Akali Dal* aufgrund des gemeinsamen Kampfes gegen die Kongresspartei und in Bihar mit der *Samata Party*, um gegen die Yadav-Indian-Muslim-Koalition vorgehen zu können.[15] Diese regionalen Kooperationspartner stärkten das Bild der BJP als nationaler Partei, die so zudem in ganz Indien Präsenz erlangte. Als ihr wichtigster Partner gilt die *All India Anna Dravida Munnetra Kazagham* in Tamil Nadu, durch die die BJP auch im Süden Indiens Fuß fassen konnte.[16] Aufgrund der regionalen Differenzen und unterschiedlichen Intentionen der Parteien wurden die BJP und ihre NDA-Koalition jedoch immer größeren Spannungen ausgesetzt. Die regional heterogenen Koalitionspartner sprachen im Gegensatz zur BJP nicht vorrangig Hoch- und Mittelverdiener an und wollten dementsprechend auch Ziele ihrer eigenen Klientel verfolgen.[17] So stand die BJP während ihrer Regierungszeit 1998-2004 in der Wirtschaftspolitik im Spannungsfeld zwischen der Fortführung des *swadeshi*-Konzepts und dem steigenden Druck der Globalisierung. Zudem sah sie sich den abweichenden Interessen ihrer eigenen Mitglieder und denen ihrer Koalitionspartner ausgesetzt. Der Versuch, eine Brücke zwischen wirtschaftlicher Tradition und weltwirtschaftlichem Druck zu schlagen, führte zu starken Differenzen innerhalb der BJP und zwischen den NDA-Koalitionären.

Von 2001 bis 2014 war der derzeitige Premierminister Modi Regierungschef (*Chief Minister*) im westlichen Bundesstaat Gujarat. Gujarat ist der einzige Bundesstaat Indiens, der zuvor von einer BJP-Alleinregierung geführt worden war. Seit 1997 ist die BJP dort durchgängig an der Macht. Durch das Erdbeben im Jahr 2001 verlor sie allerdings an Popularität, da dessen Auswirkungen unter anderem wegen illegaler und minderwertiger Baukonstruktionen verheerend waren. Die Bauunternehmer dieser eingestürzten Gebäude standen in engem Kontakt zu hohen BJP-Funktionären. Der damalige BJP Chief Minister Keshubhai Patel wurde daraufhin von Modi abgelöst, um weiteren Vorwürfen entgehen zu können.[18] Modi profilierte sich als Berufspolitiker und schaffte in Gujarat den Spagat zwischen Tradition – der Betonung und Förderung der gemeinsamen hindunationalistischen Identität – und Moderne, beispielsweise durch die Öffnung der Wirtschaft für globale Investoren. Der Beginn seiner Amtszeit wurde allerdings von Ausschreitungen überschattet. Im Februar 2002 musste ein Zug, in dem sich hauptsächlich hindu-nationalistische Aktivisten aus Ayodhya befanden, bei der

Kleinstadt Godhra die Notbremse in einem muslimischen Wohngebiet ziehen und wurde daraufhin in Brand gesetzt. Es folgten wochenlange Unruhen in ganz Gujarat, wobei Hindu-Nationalisten muslimische Wohnhäuser und Geschäfte zerstörten und viele Muslime gewaltsam zu Tode kamen. Die genaue Zahl der getöteten Muslime ist nicht bekannt und schwankt je nach Quelle zwischen unter 1.000 und über 2.000.[19] Die BJP-Regierung schlug die Aufstände nicht nieder und deklarierte diese lediglich als lokalen Aufruhr. Der *Vishwa Hindu Parishad* (VHP), ein Teil der *Sangh Parivar*, dessen Ziel die Stärkung der hindu-nationalistischen Ideologie in der Gesellschaft ist, veranstaltete öffentliche Kundgebungen, die die Unruhen weiter anheizten. Modi scharte staatliche Führungspersönlichkeiten um sich und überzeugte sie davon, nicht gegen die Unruhestifter vorzugehen.[20] Kritik an Modis Reaktion bzw. Nicht-Reaktion kam vor allem von außen, beispielsweise von der *National Human Rights Commission*, die der Regierung vorwarf, dass sie den Schutz der Bürger und ihrer Rechte nicht gewährleistet habe.[21] Auch die Vereinigten Staaten kritisierten Modis Handlungen und verhängten gegen ihn ein Einreiseverbot, welches erst nach seiner Wahl zum Premierminister wieder aufgehoben wurde. Der damalige Premierminister Vajpayee benötigte 36 Tage, um nach Gujarat zu reisen, gedachte zuerst der getöteten Hindus in Godhra und beteuerte, die nationale Sicherheit schützen zu wollen; später sprach er allerdings davon, dass die Muslime selbst an ihrem Unglück schuld gewesen seien.[22] Vajpayees Verhalten in dieser Situation kann als einer der Faktoren gelten, die zu seiner Abwahl geführt haben. Modi dagegen wurde in Gujarat zweimal wiedergewählt. Die BJP nutzte also die Gewaltausbrüche zu Beginn des Jahres, um Mehrheiten für die bevorstehenden Neuwahlen zu sammeln, die für September 2002 angesetzt waren, dann aber erst im Dezember stattfinden konnten. Das gemeinsame Ziel, die Wahl zu gewinnen, stand dabei im Gegensatz zu den internen Differenzen der BJP-Führung bezüglich ihres Vorgehens in Gujarat.

Kennzeichnend für Modis Politikstil ist auch sein Umgang mit der Bevölkerung Gujarats bei der Vergabe von Land zur Ansiedlung von Industrie. Als Beispiel soll hier einer der größten Konzerne Indiens, die *Tata Group*, dienen, dessen Vorsitzender, Ratan Tata, ein Befürworter Modis ist.[23] Die *Tata Group* wollte eine neue Fabrik in West Bengal bauen. Die dortige Regierung unterstützte dieses Projekt seit 2008 aufgrund von Protesten von Bauern jedoch nicht mehr. Modi nutzte die Chance und überzeugte den Konzern, die neue Fabrik in Gujarat anzusiedeln. Dafür benötigte die *Tata Group* allerdings sehr viel Bauland, welches zuvor der Bevölkerung gehört hatte. Diese Landenteignungen der hauptsächlich armen Bürger und der *dalits* in Gujarat widersprachen Modis Bekundungen, alle Klassen der Gesellschaft zu berücksichtigen. Die Industrie profitierte somit mehr als jeder andere Wirtschaftszweig und mehr als die Bevölkerung von seiner Politik. Im Gegenzug unterstützte die Industrie ihn bei seinen Wahlkämpfen. Gleichwohl schaffte es Modi, auch gegenüber der einfachen Bevölkerung seine Landpolitik positiv zu besetzen, wie das indische Nachrichtenmagazin *Frontline* berichtet:

> Gujarat under Modi has done the maximum amount of land acquisition for industrial use and Modi has successfully projected the process as a "win-win situation" for both the farmers and the industries and has tried to project it as the ideal model for land acquisition.[24]

Vor allem durch die *Gujarat Industrial Development Corporation* (GIDC) wurde den Investoren viel Land zum Verkauf angeboten. Darauf basierte auch die Wahlkampagne Modis 2014, in der er versprach, sein Entwicklungsmodell von Gujarat auf ganz Indien zu übertragen. Dieses gilt als populär, weil es bei Enteignungen die Bauern für ihren Landverlust entschädigte und gleichzeitig die Grundlage für den wirtschaftlichen Aufschwung Gujarats schuf. Auch ein Bericht des indischen Wirtschaftsministeriums, wonach dessen Landverteilungspolitik vorbildlich sei und von anderen Bundesstaaten übernommen werden solle,[25] stärkte Modis Reputation und Position. In den Hintergrund tritt dabei, dass dieser Prozess schon in den 1980er Jahren begonnen hatte, als viele Bauern für staatliche Zwecke enteignet wurden und das Land nicht an die Industrie weiterverkauft wurde. Auch die Höhe der Entschädigungen für die ehemaligen Landbesitzer war nicht angemessen, da sie deutlich unter dem realen Marktpreis lag.[26] Trotzdem gilt das GIDC als ein einfaches Modell der Wirtschaftsentwicklung, das wenig direkte Regierungsbeteiligung benötigt und es Unternehmen ermöglicht, schnell und relativ unkompliziert an Land zu gelangen.[27] Damit stellt dieses Verfahren ein weiteres Beispiel für die Spannung zwischen Tradition und Moderne in der Politik der BJP dar, da es sehr liberal ist und nur geringfügig staatlich gesteuert wird, zugleich aber von einer nationalistischen Regierung umgesetzt wird.

Ob Modis Modell wirklich das Beste ist, scheint indes fraglich. So nimmt Gujarat im *Human Development Index* (HDI) nur den neunten von 20 Plätzen unter den indischen Bundesstaaten ein und steht damit nicht an der Spitze, sondern nur im Mittelfeld. Auch beim *Performance Index* (PI), der den Entwicklungsfortschritt eines Staates misst, ist Gujarat auf den zwölften Platz von 20 Staaten zurückgefallen.[28] Gleichwohl gelingt es Modi, in der Öffentlichkeit ein anderes Bild von Gujarat zu zeichnen: Er stellt seinen Bundesstaat als Modellstaat für ganz Indien dar und schaffte es damit, im Wahlkampf die Menschen zu überzeugen, auch wenn sich der wirtschaftliche und soziale Fortschritt in Gujarat nicht allein auf die Politik Modis zurückführen lässt.[29]

Eine Analyse der Parlamentswahlen 2014

Im Mai 2014 fanden, verteilt über mehrere Wahltermine, die 16. Parlamentswahlen Indiens statt. Im Folgenden sollen die Ergebnisse dargestellt und mit denen von 2009 verglichen werden. In Indien gilt das einfache Mehrheitswahlrecht und in jedem Wahlkreis wird ein Abgeordneter gewählt. Da nur wenige Kandidaten eine realistische Chance haben, die meisten Stimmen in ihrem Wahlkreis auf sich zu vereinen, tritt ein konzentrierender Effekt bei der Stimmen- und Mandatsverteilung ein. Die Polarisierung der Parteien ist dabei sehr gering, da jede Partei versucht, eine möglichst große Bandbreite an Wählern, den Medianwähler, anzusprechen.[30]

Der INC etablierte sich schon seit der Unabhängigkeitsbewegung und gilt als die „Mutter der indischen Parteien".[31] Seine Politik beruht auf Konsens und versucht, einer breiten Zahl an kleinen regionalen Parteien und verschiedenen sozialen Gruppen eine politische Heimat zu geben – eine Strategie, die auch die BJP seit Ende des 20. Jahrhunderts verfolgt.[32] Die Wahlergebnisse in den einzelnen Bundesstaaten verdeutlichen, dass dieser Strategiewechsel bei den Parlamentswahlen 2014 erfolgreich war. In vielen Regionen schaffte es die BJP, ihr Ergebnis von 2009 zu verbessern und den INC zu überholen.

In Punjab und in den östlichen Bundesstaaten Manipur, Meghalaya, Mizoram, Tripura und West Bengal sowie im südlichen Bundesstaat Kerala und in Lakshadweep erhielt der INC bei beiden Wahlen mehr Stimmen als die BJP. Dies ist teilweise darauf zurückzuführen, dass in einigen dieser Bundesstaaten der muslimische Bevölkerungsteil höher ist als im nationalen Durchschnitt, so zum Beispiel in Kerala und Lakshadweep im Süden sowie in West Bengal.[33] Allerdings lässt sich damit nicht das Wahlverhalten in den östlichen Bundesstaaten erklären, da dort der muslimische Anteil der Bevölkerung nur 1 bis 8 Prozent beträgt und damit unter dem nationalen Durchschnitt liegt. Im Gegensatz dazu gewann die BJP in Himachal Pradesh, in den zentralindischen Staaten Bihar, Madhya Pradesh, Jarkhand und Chattisgarh sowie den westlichen Staaten Gujarat Goa und Karnataka und auf den Andamanen und Nikobaren. Somit hat die BJP viele der ärmeren, bevölkerungsreicheren und von der vorigen Regierung enttäuschten Staaten sowie die Wahlkreise im sogenannten hindu-sprachigen Gürtel, ihren Stammländern, gewonnen.[34] Bei den restlichen Bundesstaaten, vor allem im Norden, im Osten und im südlichen Zentrum, wechselte die Mehrheit von der Kongresspartei auf die BJP. Vor allem das Wahlergebnis in Jammu und Kaschmir ist überraschend. Obwohl dort Zweidrittel der Bevölkerung Muslime sind, wechselte die Mehrheit von der Kongresspartei zur BJP. In Assam geschah dasselbe, obwohl dort ein Drittel der Bevölkerung Muslime sind. Außergewöhnlich ist auch, dass das frühere

Stammland des INC, Uttar Pradesh, 2014 an die BJP fiel und der INC nur noch zwei der 80 Wahlbezirke für sich entscheiden konnte.

Das Wahlergebnis 2014 zeigte auch die fortschreitende Regionalisierung der Wählerschaft, d. h. eine starke Rolle von Regionalparteien. Zum Beispiel gewann in Nagaland die *National Peoples Front*, die aber Teil der BJP-Koalition NDA ist, während die Wahlkreise in Tripura von der *Communist Party of India* (CPI) und in den West-Bengalen von der *All India Trinamool Congress* (AITC) gewonnen wurden.

Das Mehrheitswahlsystem führt zwangsläufig zu Verzerrungen zwischen den prozentualen Stimmenanteilen der Partei und der tatsächlichen Sitzverteilung im Parlament. So entspricht 1 Prozent der Stimmen 1,49 Prozent der Sitze, d. h., bei der Umrechnung von Stimmenanteilen in Sitzanteile liegt eine Überproportionalität vor.[35] Die BJP erhielt landesweit 31 Prozent, ihre Mitte-Rechts-Koalition (NDA) insgesamt 39 Prozent der Stimmen. Diese Koalition hat jedoch 336 der insgesamt 545 Sitze im indischen Unterhaus inne. Davon entfallen 282 Sitze (51,7 Prozent) auf die BJP, die damit im Vergleich zu den Wahlen im Jahr 2009 einen Zuwachs von 166 Sitzen erreichen konnte. Die *Shiv Sena* gewann 18 Sitze und die Telugu Desam Party 16 Sitze. Der INC verlor im Vergleich zu 2009 162 Sitze und fiel auf 44 Sitze zurück, was für den INC das schlechteste Ergebnis überhaupt bedeutet.[36] Die BJP erreichte die absolute Mehrheit der Sitze und hat darüber hinaus durch ihre NDA-Koalition die theoretische Möglichkeit, ihre Politik auch gegenüber Abweichlern in der eigenen Partei durchsetzen zu können. Allerdings hat die BJP ihre absolute Mehrheit durch viele Partnerschaften und Wahlkreisabsprachen (z. B. mit *Shiv Sena* in Maharashtra) erreicht. Trotzdem verfügt die BJP über keine absolute Machtfülle und keine ungebremste politische Durchsetzungskraft, denn sie besitzt in der *Rajya Sabha*, dem indischen Oberhaus, keine Mehrheit und kann dort lediglich 46 von 245 Sitzen auf sich vereinen. Die Kongresspartei hingegen hat 86 Sitze in der *Rajya Sabha*. Da sehr oft eine Mehrheit in beiden Häusern benötigt wird, um Gesetze zu verabschieden, muss die BJP auch weiterhin Koalitionen eingehen oder Absprachen treffen.[37]

Der Hindu-Nationalismus an der Macht: Die Konsequenzen des Wahlsiegs

Indien hat in den letzten Jahren immer mehr neue Märkte erschlossen, die Wachstum in Industrie und Handel fördern und vor allem die Mittelschicht begünstigen. Allerdings kommt es dabei in sozialer Hinsicht auch zu ökonomischem Druck, und nicht für jeden eröffnete die wirtschaftliche Öffnung Indiens nur Gutes.[38] Das

Gefühl der „sozialen und kulturellen Marginalisierung"[39] geht einher mit dem Verlangen nach einer Gesellschaft mit gemeinsamen Werten und nach Traditionen, die nicht dem raschen Wandel unterliegen. Genau hier setzt die *hindutva*-Ideologie der BJP an[40] und eröffnet durch den Rückgriff auf alte Muster neue Perspektiven. Bewährte Mittel sollen neu interpretiert werden, um die Beständigkeit im Wandel aufrechtzuerhalten. Die „Dialektik der Modernisierung bringt im Gleichmaß ihres Fortschreitens Konsequenzen hervor, die sie eigentlich nicht so vorsieht"[41], d. h., die globalen Einflüsse und die sich ändernden Lebenswelten benötigen eine neue ordnende Struktur. Der Hindu-Nationalismus versucht, dabei moderne Aspekte mit Tradition zu verknüpfen. So folgt die BJP in ihrem Wahlkampf 2014 dem „principle of unity in diversity"[42] und möchte damit eine Regierung stellen, von der jeder Inder profitieren kann.

Die Mobilisierung von Wählern ist einer der größten Erfolge der BJP bei den Parlamentswahlen 2014. Insgesamt lag die Wahlbeteiligung bei über 66 Prozent. In 137 Wahlkreisen erreichte die BJP mehr als 50 Prozent der Stimmen. In allen Wahlkreisen, in denen die Wahlbeteiligung um mehr 10 Prozent anstieg, gingen deutlich mehr als 80 Prozent an die BJP.[43] Die BJP spricht ihr traditionelles Wählerklientel an, d. h. die städtischen, mittelständischen und höheren Klassen sowie die „scheduled castes [...] and the scheduled tribes".[44] So konnte die BJP nicht nur ehemalige Stammländer des INC gewinnen, sondern auch ihre Wählerschaft über mehrere soziale Klassen ausdehnen. Dies liegt zum einen an Modis Betonung, die indische Wirtschaft (für alle) verbessern zu wollen, und zum anderen an der Unfähigkeit der früheren INC-Regierung im Kampf gegen die Korruption. Unterstützt wird der Wahlerfolg der BJP durch ihre gut organisierte Wahlkampagne mit vielen Aktivisten vor Ort und einem guten Medienauftritt, der vor allem junge Inder per Internet und soziale Netzwerke mobilisieren konnte.[45] Modi selbst trug als Führungsperson maßgeblich zum Wahlerfolg der BJP bei. So spielte die nicht erfolgreiche *United Progressive Alliance* (UPA)-Kampagne von Sonia Gandhi und ihrem Sohn Rahul der BJP dabei ebenso in die Hände wie der sogenannte „Modi Faktor": „[A] strong, decisive, personally incorruptible, and credible leader who could revive growth, with jobs and prosperity to follow."[46] Die wirtschaftlich relevanten Themen und der von Modi versprochene ökonomische und soziale Aufstieg aller brachten ihm viele Stimmen in der jungen indischen Bevölkerung ein.

Im Folgenden soll Modis Spagat zwischen moderner Politik und hindu-nationalistischer Tradition an einem Beispiel exemplarisch dargestellt werden: Das indische Ministerium für Bildung und Personalwesen ließ ein Abkommen zwischen dem Verband staatlicher indischer Schulen (*Kendriya Vidyalaya*) und dem Goethe-Institut in Deutschland auslaufen. Durch das Projekt „Deutsch an 1000 Schulen" war es bis jetzt an über 500 indischen Schulen möglich, Deutsch als erste

Fremdsprache zu erlernen. Knapp 80.000 Kinder haben dieses Angebot wahrgenommen und können durch ihre erworbenen Fremdsprachenkenntnisse später vor allem im Handel mit Deutschland und in global agierenden europäischen Unternehmen tätig werden.[47] Dies ist eine Säule der Wirtschaftspolitik, die Modi ausbauen möchte. Er möchte ausländische Investoren nach Indien locken, behindert dafür jedoch notwendige Maßnahmen wie den Erwerb neuer Fremdsprachen. Hier siegte die Tradition des Hindu-Nationalismus und damit einhergehend die Bewahrung und Stärkung des Hindi.

Angesichts des Wahlergebnisses ist die Mehrheit der Hindu-Nationalisten allerdings äußerst fragil. 31 Prozent der Stimmen bei einer Wahlbeteiligung von circa 66 Prozent ist die niedrigste Unterstützungsrate in der indischen Geschichte.[48] Zwar gewann die BJP die Bundesstaaten im hinduistischen Gürtel, die zusammengenommen etwa drei Fünftel der indischen Bevölkerung ausmachen, in den östlichen und südlichen Staaten muss sie ihre Wählerbasis allerdings erst noch finden. Ob es der BJP gelingt, auch in Zukunft Wahlen zu gewinnen und mit der Kongresspartei um eine Vormachtstellung im Parteiensystem zu kämpfen, hängt einerseits von der Politik Modis ab, die entweder den hinduistischen Teil der Bevölkerung bevorzugt oder sein Wahlversprechen einhält und ein „government of the poor, marginalized and left behind"[49] bildet, und andererseits davon, inwieweit der INC seine regionalen Parteien reaktivieren kann. Die Mobilisierung regionaler Aktivisten hat im 20. Jahrhundert der Kongresspartei und dann 2014 der BJP zur Mehrheit verholfen und ist somit von elementarer Bedeutung für die bundesweiten Wahlen.

Februar 2015:
Die Wahlniederlage der BJP bei den Landtagswahlen in Delhi

Im Gegensatz zu den Parlamentswahlen konnte die BJP die Wahlen zur gesetzgebenden Versammlung der indischen Hauptstadt Neu-Delhi am 7. Februar 2015 nicht für sich entscheiden. Diese Wahlen galten allgemein als richtungsweisend für die Stimmung in ganz Indien. Von den insgesamt 70 Wahlkreisen in Delhi, die die BJP 2014 noch alle gewonnen hat, konnte sie nur noch drei erobern. Alle anderen 67 Wahlkreise gingen an die *Aam Aadmi Party* (AAP, „Partei des einfachen Mannes"[50]), die auch schon 2013 in einer Minderheitsregierung mit Unterstützung der Kongresspartei Delhi für kurze Zeit regiert hatte. Aufgrund der damals vorherrschenden politischen Pattsituation zwischen der AAP, der BJP und dem INC stand Delhi seit Februar 2014 unter der sogenannten „president's rule", sprich unter der Führung Modis seit dessen Wahlsieg im Mai 2014. Wie das Wahlergebnis der

Regionalwahlen zeigt, überzeugte sein Regierungsstil die Bevölkerung von Delhi jedoch nicht. Modi versprach in seinem Wahlkampf, Indien in eine Industrienation zu verwandeln, doch neun Monate nach dieser Wahl ist für die Bevölkerung davon wenig zu sehen. Modi kümmere sich nicht „um die Probleme des kleinen Mannes", stattdessen werde das tägliche Leben weiterhin von Korruption bestimmt und die BJP nutze ihre Alleinregierung, um den Hindu-Nationalismus zu verbreiten, so die Vorwürfe.[51] Als Hauptgrund der BJP-Niederlage gilt daher die Enttäuschung der Bevölkerung über Modis bisherige Politik. Sie wollte mit der Regionalwahl zeigen, dass sie ihm 2014 seine Wahlversprechen zwar geglaubt hatte, aber nun an diesen und an seiner Person zweifelte. Als zweitgrößter Verlierer der Wahlen zum Regionalparlament im Unionsterritorium Delhi gilt nach der BJP der INC, der mit 9,9 Prozent der Stimmen keinen einzigen Sitz in Delhis Regionalparlament erhielt. Das indische Mehrheitswahlrecht führte auch bei dieser Wahl zu einer erheblichen Verzerrung zwischen Stimmen- und Sitzverhältnis. So bekam die AAP mit 54,3 Prozent der Stimmen über 95 Prozent der Sitze und die BJP mit 32,8 Prozent der Stimmen lediglich drei Sitze.[52]

Nach wie vor hat Modi viele Unterstützer, die ihm Zeit einräumen, seine Reformversprechen umzusetzen. Die AAP hatte ihren Wahlkampf jedoch auf die armen und unteren Bevölkerungsschichten und Kasten ausgerichtet und somit genau auf diejenigen, die auch Modi bei den Parlamentswahlen 2014 für sich mobilisieren konnte. Der Parteivorsitzende der AAP, Arvind Kejriwal, versprach beispielsweise 20.000 Liter kostenfreies Wasser für jeden Haushalt und eine Halbierung der Stromrechnungen. Modi setzte dagegen auf Themen, die eher umgesetzt und vor allem finanziert werden können.[53]

Konklusionen

Modis Hauptaufgabe besteht darin, ein Gleichgewicht zwischen seinen eigenen Vorstellungen und denen seiner Partei, zwischen fundamentalistischen Hindus und den liberaler eingestellten Mitgliedern innerhalb der BJP, zwischen seinem Wahlprogramm und den Zielen der *Sangh Parivar* sowie zwischen der BJP und ihren Koalitionspartnern in der NDA-Koalition zu finden. Kann Modi eine Politik verfolgen, die Tradition und Moderne verbindet, die über Kasten und Klassen hinwegsieht, die wirtschaftliches Wachstum und Industrie genauso fördert wie hinduistische Traditionen und lassen sich damit seine regionalen Erfolge überhaupt auf Bundesebene übertragen? In den ersten neun Monaten konnte er noch nicht viele Reformen umsetzen, aber er gab den Anstoß für zahlreiche Reformvorhaben wie die Überarbeitung der Landverteilung zwischen Bevölkerung und Industrie.

Es bleibt jedoch ungewiss, ob Modi Uneinigkeiten innerhalb seiner Partei, wie auch schon bezüglich ihrer Beteiligung an der Zerstörung der Babri Moschee, schlichten kann oder ob diese die BJP vollends spalten. Der Hindu-Nationalismus bestimmt die Politik der BJP erheblich mit. Fundamentale Hindu-Nationalisten stehen dabei den wirtschaftlich liberalen Kräften innerhalb der BJP gegenüber. Wirtschaftsthemen gewinnen Wahlen, wie der Wahlerfolg Modis 2014 zeigte. Insofern ist Bill Clintons Wahlkampfslogan von 1992 noch immer gültig: „It's the economy, stupid!"[54]

Anmerkungen

1   Jaffrelot (2007: 686).
2   Delfs (2008: 93).
3   Jürgenmeyer (1998: 49).
4   Vgl. hierzu den Beitrag von *Janz* in diesem Band.
5   Afzal (2014: 65).
6   Ebd.: 355.
7   Zavos et al. (2004: 3 ff.).
8   Vgl. hierzu den Beitrag von *Lutzenberger* in diesem Band.
9   Jürgenmeyer (1998: 48).
10   McGurie & Copland (2007: 1).
11   Jaffrelot (2007: 19 ff.).
12   Lakha (2007: 106).
13   Ebd.: 109.
14   Ebd.: 112.
15   Afzal (2014: 337)
16   Ebd.: 338.
17   Hill (2007: 199 f.).
18   Spodek (2008: 362).
19   Delfs (2008: 13).
20   Spodek (2008: 357).
21   Ebd.: 357.
22   Delfs (2008: 13), Wolf (2012: 114 ff.).
23   Anand & Fairclough (2014).
24   Frontline (2014).
25   Firstpost, 06.05.2014.
26   Frontline, 17.05.2013.
27   NDTV, 06.05.2014.
28   Drèze (2014a).
29   Drèze (2014a, 2014b).
30   Jürgenmeyer (2011: 469).
31   Wagner (2006: 116).
32   Ebd.: 117.

33   BPB (2015).
34   Betz et al. (2014).
35   Sridharan (2014: 20).
36   Betz et al. (2014: 2).
37   Sridharan (2014: 31).
38   Jürgenmeyer (2003: 83, 84).
39   Ders. (1998: 49).
40   Vgl. hierzu die Beiträge von *Janz, Lutzenberger* sowie *Ettensperger/Hagenbeck* in
     diesem Band.
41   Ders. (2003: 83).
42   Bharatiya Janata Party (2014: 10).
43   Sridharan (2014: 23 f.).
44   Ebd.: 24.
45   Ebd.: 28.
46   Ebd.: 29.
47   Gebauer/Putz (2014: 1).
48   Sridharan (2014: 30).
49   Bharatiya Janata Party (2014: 15).
50   Schmidt & Schepp (2015: 1).
51   Petersmann 2015.
52   Schmidt & Schepp (2015: 1).
53   Ebd.: 3.
54   Vgl. hierzu den Beitrag von *Baumann* in diesem Band.

Narendra Modis Dilemma: Zwischen Hindu-Nationalismus, Regierungsalltag und politischem Pragmatismus

Marcel M. Baumann

Einleitung

Als der amerikanische Präsident Barack Obama im Januar 2015 Indien besuchte, schien zunächst alles auf eine Wiederholung seiner „Bollywood-reifen Liebeserklärung"[1] hinauszulaufen, die Obama bei seinem Besuch 2010 gemacht hatte. Damals hatte er offensiv um Indiens wirtschaftliche Partnerschaft mit den USA und für einen ständigen Sitz Indiens im Sicherheitsrat geworben. Doch am letzten Tag seines Besuchs im Jahr 2015 hatte Obama eine kleine Überraschung vorbereitet. In seiner Rede zitierte er Mohandas Gandhi, um indirekt Kritik an der gegenwärtigen Situation der inter-religiösen Koexistenz in Indien zu äußern:

> Across our two great countries we have Hindus and Muslims, Christians and Sikhs, and Jews and Buddhists and Jains and so many faiths. And we remember the wisdom of Gandhiji, who said, 'for me, the different religions are beautiful flowers from the same garden, or they are branches of the same majestic tree.' Branches of the same majestic tree.[2]

Nach seiner Rückkehr nutzte der Präsident am 5. Februar 2015 das *National Prayer Breakfast* in Washington dazu, die religiösen Spannungen in Indien offen zu kritisieren:

> Michelle and I returned from India — an incredible, beautiful country, full of magnificent diversity — but a place where, in past years, religious faiths of all types have, on occasion, been targeted by other peoples of faith, simply due to their heritage and their beliefs — acts of intolerance that would have shocked Gandhiji, the person who helped to liberate that nation.[3]

Obamas Äußerungen lösten heftige Reaktionen in Indien und darüber hinaus aus. Breite Zustimmung erfuhr Obama von den religiösen Minderheiten Indiens, d. h. von den muslimischen und christlichen Religionsgruppen. Der Besuch des amerikanischen Präsidenten fand inmitten eines Klimas steigender inter-religiöser Spannungen zwischen der hinduistischen Mehrheitsbevölkerung und den konfessionellen Minderheiten, vor allem Muslime und Christen, statt. Ausgelöst wurden diese neuen Spannungen als Folge des Wahlsiegs der *Bharatiya Janata Party* (BJP) unter Narendra Modi im Mai 2014. Dieser Wahlsieg der Hindu-Nationalisten führte zu neuen Befürchtungen:

> Modi's ascent to India's highest office has generated enormous anxiety among India's liberals and Muslims. Many assume that the country will go through a period of communal unrest and violence under Modi's rule.[4]

Im Dezember 2014 und im Januar 2015 kam es zu mehreren Brandanschlägen auf Kirchen in Neu-Delhi, während gleichzeitig eine heftige Debatte über (Zwangs-) Konvertierungen von Muslimen und Christen durch hindu-nationalistische Gruppen stattfand. Von diesen hindu-nationalistischen Gruppen wurde offen die Forderung erhoben, die neue Regierung – „ihre" Regierung – solle aus Indien eine Hindu-Nation machen. Seitdem wurde wachsende Kritik laut und es wurde die Vermutung geäußert, die BJP als neue Regierungspartei werde aus einem Land religiöser Pluralität ein Land religiöser Intoleranz machen.

Ausgehend davon möchte der vorliegende Beitrag folgende Frage beantworten: Besteht die Gefahr, dass Indien unter der neuen Regierung zu einer religiös geprägten Hindu-Nation werden kann?

Wie hindu-nationalistische Hardliner die Zukunft „ihrer" Hindu-Nation sehen

Am 14. Februar 2015 kam es in Ahmedabad im Bundestaat Gujarat zum ersten Mal zu einer neuen religiös-kulturellen Veranstaltung, die unter dem Slogan *Matru-Pitru Diwas* stand. Es wurde der Elterngedenktag (*Parents Worship*

Day) feierlich begangen, um damit gegen den Valentinstag zu protestieren. Offiziell organisiert wurde die Veranstaltung von relativ neuen hindu-nationalistischen Organisation, wie z. B. *Dharma Raksha Manch, Sanatan Sanstha* und *Hindu Dharm Sabha*. Diese Organisationen treten gleichzeitig konservativ-religiös oder sogar archaisch-religiös und sehr militant auf. So startete z. B. *Hindu Dharm Sabha* die Kampagne „Love Jihad".[5] In dieser Kampagne wird vor allem vor den Gefahren der Muslime für hinduistische Mädchen gewarnt. Im VIP-Bereich der *Matru-Pitru Diwas*-Veranstaltung saßen neben einigen Hindu-Gurus auch hochrangige Vertreter der *Vishwa Hindu Parishad* (VHP). Am gleichen Tag kam es in Ahmedabad zu kleineren Scharmützeln, als *Bajrang-Dal*[6]-Mitglieder faule Tomaten auf Liebespärchen warfen, die händchenhaltend an der Uferpromenade spazieren gingen. Nach der Aktion verbrannten sie Valentinsgrußkarten.[7] In Hyderabad wurden bei ähnlichen Aktionen 50 *Bajrang-Dal*-Aktivisten von der Polizei vorübergehend festgenommen.[8] Bereits eine Woche vor dem Valentinstag hatte der BJP-Politiker und Chief Minister des zentralindischen Bundesstaates Chhattisgarh, Raman Singh, die offizielle Umbenennung des Valentinstages in *Matru-Pitru Diwas* in seinem Bundesstaat beschlossen. Allen staatlichen Schulen wurde vorgeschrieben, ab sofort den Elterngedenktag jährlich zu begehen.[9]

In Neu-Delhi kam es am Valentinstag zu Protestaktionen vor der Zentrale der Partei *Akhil Bharatiya Hindu Mahasabha*.[62]

Die Partei hatte gedroht, alle Paare, die sich am Valentinstag umarmen oder sich Rosen schenken, sofort an Ort und Stelle zu „verheiraten".[11] Die Demonstranten vor der Parteizentrale in Delhi forderten die Partei auf, ihr Versprechen einzuhalten. Pärchen küssten sich vor der Parteizentrale und verlangten, von der Partei „verheiratet" zu werden.[12] Auch in den Gesprächen mit VHP-Aktivisten (in Mumbai und in Gujarat) mit dem Autor wurde stets „Familienplanung" als ein zentrales Element des Hinduismus betont. Die befragten VHP-Aktivisten unterstützten ausdrücklich die Forderungen des bekannten BJP-Politikers und *Lokh-Saba*[13] Abgeordneten Sakshi Maharaj, der im Januar 2015 gefordert hatte, jede Hindu-Frau müsse mindestens vier Kinder „produzieren".[14]

Bereits Anfang Dezember 2014 wurde ein anderes Thema angestoßen, das heftige politische Kontroversen und Debatten über religiöse Freiheiten auslösten, die bis heute noch nicht verstummt sind. Auslöser waren verschiedene Berichte über das *ghar-vapsi*-Programm, das vom *Rashtriya Swayamsevak Sangh* (RSS, Nationaler Freiwilligenbund[15]) und der VHP in verschiedenen indischen Provinzen durchgeführt wird. *Ghar vapsi* kann mit „zurück ins Haus holen" übersetzt werden und steht für das „Re-Konvertierungsprogramm" der Hindu-Nationalisten. Dahinter steckt die Behauptung, Muslime, Christen und andere religiöse Minderheiten in Indien seien eigentlich Hindus, die aber vor 500 bis 800 Jahren durch muslimische und christliche Missionierungen konvertiert wurden. Deshalb, so die Argumentation der Hindu-Nationalisten, sollen sie ins gemeinsame Haus (*ghar*) zurückgeholt werden:

> They went away because of some allurement and thus there is nothing wrong in bringing them back to original fold. […] If conversion is wrong, then why not pass a law in the Parliament against it stopping all religious conversions (Mohan Bhagwat, RSS Chief).[16]

Der Vorwurf an die VHP und den RSS lautet jedoch, dass diese Konvertierungen durch Zwang, Erpressung oder finanzielle Anreize durchgeführt wurden: „unfreiwillige Heimkehrer", kommentierte entsprechend die Neue Zürcher Zeitung am 19.12.2014.

Am 11. Dezember 2014 kam es auf Initiative der Opposition zu einer Parlamentsdebatte über Konvertierungen,[17] nachdem Berichte laut geworden waren, in Agra habe die Zwangskonvertierung von circa 50-60 Muslimen stattgefunden.[18] In der Parlamentsdebatte richtete die Opposition heftige Vorwürfe gegen die BJP und gegen Modi. Der Abgeordnete Saugata Roy von der Partei *All India Trinamool Congress*[19] setzte das *ghar-vapsi*-Programm sogar mit Hitlers Behauptung von der Überlegenheit der arischen Rasse gleich und warf der BJP-Regierung vor, ähnlich wie Hitler durch solche Programme vom eigenen Versagen in der Wirtschaftspolitik ablenken zu wollen.[20] Der Gegenangriff auf die Opposition wurde maßgeblich vom BJP-Minister und ehemaligen Parteipräsidenten Venkaiah Naidu angeführt. Er versuchte, den Ball an die Opposition zurückzuspielen, und schlug ein nationales Gesetz vor, das alle Konvertierungen unter Strafe stellen solle.[21] Naidu verteidigte den RSS vehement und bekräftigte, dass er stolz auf seine RSS-Wurzeln sei: „RSS is our mother organisation from which we have taken inspiration."[22] Die Parlamentsdebatte wurde besonders heftig geführt und war von chaotischen Zuständen mit tumultartigen Szenen begleitet. Naidus Verteidigung des RSS führte dazu, dass zahlreiche Oppositionsabgeordnete protestierend das Parlament verließen. Die Parlamentsdebatte wurde mehrfach unterbrochen und musste vertagt werden. Oppositionspolitiker wiederholten täglich die Forderung, Modi müsse sich selbst zum Thema äußern und eine offizielle Erklärung abgeben.[23]

Doch die BJP zeigte öffentlich keine Kompromissbereitschaft, sodass am 21. Dezember 2014 alles auf eine weitere Eskalation hinauslief, zumal noch zusätzlich Öl ins Feuer gegossen wurde. Zum einen verstärkte die BJP den Gegenangriff auf die Opposition, indem der BJP-Präsident Amit Shah öffentlich behauptete, die BJP sei die einzige Partei, die sich gegen Zwangskonvertierungen wende.[24] Zum anderen drohte am 21. Dezember die Organisation *Dharm Jagran Samiti*, die dem RSS nahesteht und das *ghar-vapsi*-Programm im Bundesstaat Uttar Pradesh maßgeblich vorantrieb, Indien von allen Christen und Muslimen „zu befreien":

Our target is that India would be made free of Muslims and Christians by 2021 because these two communities don't have the right to stay here (Rajeshwar Singh, Dharm Jagran Samiti).[25]

Diese Drohung wurde mit der Ankündigung verbunden, am Weihnachtsfeiertag großangelegte, öffentliche *ghar-vapsi*-Programme durchzuführen. Die VHP heizte ihrerseits die Situation weiter an, indem sie am 21. Dezember 2014 mit der Behauptung in die Öffentlichkeit ging, die Organisation habe in Gujarat 200 Christen „rekonvertiert."[26] Zwar wurden auf Anweisung des RSS die geplanten „Massen-Re-Konvertierungen" von *Dharm Jagran Samiti* abgesagt,[27] die Diskussion über Modis konsequentes Schweigen zu dieser Problematik riss jedoch nicht ab. Einige Kommentatoren vermuteten darin eine bewusste Strategie, um sich nicht durch bestimmte Äußerungen angreifbar zu machen. Sandip Roy betrachtete Modis „strategisches Schweigen" sogar als Lernprozess aus den Ereignissen in Gujarat im Jahre 2002: „He clearly learned after the 2002 Gujarat massacres that the best strategy was to not explain nor answer but to just maintain a silence on issues he does not want to be cornered on."[28]

Zum Jahresbeginn 2015 wurde die Eskalation sogar noch weiter vorangetrieben, als hindu-nationalistische Organisationen ankündigten, das *ghar-vapsi*-Programm fortzusetzen, und der BJP-Abgeordnete Sakshi Maharaj öffentlich die Todesstrafe für Hindus forderte, die zum Islam oder zum Christentum konvertieren – und auch für jene, die Kühe töten: „A law will be passed in Parliament in which anyone indulging in cow slaughter and conversion will be punished with the death sentence."[29]

Ghar vapsi oder *Matru-Pitru Diwas* sind nicht zuletzt Symbole oder symbolische Aktionen, die aber mit realen, gewaltsamen Konsequenzen verbunden sein können. Als Symbole erfüllen sie in erster Linie den Zweck, die hindu-nationale Identität zu bestärken. Wichtig ist hierbei die Einschränkung, dass keine dieser religiösen oder politischen Forderungen tatsächlich neu ist. Die Behauptung, Muslime und Christen in Indien seien eigentlich Hindus, wurde von Hindu-Nationalisten schon immer aufgestellt. Diese Aktionen und Ereignisse kommen jedoch durch den BJP-Wahlsieg auf die oberste politische Tagesordnung, denn die Hindu-Nationalisten sehen nun ihre Stunde gekommen. Die BJP-Regierung soll aus Indien eine Hindu-Nation machen, forderte am 18. Januar 2015 der Leiter des RSS Mohan Bhagwat.[30] Doch die religiösen Forderungen und Interessen der hindu-nationalistischen Hardliner stehen in großem Widerspruch zu politischen und säkularen Versprechen der BJP und ihrer Entwicklungsrhetorik. Hier sind Spannungen vorprogrammiert, denn alle VHP-Gesprächspartner betonten gegenüber dem Autor, dass sie die BJP nur unterstützen, wenn die Partei die Interessen der Hindus unterstützt. Alle hindu-nationalistischen Symbole und symbolischen Aktionen, wie z. B. der *Parents Worship Day*, funktionieren relativ unabhängig von der Frage, worin der Kern der hindu-nationalen Identität eigentlich besteht, denn diese Frage kann eigentlich nicht mit völliger Klarheit und ohne inhärente Widersprüche beantwortet werden – vor allem von den religiösen Aktivisten selbst nicht. Mit dieser Problematik wird sich deshalb das folgende Kapitel auseinandersetzen.

Die historische Kontinuität des Hindu-Nationalismus

A Hindu means a person who regards this land [...] from the Indus to the seas as his fatherland (pitribhumi) as well as his holyland (punyabhumi).[31]

This is a matter for serious consideration by all of us. If Muslims become a majority in India would democracy and secularism survive?[32]

Das erste Zitat stammt von Vinayak Damodar Savarkar aus seiner berühmten Schrift „Hindutva: Who is a Hindu?" aus dem Jahre 1923, die als wegweisende Schrift in der ideologischen Fundierung des Hindu-Nationalismus gilt. Darin wurde zum ersten Mal die Idee einer Hindu-Nation entwickelt.[33] Savarkars Hindu-Definition beinhaltet drei der indischen religiösen Minderheiten, nämlich die Sikhs, die Jains und Buddhisten. In seiner Logik sind diese Gruppen ebenfalls Hindus, da sie Indien als ihr „heiliges Land" betrachten. Explizit ausgeschlossen von Savarkars Hindu-Definition sind Muslime, Christen, Juden und Parsen, denn deren „heilige Länder" liegen (angeblich) außerhalb Indiens. Auf den Punkt gebracht wurde diese Ideologie durch Madhav Sadashiv Golwalkar in einer berühmten Aussage einer weiteren wegweisenden hindu-nationalistischen Schrift, die 10 Jahre nach Savarkars Hindutva erschien. Golwalkar bezeichnet Muslime, Christen, Juden und Parsen als „ausländische Rassen":

The foreign races in Hindustan must […] adopt the Hindu culture and language, must learn to respect and hold in reverence the Hindu religion, must entertain no ideas but those of the glorification of the Hindu race and culture […] may stay in the country wholly subordinated to the Hindu nation, claiming nothing […] not even citizen's rights.[34]

Die historische Kontinuität in der Radikalität des hindu-nationalistischen Denkens als religiös begründeter, völkischer Nationalismus wird durch das zweite Eingangszitat deutlich. Es stammt von Vyankatesh Abdeo, Joint General Secretary der VHP. Er veröffentlichte im Jahr 2009 einen „Weckruf" an die Hindu-Gemeinschaft mit explizitem Rückbezug auf Savarkar: „Wake Up Hindus!! Hindutva". Im Vorwort warnte er vor der wachsenden Gefahr, die vor allem von Muslimen ausgehe:

The Hindu population in Pakistan that was 24% in 1947 is just 1% today. Similarly the Hindu population in Bangladesh which was 30% is reduced to just 7%. Were these Hindus killed or driven out?" As per the 1951 census India's Muslim population was 10% and Hindu population was 87%. However as per the 2001 census the Muslim population shot up to 14% and the Hindu population was reduced to 82%.[35]

Er betont in seinem Buch die Bedeutung der Familienplanung für den Hinduismus. Die Hindu-Nationalisten wiederholen permanent ihre Angst, irgendwann in der Minderheit zu sein.

Die historische Kontinuität des völkischen Hindu-Nationalismus wurde von Marzia Casolari[36] in einer umfassenden Archivstudie durchleuchtet. Sie analysiert sehr detailliert die Kontakte und den Einfluss, den italienische und deutsche Faschisten auf führende Hindu-Nationalisten – sozusagen auf dessen Gründerväter – hatten.[37] Aufschlussreich ist hierbei unter anderem ein berühmtes Zitat von B. S. Moonje, der in den 1920er und 1930er Jahren nach Europa reiste. Moonje war von 1927 bis 1937 Parteipräsident von *Hindu Mahasabha* und in dieser Position der Vorgänger von Savarkar. In seinem Tagebuch schrieb er:

> In fact, leaders should imitate the youth movement of Germany and the Balilla and Fascist organisations in Italy. I think they are eminently suited for introduction in India, adapting them to suit the special conditions. I have been very much impressed by these movements and I have seen their activities with my own eyes in all detail.[38]

Noch im Jahre 2012 wurde ein indisches Modegeschäft nach Hitler benannt. Erst nach heftigen Protesten benannte der Besitzer seinen Laden um.[39]

Ist also die Hindu-nationale Identität ein aus dem Westen importierter Nationalismus bzw. dessen indische Imitation? Die entscheidende Gegenfrage dazu lautet, ob man überhaupt von einer gemeinsamen hindu-nationalen Identität sprechen kann. Hinduismus und Nationalismus sind beide für sich genommen bereits sehr diffuse Konstrukte. Dies gilt deshalb umso mehr für die Integration von beiden. Das einzige deutliche und gemeinsame Kennzeichen der Hindu-Nationalisten ist das Gefühl der strategisch-spirituellen Unterlegenheit. Es gibt keine theologische, religiöse oder spirituelle Einheit, sondern eine Zersplitterung.[40] Daraus leitet sich das zentrale strategische Anliegen des Hindu-Nationalismus ab:

> Dem Hindu-Nationalismus ging es immer darum, die als schwach und unmännlich wahrgenommenen Hindus vor allem gegenüber den Muslimen zu stärken, sei es körperlich, militärisch oder numerisch. Dabei ließ man sich von allen möglichen Ansätzen beeinflussen, die indigenen, britischen, aber auch faschistischen oder nationalsozialistischen Ursprungs sein konnten.[41]

Aufgrund des permanenten Gefühls strategischer Unterlegenheit gegenüber der (angeblichen) Geschlossenheit der muslimischen „Feinde" sind Organisationen wie der RSS und die VHP sehr wichtig: Der RSS versteht sich selbst als Schutzbund der Hindu-Interessen, dem nach eigenem Anspruch auch das Mittel der Selbstverteidigung zusteht. Der RSS hat nach eigenen Angaben zwischen zwei und sechs Millionen Mitglieder. Die Organisation wurde bereits 1925 gegründet und gilt als straff organisiert, deren Mitglieder gelten als sehr diszipliniert.[42] Dies zeigten auch der Besuch des Autors und die Gespräche im RSS Hauptquartier in Mumbai. Die Aktivisten haben ihr ganzes Leben der Organisation geopfert: spartanisch-asketisches Leben, keine Familie, kein Alkohol oder andere Genussmittel. Der RSS gilt als „ideologische Vorhut und Kaderschmiede" der Hindu-Nationalisten.[43] Führende BJP- und VHP-Mitglieder waren oder sind gleichzeitig RSS-Mitglieder.

Der zentrale Vorwurf an den RSS lautet, dass sie die Mörder Gandhis waren. Am 30. Januar 1948 wurde Gandhi von Nathuram Godse erschossen. Godse war Mitglied der Partei *Hindu Mahasabha*, Privatsekretär von Savarkar und gab ein Propagandablatt heraus. Der RSS bestreitet nicht, dass Godse ein ehemaliges RSS-Mitglied war; die Organisation behauptet jedoch, dass dieser den RSS verlassen habe, als er sich *Hindu Mahasabha* angeschlossen habe.[44] In den persönlichen Gesprächen mit RSS-Sprechern und Sympathisanten wurden stets moderate Töne angeschlagen. Alle Gesprächspartner des Autors beschreiben den RSS als „soziokulturelle Vereinigung" und auf keinen Fall als paramilitärische Organisation.

Die „religiöse Parallelorganisation zur BJP" (Bezeichnung eines BJP-Politikers) ist die VHP, der Welt-Hindu-Rat. Die VHP wurde im Jahre 1964 auf Betreiben des RSS gegründet.[45] Für das Dreiergespann aus BJP, RSS und VHP wird auch die Bezeichnung *Sangh parivar* („RSS Familie") verwendet. Der VHP-Gründungsvater ist Swami Chinmayanand, der im Jahre 1993 verstarb. In der VHP spielen religiöse Führer eine zentrale Rolle. Das Ziel der VHP bestand seit jeher darin, die verschiedenen hinduistischen Organisationen, Gruppierungen und Führer unter einem Dach zu vereinigen. Die VHP fiel neben vielen anderen religiös-fundamentalistischen Aktionen auch durch zum Teil heftige Kritik an Gandhi auf. So wurde z. B. der in Gujarat sehr bekannte VHP-Führer Acharya Dharmendra im Juli 2014 sogar von der Polizei kurzzeitig festgenommen, weil er gegen Gandhi hetzte.[46] Im Februar 2015 geriet ein anderer VHP-Führer, Sadhvi Prachi Arya, mit der Aussage in die Schlagzeilen, Gandhi habe den Titel „Vater der Nation" nicht verdient.[47] Zwei Monate zuvor hatte erneut der BJP-Abgeordnete Maharaj, der der VHP nach eigener Auskunft sehr nahesteht, auf sich aufmerksam gemacht, als er Godse als Patrioten bezeichnete.[48]

Die Jugendorganisation der VHP ist die Organisation *Bajrang Dal*, deren Name man als „Hanumans Armee" übersetzen kann. Die hindu-nationalistische Arbeitsteilung ergibt sich aus dieser Aufteilung der Organisationen: Die VHP ist für die religiösen „Bedürfnisse" der Hindus zuständig, während die *Bajrang Dal* als Stoßtruppen vor Ort auftreten. Der RSS hält sich dagegen in der Regel im Hintergrund und tritt bei öffentlichen politischen Aktionen nur selten als direkter Akteur in Erscheinung.[49] RSS, VHP und Bajrang Dal decken also den außerparlamentarischen Raum ab. Sehr oft wurde von den hindu-nationalistischen Gesprächspartnern das Bild des Baumes verwendet: BJP und VHP sind Äste des gleichen Baumes – und dieser Baum ist der RSS.

Die Aussagen, Schriften und viele der symbolischen Aktionen der hindu-nationalistischen Hardliner haben u. U. bedrohliche Konsequenzen für Christen und Muslime. Dies bezieht sich weniger auf *ghar-vapsi*-Programme, als auf konkrete und handfeste Gewalterfahrungen, die in Indien mit dem Begriff „kommunalistische Gewalt" (*communal violence*) bezeichnet werden. Das englische Adjektiv communal hat in der indischen Debatte eine negative Konnotation und wird in der Regel sogar als Vorwurf gebraucht. Das Adjektiv communal gilt in der Regel als Gegenstück zu „säkular" und soll damit nicht nur einen Gewaltakt, sondern eine Haltung oder Charaktereinstellung bezeichnen: Entweder man ist säkular oder kommunalistisch eingestellt. „Kommunalismus" bezeichnet das starke Zugehörigkeitsgefühl zur eigenen religiösen Gruppe, die mit einer Abgrenzung gegenüber anderen Religionsgemeinschaften unmittelbar verbunden ist.[50] Das in Mumbai ansässige *Center for Study of Society and Secularism* (CSSS) veröffentlicht regelmäßig Berichte über alle Gewaltereignisse in den indischen Bundesstaaten.[51] Nach CSSS-Angaben sind seit der Unabhängigkeit mehr als vier Millionen Muslime durch kommunalistische Gewalt ums Leben gekommen.[52] Irfan Engineer, der Institutsdirektor, gibt dabei die Hauptschuld eindeutig den hindu-nationalistischen Organisationen.[53] Allerdings gab sich Irfan gleichzeitig optimistisch, dass die BJP nicht lange an der Macht sein werde: Hindu-Nationalismus sei in der indischen Politik stets ein Minderheitenphänomen gewesen. Außerdem könne ein auf Hass basierendes politisches System, so Irfan, nie auf Dauer bestehen.[54]

Das von den Hindu-Nationalisten selbst verwendete Bild des Baumes (siehe oben), um das Verhältnis der hindu-nationalistischen Einzelorganisationen zu beschreiben, ist sehr hilfreich, um die Entstehung und den konkreten Ablauf kommunalistischer Gewaltereignisse plausibel zu machen. Denn die hindu-nationalistischen Organisationen haben eine sehr kluge, zweifache Arbeitsteilung institutionalisiert: eine rhetorisch-politische Arbeitsteilung, die man in dem Slogan „zuschlagen, verurteilen und relativieren" zusammenfassen kann, und eine konkret-praktische, die man mit „getrennt marschieren, vereint schlagen"[55] umschreiben kann.

Im Jahr 2015 stellte sich die Situation kommunalistischer Spannungen nach den Beobachtungen verschiedener NGOs so dar, dass Gewalt zwar immer noch stattfindet. Sie ist jedoch eher sporadischer Natur und in ihrem Ausmaß nicht mit den Ereignissen von 2002 vergleichbar.[56] Wie oben dargestellt, wollen BJP-Politiker entweder gar nicht darüber reden oder sie spielen die Gewaltereignisse herunter; oder sie betonen, dass es Modi selbst war, durch dessen Führungsstärke die Gewalt beendet wurde. Die zentrale Herausforderung für die BJP besteht also darin, dass die BJP zwar von den Gewaltakteuren vehement unterstützt wurde, kommunalistische Gewalt oder kommunalistische Einstellungen jedoch nicht zur Fortschrittsbotschaft und zum Entwicklungsversprechen passen. Die Hardliner bei Laune zu halten, ist die zentrale Herausforderung für Modis langfristige Politik- und Machtperspektiven. Dies gilt auch aus außenpolitischer Sicht, denn Modi könnte durch eine Wiederholung von Gewaltereignissen wie in 2002 erhebliches Ansehen und Prestige verlieren – sowohl bei internationalen Staatsmännern als auch bei internationalen Investoren.

Vom historischen Wahlsieg bis zur Wahlniederlage bei den Landtagswahlen in Delhi

Das wichtigste Novum des BJP-Wahlsieges im Jahre 2014, welche das Adjektiv „historisch" als Charakterisierung des Wahlausgangs rechtfertigt, bestand darin, dass die BJP zum ersten Mal bei allen sozialen Gruppen mehr Stimmen als die Kongresspartei erhielt.[57] Der überraschende und historische Faktor bestand also nicht in der unerwartet hohen Zustimmung bei den wohlhabenden Schichten (54 Prozent für die BJP und nur 12 Prozent für die Kongresspartei), sondern im Abschneiden in den sozial schwachen und armen Schichten der indischen Gesellschaft. Die BJP erreichte unter den *dalits* 24 Prozent, die Kongresspartei 18,5 Prozent. Bei den Mittelschichtwählern erzielte die BJP 33,6 Prozent, die Kongresspartei lediglich 15,1 Prozent der Stimmen.[58] Die Ausnahme bilden die Muslime, wobei es keine Überraschung darstellt, dass die BJP von den Muslimen nicht mehrheitlich gewählt wird. Allerdings verdoppelte sich der Anteil der Wählerstimmen von 4 Prozent (Wahlergebnis 2009) auf 8,5 Prozent bei den Wahlen im Jahr 2014. Die Kongresspartei liegt jedoch bei den muslimischen Wählern mit 38 Prozent der Stimmen deutlich vor der BJP. Die BJP gewann also die Wahlen durch hohe Zustimmung bei sozial schlechter gestellten Schichten. Die Partei wurde im Wahlkampf aber massiv und in erster Linie von der Industrie finanziell und ideell unterstützt. Deren Ansprüche und Erwartungen an Modi richten sich auf effiziente Wirtschaftsreformen, wie z. B. die Landreform (siehe unten), und bestehen damit aus Forderungen, die den Interessen der unteren Schichten der indischen Gesellschaft fundamental widersprechen.

Welchen Ausschlag können dagegen die Stimmen der Muslime haben? Das indische Mehrheitswahlsystem kann einer starken Minderheit wie den Muslimen unter bestimmten Bedingungen entgegenkommen, denn die muslimischen Stimmen können in Wahlkreisen mit knappen Wahlergebnissen das Zünglein an der Waage sein. In circa 70 bis 80 Wahlkreisen stellen Muslime circa 20 Prozent der Wahlberechtigten und in weiteren 120 bis 130 Wahlkreisen sind zwischen 10 und 20 Prozent der Wahlberechtigten Muslime.[59] Im indischen Wahlsystem reichen einem Kandidaten 30 bis 35 Prozent der Stimmen, um den Wahlkreis zu gewinnen, sodass das muslimische Wahlverhalten in diesen circa 210 von 543 Wahlkreisen insgesamt von kritischer Bedeutung sein kann. Ashutosh Varshney macht deutlich, dass dies jedoch entscheidend davon abhängt, ob sich das Hindu-Wählerverhalten konsolidiert oder zersplittert.[60] Doch eine Konsolidierung des Hindu-Wählerverhaltens ist nicht absehbar:

> Hindu consolidation has yet to happen. Hindus are divided among castes, and numerous parties mobilize the lower castes, making consolidation nearly impossible. Anti-Muslim hysteria and single-minded devotion to Hindutva therefore do not pay at the national level.[61]

Die BJP-Wahlkampfstrategen waren sich dessen bewusst, denn hindu-nationalistische Themen oder anti-muslimische Ressentiments waren im Wahlkampf bis auf kleinere Ausnahmen nicht vorhanden.[62] Auch im BJP-Wahlprogramm finden sich keine anti-muslimischen Stellungnahmen. Im Gegenteil: Die Sprache des Wahlprogramms machte sogar sehr beachtliche Schritte auf die Muslime zu:

> It is unfortunate that even after several decades of independence [...] the Muslim community continues to be stymied in poverty. Modern India must be a nation of equal opportunity [...] India cannot progress if any segment of Indians is left behind.[63]

Das Wahlprogramm sprach von einer neuen Agenda für die Muslime und versprach eine Stärkung und Verbesserung der Bildungseinrichtungen und Institutionen für die konfessionellen Minderheiten Indiens.[64] Solche Versprechungen aus der Feder von Hindu-Nationalisten, wenn auch nur auf Papier gemacht, haben fast schon revolutionären Charakter. Es bleibt abzuwarten, ob diese neue Haltung des Ausgleichs und der moderate Ton auch im praktischen Regierungshandeln umgesetzt werden.

Zu den moderaten Tönen passt nicht der Umgang mit regierungskritischen Stimmen, z. B. mit der indischen Sektion von Greenpeace. Im Januar 2015 entschied der indische Bundesgerichtshof in Neu-Delhi, dass die indische Regierung die eingefrorenen Konten von Greenpeace wieder freigeben muss.[65] Im Juni 2015 hatte die Regierung durch Einfrieren der Konten ausländische Spenden und Finanzmittel an Greenpeace blockiert, die immerhin 40 Prozent des Gesamtetats der Organisation ausmachen.[66] Eine Woche vor der Gerichtsentscheidung wurde Priya Pillai, eine führende Greenpeace-Aktivistin, an einer Reise nach London gehindert. Pillai wollte sich in London mit Abgeordneten des britischen Unterhauses treffen und über die negativen ökologischen Auswirkungen einer Kohlenmine in Madhya Pradesh berichten, gegen die Greenpeace eine öffentliche Kampagne organisiert.

Dieser Vorfall reiht sich nahtlos ein in eine Serie von Regierungsmaßnahmen gegen NGOs, die sich regierungskritisch äußern oder aktivistisch tätig sind. Es hat sich ein Klima öffentlicher Zensur verfestigt, das sich nicht nur gegen regierungskritische Aktivisten richtet, sondern auch gegen Schriftsteller und Wissenschaftler. Ein repräsentativer Fall hierfür ist der Umgang mit der amerikanischen Indologin Wendy Doniger. Donigers Buch „The Hindus: An Alternative History", das 2009 veröffentlicht wurde und später in Indien vom Penguin-Verlag herausgegeben wurde, löste heftige Proteste der Hindu-Nationalisten aus. Doniger war bereits seit Jahren ein Hassobjekt für viele Hindu-Nationalisten, da sie religionssoziologische Fragen oder Phänomene unter psychoanalytischer Perspektive untersucht; sie hat unter anderem im Jahre 2004 mit dem berühmten indischen Psychoanalytiker Sudhir Kakar ein Buch über „Kamasutra" geschrieben.[67] Nach heftigen hindu-nationalistischen Protesten endete der Vorfall damit, dass der Penguin-Verlag sich dazu entschloss, Donigers Buch vom indischen Markt zu nehmen.[68] Diese Entscheidung löste ihrerseits Kritik aus: „Wer ist hier eigentlich sexbesessen?", kommentierte z. B. die Frankfurter Allgemeine Zeitung am 19. Februar 2014, während die Zeitung „The Times of India" noch deutlicher wurde und Taliban-ähnliche Kräfte für die Entscheidung des Verlags verantwortlich machte.[69] Doniger reagierte verärgert auf die Vorfälle und stellte ihren eigenen Fall in einen größeren Kontext des sich verschlechternden politischen Klimas in Indien:

> I was, of course, angry and disappointed to see this happen, and I am deeply troubled by what it foretells for free speech in India in the present, and steadily worsening, political climate.[70]

Zu Jahresbeginn 2015 stiegen in diesem negativen Gesamtklima die religiösen Spannungen weiter an, als es zu Anschlägen auf Kirchen in Neu-Delhi kam. Innerhalb von zwei Monaten wurden auf sechs Kirchen Brandanschläge verübt.[71] Christliche Gruppen demonstrierten gegen die Anschläge und beschuldigten die Hindu-Nationalisten als vermeintliche Täter, während der BJP-Regierung vorgeworfen wurde, nicht genügend zum Schutz der Christen in Indien zu tun.[72] Der Erzbischof von Delhi, Anil Joseph Thomas Couto, äußerte sich am 18. Januar 2015 tief besorgt und sagte, dass Christen in Neu-Delhi in Angst und Schrecken leben: „Never before have had the Christians in Delhi felt this sense of fear and insecurity."[73]

In diese negative Grundstimmung brachten die Landtagswahlen in Delhi eine neue Dynamik. Die BJP erlitt dabei eine herbe Niederlage. Am 10. Februar 2015 wurde das Wahlergebnis bekannt gegeben. Die *Aam Aadmi Party* (AAP) gewann mit 53 Prozent der Stimmen die absolute Mehrheit, während die BJP mit ca. 30 Prozent ihren Stimmenanteil im Vergleich zur letzten Wahl in etwa halten konnte. Betrachtet man jedoch die gewonnenen Parlamentssitze, dann wird die Wahlniederlage offensichtlich. Die APP gewann 67 von insgesamt 70 Sitzen gegenüber nur drei Sitzen der BJP. Die Kongresspartei flog komplett aus dem Parlament.

Ein ranghoher VHP-Vertreter begründete im Gespräch mit dem Autor die Wahlniederlage der BJP damit, dass die Partei in acht Monaten Regierungszeit die Interessen der Hindus nicht genügend vertreten habe. Dagegen richtete sich die Analyse der Wahlniederlage von Naidu, dem engsten Vertrauten von Modi im Kabinett, der den RSS in der Parlamentsdebatte über Konvertierungen noch heftig verteidigt hatte (siehe oben). Naidu überraschte in einem Interview mit der Aussage, dass die Debatten um religiöse Toleranz und *ghar vapsi* ein wesentlicher Faktor für die Wahlniederlage in Delhi waren.[74] Naidu kritisierte offen die kontroversen Aussagen seiner BJP-Parteikollegen:

> Some of the statements made by our so-called colleagues also damaged us. They drove away entire minorities to that side. That is also a lesson to be learnt. [...] Hindus always believed in peaceful co-existence. They have been living like this for ages. People were not happy with comments made by some of our colleagues. They did not go down well with people. Somebody was talking of Hindu women having four children, the other six children.[75]

Naidus Analyse deutet also darauf hin, dass die BJP die Wahlen in Delhi nicht verloren habe, weil sie in acht Monaten Regierungszeit die Interessen der Hindu nicht genügend beachtet habe, sondern weil das Image der Partei zu hindu-nationalistisch bei den Wählern ankam. Diese Erkenntnis muss offenbar auch Modi verinnerlicht haben. Denn zehn Tage nach der Wahlniederlage in Delhi und zwei Tage nach dem historischen Sieg Indiens über Pakistan in der Kricket-Weltmeisterschaft in Neuseeland (noch nie wurde Pakistan so deutlich bei einer Weltmeisterschaft besiegt), brach Modi am 17. Februar 2015 sein bis dahin hartnäckiges Schweigen zum Thema Konversionen. In einer mit Spannung erwarteten Rede – anlässlich einer Veranstaltung zur Seligsprechung zweier indischer Christen – ging er auf die Christen zu und versuchte die Gemüter zu beruhigen:

> Speaking for India, and for my government, I declare that my government stands by every word of the above declaration. My government will ensure that there is complete freedom of faith and that everyone has the undeniable right to retain or adopt the religion of his or her choice without coercion or undue influence. My government will not allow any religious group, belonging to the majority or the minority, to incite hatred against others, overtly or covertly. Mine will be a government that gives equal respect to all religions. India is the land of Buddha and Gandhi.[76]

Zunächst sah alles nach einer Fortsetzung der herkömmlichen Arbeitsteilung aus: Modi gab sich sanft und moderat, während andere BJP-Politiker gleichzeitig relativierten und über verschiedene soziale Netzwerke behaupteten, dass im Jahr 2014 mehr als 250 Hindu-Tempel durch Diebstahl und Vandalismus beschädigt worden seien und diese weniger Aufmerksamkeit erhalten würden als sechs beschädigte Kirchen. Am 27. Februar 2015 bekräftigte Modi jedoch die Aussagen seiner Rede vor den Christen, indem er in der *Lok Sabha* davon sprach, dass der Slogan „India first" die Religion seiner Regierung sei:

> My government's only religion is 'India first'; my government's only religious book is the Indian Constitution; our only devotion is 'Bharat Bhakti', and our only prayer is for the welfare for all.[77]

Christliche Amtsträger und Repräsentanten reagierten überrascht und entsprechend zurückhaltend-positiv auf die Rede Modis.[78] Viel zu lange habe Modi geschwiegen, war der einheitliche Tenor.[79] In Gesprächen mit dem Autor verdeutlichten verschiedene Vertreter der NGOs, die für die Rechte der religiösen Minderheiten Indiens eintreten, ihre Skepsis, denn sie vermuten eine kodierte Sprache Modis und keinen wirklichen Politikwechsel hin zu einer moderateren Grundhaltung. „Entwicklung" und andere Begriffe seien demnach kodierte Aussagen, die für Christen und Muslime positiv und beruhigend klingen; diese Sprache werde jedoch im hindu-nationalistischen Lager „verstanden" – „Modi müsse das sagen". Hierzu passt die öffentliche Stellungnahme des Internationalen Präsidenten der VHP, Raghav Reddy, der einen Tag vor der Rede Modis an die Christen alle Hindu-Führer dazu aufrief, mehr Geduld mit Modi zu haben:

> After a long time, a government has been formed at the Centre which is abreast of Hindu culture and faith. Hindu leaders should make balanced statements. [...] Let Modi work. Give him some time. He will make the dream of 'bhartiyata' come true in the days to come.[80]

Reddy forderte alle Hindu-Führer explizit dazu auf, keine Behauptungen aufzustellen oder Äußerungen zu machen, die Modi in Schwierigkeiten oder Erklärungsnot bringen könnten.[81]

Konklusionen

Es spricht vieles dafür, dass Indien *nicht* zur „rückwärtsgewandten", hindu-nationalistischen Nation „absteigen" wird. Indien wurde bereits mehrfach abgeschrieben, z. B. von Harald Müller, der im Jahr 1998 dem Land prophezeite, zum „hinduistischen Äquivalent des Taliban-Afghanistans" zu werden.[82] Im Jahr 2006 veröffentlichte Müller als „Entschuldigung" ein neues Buch über Indien und drehte seine Argumentation um 180 Grad. Das Land sei nun sogar eine die Welt rettende Weltmacht. In einer Zukunftsprognose mit der Überschrift „In dreißig Jahren: Eine Phantasie über Indien" prophezeite Müller unter anderem:

> Indien trug [...] zur chinesisch-amerikanischen Entspannung bei, ohne sich penetrant als Vermittler aufzuspielen. [...] Außerdem war Delhi mittlerweile ein verlässlicher Helfer für die USA bei der Unterstützung positiver Entwicklungen in Afrika, wo indische Soldaten auch in den wenigen noch verbliebenen Fällen humanitärer Intervention eine herausgehobene Rolle spielen.[83]

Der wesentliche Punkt der zukünftigen Regierungspolitik besteht darin, dass Modi nicht für religiöse Politik oder hindu-nationalistische Versprechen gewählt wurde, sondern für ökonomisches Fortschrittsversprechen. Während die Hindu-Nationalisten am 14. Februar 2015 gegen den Valentinstag demonstrierten, ging Modi am gleichen Tag mit einer Botschaft an die „globalen Investoren" an die Öffentlichkeit, in der er versprach, den wirtschaftlichen Reformprozess fortzusetzen.[84] Der konkrete Anlass war die offizielle Eröffnung einer Produktionsstätte des amerikanischen Unternehmens *General Electric*:

> This will give a boost to the 'Make in India' initiative. I welcome all global investors to invest in India, and I am assuring you that your products manufactured here will be globally competitive.[85]

Modis Fortschrittsversprechen ist für die indische Industrie keine kodierte Sprache, sondern mit konkreten ökonomischen Reformen verbunden. Führende Wirtschaftsvertreter machten in Gesprächen mit dem Autor im Februar 2014 – in der heißen Phase des Wahlkampfs – keinen Hehl aus ihrer Unterstützung für Modi.[86] Die Industrie hat Modi für eine säkulare, wirtschaftsfreundliche Politik mit massiven Finanzmitteln unterstützt. Ein hierfür sehr aussagekräftiges und repräsentatives Beispiel ist die politisch seit Jahren heftig umstrittene Frage der Landreform. Als die BJP-Regierung noch keinen Monat ihre Amtsgeschäfte übernommen hatte, begann die indische Industrie große Erwartungen hinsichtlich der im Wahlkampf versprochenen Landreformen zu formulieren.[87] Die BJP hatte im Wahlprogramm eine Reform der im Januar 2014 noch von der alten Kongressregierung kurz vor Ende der Legislaturperiode verabschiedeten Landgesetzgebung (der sogenannte *Land Acquisition Act*[88]) angekündigt. Zentrale Bestandteile des Gesetzes waren Regelungen zur Kompensation von Bauern und der betroffenen lokalen Bevölkerung sowie die Klausel, dass mindestens 70 Prozent der von einem Landverkauf betroffenen Bevölkerung dem Verkauf des Landes auch zustimmen müssen. Dagegen richtete sich die geballte Kritik der indischen Industrieverbände. So kritisierte z. B. Rajya Vardhan Kanoria, der ehemalige Präsident der *Federation of Indian Chambers of Commerce and Industry* (FICCI), der die sogenannte „Land Task Force" seines Industrieverbandes leitete, das Gesetz fundamental. Das Gesetz werde Indien Entwicklungsrückschritte bringen, so Karoni.[89] Karoni kritisierte vehement den Wahlkampf der Kongresspartei und verwies auf Online-Kampagnen der Partei, in der jeder, der Land kaufen wolle, kriminalisiert würde.[90] Genauso kritisch äußerten sich die Vertreter des größten indischen Industrieverbandes, der *Confederation Indian Industries* (CII).[91] Die Industrie setzte große Hoffnungen in Modi und verwies unter anderem auf dessen Landpolitik als Chief Minister in Gujarat:

> It has been almost impossible to acquire land for infrastructure projects under the Land Acquisition Act as the conditions are too stringent. It will be far more practical to develop guidelines to arrive at negotiated settlements with land owners as has been successfully demonstrated in Gujarat (Lalit K. Jain, National President, Confederation of Real Estate Developers Associations of India).[92]

Modis Regierung forcierte seit ihrem Amtsantritt die Revision des neuen Landgesetzes, obwohl sich großer parlamentarischer wie außerparlamentarischer Widerstand gegen die Pläne bildete. So lehnte z. B. Shiv Sena, der traditionelle und langjährige Bündnispartner der BJP, die Reformpläne Modis ab. Die Partei begründete ihre Kritik unter Bezug auf die Bedürfnisse der Bauern. Am 10. März 2015 wurde schließlich die Revision des Landgesetzes im Parlament verabschiedet. Shiv-Sena-Abgeordnete, die Kongresspartei und andere Oppositionsparteien boykottierten die Abstimmung und verließen das Parlament kurz vorher.[93] Der Protest der Opposition richtete sich gegen die Abschaffung des Gesetzesparagrafen, wonach 70 Prozent der betroffenen Bauern dem Verkauf ihres Landes an die Regierung zustimmen müssen.[94] Die Debatte um das neue Landgesetz zeigt sehr deutlich den Versuch des Interessenausgleichs, der auf politischen und ökonomischen Faktoren beruht und nicht auf religiös-spirituellen. Vom Gelingen dieses Interessenausgleichs unter den verschiedenen sozialen Schichten des Landes werden die Erfolgsaussichten der BJP-Regierung abhängen. „It's the economy, stupid!" – dieser bekannte Wahlkampfslogan Bill Clintons ist wohl nirgendwo so relevant wie im Indien unter Narendra Modi. Deshalb ist die Prognose, dass Indien auch unter der zweiten BJP-Regierung *nicht* zur Hindu-Nation werden wird, als realistisch einzuschätzen. Die indischen Industrieverbände auf der einen und die untersten Schichten der Gesellschaft auf der anderen Seite interessieren sich weniger für die hindu-nationalistische Kritik am Valentinstag oder für *ghar vapsi*, sondern vor allem für handfeste Politikergebnisse, die dauerhaft die Armut lindern und zur Schaffung von neuen Jobs führen.

Anmerkungen

1   Kommentar in: Die Zeit, 09.11.2010.
2   The White House, Office of the Press Secretary (2015a).
3   The White House, Office of the Press Secretary (2015b).
4   Varshney (2014: 35).
5   Siehe: http://www.hindujagruti.org/tag/love-jihad (letzter Zugriff am 17.02.2015).
6   Die *Bajrang Dal* gilt als Jugendorganisation der VHP. Von ihren Kritikern wird die *Bajrang Dal* als „Sturmtruppe" bezeichnet (Irfan Engineer im Gespräch mit dem Autor, 12.02.2015).
7   Vgl. die Berichte in: The Hindu, 14.02.2015; The Hindustan Times, 14.02.2015.
8   Siehe: The Hindu, 14.02.2015.
9   Siehe: The Times of India, 07.02.2015.
10 Die Parteibezeichnung *Akhil Bharatiya Hindu Mahasabha* kann mit „Pan-Indische Hindu-Versammlung" übersetzt werden. Die Partei wurde bereits 1906 gegründet und ist damit die älteste aller hindu-nationalistischen Parteien. Ihr politischer Einfluss war

jedoch stets marginal. Die Partei erreichte bei Wahlen stets weniger als ein Prozent der Stimmen. Siehe: http://www.indiavotes.com/party/state_info?eid=1&type=pc&p artylist=Akhil+Bharatiya+Hindu+Mahasabha+[HMS]&radioselection=pc&state=0 (letzter Zugriff am 14.02.2015).

11 Darüber berichtete auch Spiegel Online, 05.02.2015.

12 Siehe die Berichte und Bilder der Protestaktionen: http://www.scoopwhoop.com/ news/no-valentines-wedding/ (letzter Zugriff am 15.02.2015); http://scroll.in/article/706703/Police-detain-couples-urging-Hindu-Mahasabha-to-fulfil-promise-of-Valentine%27s-Day-weddings (letzter Zugriff am 14.02.2015).

13 Die *Lok Sabha* ist die erste Kammer des indischen Parlaments.

14 Siehe: The Hindu, 07.01.2015.

15 Vgl. hierzu auch den Beitrag von *Janz* in diesem Band.

16 Zitiert in: The Hindu, 20.12.2014.

17 Siehe den Bericht über die Parlamentsdebatte in: The Hindu, 11.12.2014.

18 Siehe den Bericht über die Ereignisse „Forced Into 'Homecoming'" in: The Hindu, 21.12.2014. In einem Bericht der New York Times wird sogar von 200 konvertierten Muslimen gesprochen: New York Times, 23.12.2014.

19 Die Partei ist eine westbengalische Regionalpartei und wurde dort von ehemaligen Kongress-Anhängern gegründet.

20 Zitiert in: The Hindu, 11.12.2014.

21 Ebd.

22 Ebd.

23 „The house will not run until the Prime Minister comes for discussion over the communal incidents and forced conversions issue", drohte z. B. Derek O'Brien (*All India Trinamool Congress*). Zitiert in: The Daily Mail, 16.12.2014.

24 The Hindu, 21.12.2014.

25 Zitiert in: Ebd.

26 Ebd.

27 The Hindu, 20.01.2015.

28 „Is PM Modi Deliberately Quiet on Conversion Row?" Kommentar von Sandip Roy, In: Firstpost, 24.12.2014.

29 Zitiert in: International Business Time, 07.01.2015.

30 The Hindu, 19.01.2015.

31 Zitiert in: Varshney (2014: 36). Die Zitate stammen vom Titelblatt und den Seiten 100 ff. Originalquelle: V. D. Savarkar (1923), Hindutva: Who is a Hindu? Bombay: Veer Savarkar Prakasan. Online verfügbar: https://archive.org/details/hindutva-vinayak-damodar-savarkar-pdf (letzter Zugriff am 14.02.2015).

32 Abdeo (2009: 7).

33 Ein Porträt von Savarkar lieferte Denise Krampe: http://www.suedasien.info/analysen/645 (letzter Zugriff am 01.03.2015).

34 Hier zitiert nach Varshney (2014: 37). Auszüge von Golwalkars programmatischer Schrift „We Or Our Nationhood Defined" in: Jaffrelot (2007: 98 ff.).

35 Abdeo (2009).

36 Casolari (2000).

37 Vor diesem Hintergrund passt die neue Sprachpolitik der BJP nicht zum völkischen Ursprung des Hindu-Nationalismus: Im November 2014 sorgte die Ankündigung,

das vom Goethe-Institut finanzierte Programm, Deutsch an 1000 staatlichen *Kendriya-Vidyalaya*-Schulen zu unterrichten, zu stoppen und stattdessen an 1000 Schulen Sanskrit zu unterrichten, für Kontroversen. Siehe die Berichte: Deutsche Welle, 17.11.2014.

38 Zitiert in: Casolari (2000: 220).
39 Delfs (2013: 34).
40 Sehr detaillierte Analysen des Hindu-Nationalismus finden sich in Eckert (2002, 2004); Jürgenmeyer (1995).
41 Delfs (2013: 34).
42 Vgl. Jürgenmeyer (1995: 104).
43 Ebd.
44 Dies wurde auch von meinen Gesprächspartnern im RSS-Headquarter in Mumbai betont.
45 Vgl. die ausführliche Darstellung der VHP in: Jürgenmeyer (1995: 98 ff.).
46 Siehe den Bericht in: DNA, 15.07.2014. Dharmendras öffentliche Hetzreden gegen Muslime und Christen spielten auch eine negative Rolle während der Gewaltereignisse 2002. Er ist einer der rhetorisch talentiertesten Scharfmacher der Hindu-Nationalisten.
47 Zitiert in: Indian Express, 11.02.2015.
48 Ebd.
49 Jürgenmeyer (1995: 98).
50 Vgl. Rao (2003: 2).
51 Siehe: http://www.csss-isla.com/publication.htm (letzter Zugriff am 14.02.2015).
52 Siehe: Engineer (2003, 2004).
53 Gespräch mit dem Autor, 12.02.2015.
54 Ebd.
55 Dieser Ausdruck stammt von Jürgenmeyer (1995: 104).
56 Dies wurde von allen meinen Gesprächspartnern betont: Irfan Engineer (12.02.2015), Hozefa Vijani (13.02.2015), Prasad Matthew Chacko (14.02.2015) und Cedric Prakash (16.02.2015).
57 Siehe: Varshney (2014: 36).
58 Ebd.
59 Siehe die Zahlen in: Ebd. 38.
60 Ebd.
61 Ebd.
62 Vgl. Ebd.: 39.
63 Ebd.
64 Ebd.
65 Siehe im Folgenden den Bericht in: The Guardian, 21.01.2015.
66 Ebd.
67 Doniger & Kakar (2004).
68 Siehe den Bericht in: The Indian Express, 12.02.2014.
69 „The withdrawal of scholar Wendy Doniger's book The Hindus highlights shrinking freedom of speech in India — and more." In: The Times of India, 13.02.2014
70 Zitiert in: Ebd.
71 Siehe z. B. den Bericht in: BBC News, 05.02.2015.

72 Ebd.
73 Interview in: The Hindu, 18.01.2015.
74 In: Business Standard, 20.02.2015.
75 Zitiert in: Ebd.
76 Der komplette Text der Rede findet sich auf: NDTV, 17.02.2015.
77 Zitiert in: The Hindu, 28.02.2015.
78 Siehe: Times of India, 18.02.2015.
79 Ebd.
80 Zitiert in: The Hindu, 16.02.2015.
81 Ebd.
82 Müller (2006: 10).
83 Ebd.
84 In: The Hindu, 14.02.2015.
85 Ebd.
86 So z. B. Rajya Vardhan Kanoria, Chairman & Managing Director, Kanoria Chemicals, und ehemaliger Präsident der *Federation of Indian Chambers of Commerce and Industry* (FICCI). Gespräch mit dem Autor, 12.03.2014.
87 Siehe: „Realty sector expects positive steps from govt on land acquisition", in: The Hindu, 31.05.2014.
88 Die offizielle Bezeichnung des Gesetzes lautet: „The Right to Fair Compensation and Transparency in Land Acquisition, Rehabilitation and Resettlement Act". Der komplette Gesetzestext findet sich unter http://www.rural.nic.in/sites/downloads/general/RTTFC_in_LARR_2013.pdf (letzter Zugriff am 14.03.2014).
89 In: Interview mit dem Autor, 12.03.2014.
90 Ebd.
91 Dr. Manvenda Deswal, Deputy Director, Gespräch mit dem Autor, 13.03.2014; Indrayani Mulay, Deputy Director der International Division, Gespräch mit dem Autor, 24.03.2014; und Aditya Ghosh, Deputy Director: Africa, Gulf and Middle East (International Division), Gespräch mit dem 24.03.2014.
92 Zitiert in: The Hindu, 31.05.2014.
93 Siehe: The Economic Times, 11.03.2015.
94 Siehe: The Hindu, 10.03.2015.

Vielfalt und Toleranz in der größten Demokratie der Welt versus ethnische, religiöse und soziale Konflikte

In der Nacht vom 27. September 2015 wurde in Bishara, einem Dorf in der Nähe von Neu-Delhi, der Muslim Mohammad Akhlaq von einem Hindu-Mob getötet. In den Tagen zuvor war das Gerücht verbreitet, dass Akhlaq eine Kuh geschlachtet habe.

Sajida Saifi, die Tochter von Mohammad Akhlaq, schildert die Ereignisse mit folgenden Worten: „I screamed and shouted to tell the mob that we did not eat beef, and they should stop beating my father and my brother, but they pushed me away. I saw my father being killed and no one came to save him. How can eating meat or beef become such a big crime?" *(Zitiert in: Reuters India, 30.09.2015)*

Hinduismus und Gewalt: Der Ayodhya-Konflikt aus historischer Perspektive

Stephan Lutzenberger

Einleitung

Zwei Tage, nachdem ein fanatischer Hindu-Mob, lediglich mit Spitzhacken und anderen improvisierten Werkzeugen bewaffnet, die Babri-Moschee in der nordindischen Stadt Ayodhya am 6. Dezember 1992 dem Erdboden gleichgemacht hatte, schrieb der Journalist Edward A. Gargan in der New York Times:

> The riots were the worst outbreak of sectarian violence in India since 1984 [...]. Much of India was in shock as news of the mosque's demolition spread and it became apparent that the Government had failed to defend the shrine.[1]

Die Worte „outbreak", „shock" und das Bild der machtlosen Regierung suggerieren, dass Ayodhya eine Art unvorhersehbarer und spontaner Gewaltreaktion der Massen war, die schlicht und einfach aus dem Ruder gelaufen war. Dieser Grundtenor spiegelt sich auch in dem Augenzeugenbericht des BBC-Korrespondenten Mark Tully wider, der zugibt, die Lage falsch eingeschätzt und die Versprechungen des damaligen Hindu-Oppositionspolitikers Advani für bare Münze genommen zu haben.[2] Dieser hatte zugesichert, dass es bei der geplanten Grundsteinlegung des Rama-Tempels zu keinen Ausschreitungen kommen werde.

Westliche Journalisten waren aber bei Weitem nicht die einzigen, die das Geschehen falsch beurteilten. Noch Jahre danach behauptete der Präsident der *Bharatiya Janata Partei* (BJP) Rajnath Singh, die Ereignisse in Ayodhya waren das Ergebnis eines „spontanen Gefühlsausbruchs der Massen"; mangelnde Disziplin habe es lediglich auf individueller Ebene gegeben, seine Partei trage dafür keine Verantwortung.[3]

Eine ganz andere Sprache spricht da der Bericht der staatlichen Untersuchungskommission (die sogenannte *Liberhan*-Kommission), die nach den Ereignissen von der indischen Regierung ins Leben gerufen wurde. Dieser Bericht wurde von der BJP als einseitig und unvollständig kritisiert, da er zu folgender Schlussfolgerung kommt:

> [I]t stands established beyond doubt that the events of the day were neither spontaneous nor unplanned nor an unforeseen overflowing of the people's emotion, nor the result of a foreign conspiracy as some overly imaginative people have tried to suggest.[4]

Die Diskrepanz zwischen der nüchternen, mit 17 Jahren Abstand veröffentlichten Stellungnahme der Untersuchungskommission sowie den zuvor genannten Einschätzungen zeigt, wie umstritten Geschichtsdeutung im heutigen Indien ist. Sie zeigt aber auch, dass sich Hinduismus und Gewalt für viele Menschen, nicht nur im Westen, nach wie vor unvereinbar gegenüberstehen. Der Hinduismus gilt manchen als die friedvollste, pluralistischste und toleranteste Religion der Welt.[5] Die meisten Menschen assoziieren mit Indien wohl immer noch in erster Linie das Konzept der *ahimsa* (Gewaltfreiheit) und die Leitfigur Mahatma Gandhis.[6] Der Ayodhya-Konflikt wirkt dabei wie ein Fremdkörper oder wie ein Anachronismus, der nicht wirklich erklärt werden kann. Was bringt also Hindus dazu, in wenigen Stunden eine Moschee mit bloßen Händen zu zerstören?

Historischer Überblick

Eine Darstellung der Ereignisse in Ayodhya sollte sich an einer historischen Methodologie orientieren. Ayodhya hat eine Vorgeschichte, die bis in die Zeit der Mogul-Herrschaft (16. Jahrhundert) zurückverfolgt werden kann. Eine Fokussierung auf isolierte Ereignisse hat allzu leicht zur Folge, dass Ayodhya als spontane Rachereaktion einzelner radikaler Hindus gewertet wird. Um diese Problematik zu umgehen, lohnt es sich, den Historiker Fernand Braudel und den von ihm geprägten Begriff der *longue durée* – im Gegensatz zur Ereignisgeschichte (*histoire événementielle* oder *courte durée*) – zu Rate zu ziehen. Nur wenn man die großen Entwicklungslinien und zugrunde liegenden Strukturen miteinbezieht, wird man der Thematik gerecht.

Braudel versteht unter dem Begriff *longue durée* eine Betrachtung historischer Entwicklungen über lange Zeitverläufe hinweg. Die zentrale Aufgabe des Historikers wird von Braudel folgendermaßen definiert: „Die Zeit klebt an seinen Gedanken wie die Erde am Spaten des Gärtners".[7] Betrachtet man historische Phänomene als reine „Ereignisblitze",[8] so verkennt man gleichermaßen die zeitliche Eingebundenheit als Grundkonstante menschlichen Handelns. Die zugrunde liegenden langfristigen Muster bilden den Rahmen und Kontext, innerhalb dessen sich der Zeitgeist entwickelt, an dem Menschen ihr Handeln orientieren.

Für die Analyse des Ayodhya-Konflikts birgt diese Form der Strukturgeschichte besonderes Potenzial. Denn begreift man die Moscheezerstörung als Einzelereignis in einer Reihe gewalttätiger Auseinandersetzungen zwischen Muslimen und Hindus, wäre man irrtümlicherweise zu der Annahme verleitet, Ayodhya sei die Spitze des Eisbergs, der sich als logische Folge der Beziehungen zwischen den beiden Religionsgruppen ergab. Ein Blick auf die *longue durée* zeigt hingegen, dass es sich keineswegs um einen teleologischen, d. h. zwangsläufigen und zielgerichteten, Prozess im Sinne einer Gewaltspirale handelt. Das Zusammenleben von Hindus und Muslimen war geprägt von vielen Kontingenzen und einem ständigen Wechselspiel von Aktion und Reaktion. Phasen der friedlichen Koexistenz wechselten sich ab mit extremen Gewaltexplosionen,[9] die britische Kolonialmacht spielte dabei mehr als einmal eine zweifelhafte Rolle und der Fortschritt der Geschichte ergab sich als Resultante aus dem Aufeinanderprallen verschiedener Wirklichkeitsdeutungen.[10]

Die Zerstörung der Babri-Moschee stand zwar am Ende eines Prozesses, der „durch eine kontinuierliche Verschlechterung der Beziehungen zwischen Hindus und Muslimen"[11] geprägt war, doch lehrt uns die Strukturgeschichte, dass die Vorgeschichte des Ereignisses nicht unbedingt in eine Eskalation münden musste, sondern vielmehr einer Logik folgte, in deren Verlauf sich verschiedene (hinduistische und muslimische) Wahrheitsregime herausgebildet und verfestigt haben. In einem dialektischen Prozess sich gegenseitig ergänzender und aufhebender Entwicklungen bildeten diese Regime den Rahmen für Phasen sowohl der Entspannung als auch der aufflammenden Gewalt. Hier wird bewusst der von Michel Foucault geprägte Begriff des Wahrheitsregimes verwendet[12], da es sich im Falle der Babri-Moschee tatsächlich um keine objektiv greifbare Wahrheit handelt. Die Quellenlage lässt keine Schlüsse darüber zu, ob an der Stelle der Moschee wirklich ein Rama-Tempel zerstört wurde.[13] Die diskursive Realität, d. h. die Gesamtheit kommunikativer und argumentativer Interaktionen der Beteiligten, hat somit ihre eigenen (grausamen) Gesetzmäßigkeiten geschaffen.

Auf der Ebene der *longue durée* lassen sich fünf Phasen der Koexistenz zwischen Muslimen und Hindus unterscheiden. Zunächst eine Frühphase, deren

Beginn man mit dem 11./12. Jahrhundert ansetzen kann. Seit diesem Zeitpunkt
verbindet man mit dem Ausdruck „Ayodhya" einen Ort, der als religiöses Zentrum verstanden wird – wobei die Konfession noch keine besondere Rolle spielte.
Vor allem der Kult um Rama, die siebte Inkarnation des Gottes Vishnu, ist eine
Entwicklung der späten Neuzeit.[14] In dieser Frühphase suchten Menschen ganz
verschiedener Glaubensrichtungen Ayodhya auf, um dort ihre jeweiligen Götter
anzubeten.

Das Bewusstsein der Unterschiede zwischen Muslimen und Hindus wuchs erst
mit Beginn der Mogul-Herrschaft, die sich von 1526 bis 1858 über drei Jahrhunderte erstreckte. Dabei standen sich die beiden Religionen jedoch keineswegs un-
versöhnlich gegenüber, vielmehr waren die Großmogule und auch die regionalen
muslimischen Herrscher (*nawabs*) darauf bedacht, ihre Herrschaft zu sichern. Aus
diesem „rationalen Kalkül"[15] heraus ließen einige von ihnen auch Rama-Tempel
bauen. Allerdings fällt in die Zeit der Mogule auch der Bau der Moschee in Ayodhya (1528) durch den Begründer der Mogul-Dynastie Babur. Hindu-Nationalisten
behaupteten später, Babur habe für den Bau der Moschee einen Rama-Tempel ab-
reißen lassen. Inwieweit dies historisch zutreffend ist, lässt sich zwar kaum überprüfen, aber es ist den Hindu-Nationalisten damit gelungen, eine eigene Realität
zu schaffen und die Moschee-Frage für ihre eigenen Zwecke zu instrumentalisieren. Die Zerstörung der Moschee wird somit nicht nur legitimiert, sondern als
notwendige Wiederherstellung des „Status quo ante" dargestellt. Die historische
Authentizität dieser Behauptung ist Gegenstand einer intensiven und andauernden
Debatte.[16]

Während das Mogul-Reich im Wesentlichen durch ein friedliches Zusammenleben von Hindus und Muslimen geprägt war, begann die dritte Phase nach
dem Ende des Mogul-Reichs mit gewaltsamen Zusammenstößen, die bereits den
Keim des späteren Konflikts in sich trugen. Im Jahr 1853 hatte eine konservative
Hindu-Gruppierung, die Bairagis, die Babri-Moschee besetzt, mit der Begründung, diese sei auf der Geburtserde des Gottes Rama (*Ramjanmabhumi*) erbaut
worden. Dies sowie der Machtverfall der Mogule verärgerte einige gewaltbereite Muslime so sehr, dass sie im Jahr 1855 das hinduistische Tempelgelän-
de *Hanumangarhi* stürmten. Auch hier lautete die Begründung, dass auf dem
Hanumangarhi ursprünglich eine Moschee gestanden haben soll. An diesem
Beispiel sieht man sehr gut, wie stets analoge Rechtfertigungen bemüht werden, um unterschiedliche Realitäten zu schaffen, die handlungsleitend werden.
Der Zusammenstoß kostete mindestens 70 Menschen das Leben. Um Frieden
zu stiften, beschlossen die britischen Kolonialherren 1857, das Gelände der Babri-Moschee aufzuteilen, sodass es sowohl von Hindus als auch von Muslimen
benutzt werden konnte. Dies schuf eine Art künstlichen Frieden, d. h. eine span-

nungsvolle, aber überwiegend gewaltfreie Koexistenz, die immerhin bis zum Jahr 1948 anhielt.

Im Jahr 1949 begann schließlich die vierte Phase, die bis 1986 dauerte. Sie war geprägt von einer Pattsituation, nachdem 1949 eine Rama-Statue in der Moschee aufgetaucht war, was für Tumulte gesorgt hatte. Der Imam wurde aufgefordert, die Moschee zu verlassen, sodass das leere Gebäude bis 1986 nicht genutzt wurde. Diese Situation war aus zwei Gründen unhaltbar: Erstens wurden Pilgerfahrten für Hindus dank der besseren Infrastruktur immer wichtiger und zweitens wurden indische Muslime ab den 1970er Jahren politisch und gesellschaftlich immer präsenter[17] – auch dank der vielen Zugeständnisse von Seiten der damals regierenden Kongresspartei. Diese Faktoren führten alle zusammen zu einer Verschärfung der Gewaltbereitschaft auf beiden Seiten, die nur mühsam in Schach gehalten werden konnte. Als durch ein Gerichtsurteil schließlich 1986 die Tore der Moschee geöffnet wurden (5. Phase), eskalierte die Situation in den Folgejahren.

Über diese Schablone der *longue durée* lässt sich eine „Ereignisebene" legen, die durch verschiedene, akute Konfliktsituationen geprägt ist. Der Akteur (z. B. der Richter, der die Öffnung der Moschee 1986 beschloss) steht dabei stärker im Mittelpunkt als die Struktur. Nach dem Bau der Moschee 1528 und der *Hanumangarhi*-Affäre setzt die für die Analyse des Ayodhya-Konflikts relevante Ereignisgeschichte erst mit den 1980er Jahren ein; zu einer Zeit also, in der die Besitzverhältnisse alles andere als klar waren und der Konflikt sich sozusagen „in der Schwebe" befand. Hier eignet sich der konflikttheoretische Begriff „eingefrorener Konflikt" („frozen conflict")[18] sehr gut, da genau dies durch die Schließung der Moschee für die Öffentlichkeit geschah. In den 1980er Jahren wurden vor allem zwei Ereignisse von der Hindu-Mehrheit als schwerer Schlag empfunden: die Massenkonversion in Meenakshipuram, bei der 1.000 *dalits* zum Islam konvertierten (im Jahr 1981) und der blutige Kampf der Sikh-Minderheit um einen eigenen Staat (im Jahr 1984). Im nördlichen Bundesstaat Punjab kämpfte die radikale Sikh-Minderheit lange für ein autonomes Khalistan. Die Situation eskalierte, als Indira Gandhi im Jahr 1984 von ihren eigenen Sikh-Leibwächtern ermordet wurde. Dieser Rückschlag für die Hindu-Mehrheit war jedoch nur vorübergehend. Ab den 1990er Jahren beruhigte sich der Konflikt, sodass die Sikhs heute weithin als wichtige Stütze für den indischen Staat angesehen werden. In den Jahren 1985 und 1986 sicherte die Kongresspartei den Muslimen in Indien zudem die Gültigkeit des islamischen Privatrechts zu. Dies war eine Folge des Shah-Bano-Urteils aus dem Jahr 1985, bei dem eine geschiedene Frau, die von ihrem Mann Unterhalt verlangte, ursprünglich in Einklang mit dem indischen Strafrecht Recht bekommen hatte, wogegen viele Muslime im Land sich auflehnten. Die Kongresspartei gab schließlich deren Anliegen und Interessen nach.[19]

Nachdem schließlich im Jahr 1986 das Gerichtsurteil über die Öffnung der Moschee gefällt worden war, begannen drei Gruppen massiv für den Abriss der Moschee auf Ramas Geburtsstätte zu werben: die VHP („Welt-Hindu-Rat"), die BJP („Indische Volkspartei") und der RSS („Nationale Freiwilligenunion"). Im Jahr 1989 organisierten diese drei hindu-nationalistischen Gruppen eine Rama-Ziegelsteinweihe (ram shila puja), bei der Menschen aus ganz Indien Steine für die Grundsteinlegung des neuen Rama-Tempels nach Ayodhya bringen sollten. Ähnlichen symbolischen Charakter besaß ein Jahr später die martialisch anmutende rath yatra, eine Wagenreise, die wie ein Triumphzug dazu diente, den Konflikt zu „einem Thema von nationaler Bedeutung zu stilisieren".[20] Die Prozession wurde gewaltsam durch das gemeinsame Einschreiten der Regionalregierung von Uttar Pradesh sowie der nationalen Regierung unter Leitung des gemäßigten Premierministers V. P. Singh von der Janata Dal-Partei gestoppt. Singhs Minderheitsregierung war zum damaligen Zeitpunkt allerdings auf die Unterstützung der BJP angewiesen.

Daraufhin entzog die BJP der Regierungskoalition in Delhi im Oktober 1990 das Vertrauen, verschärfte ihre Rhetorik und übte sich in einer Doppelmoral. Einerseits setzte man sich öffentlich für eine einvernehmliche Lösung ein, andererseits tat man alles dafür, dass die Bauarbeiten am Abriss der Moschee ungestört weitergehen konnten.[21] Jürgenmeyer bezeichnet die politische Konstellation seit Mitte 1991 als „ein brisantes Dreiecksverhältnis der dominanten politischen Kräfte":[22] ein schwacher Kongress in Delhi, eine „janusköpfige BJP-Landesregierung in Uttar Pradesh"[23] und die hindu-nationalistischen Gruppen in der Gesellschaft (VHP, RSS), die versuchen, ihren Einfluss geltend zu machen, indem sie immer stärker auf einen raschen Baubeginn für den Tempel in Ayodhya drängen.

Dieses explosive Gemisch führte dazu, dass die Tempel-Kampagne immer aggressiver vorangetrieben wurde (trotz aufschiebender Gerichtsurteile und Polizeipräsenz). Am 6. Dezember 1992 zerstörten die anwesenden *karsevaks* (freiwillige Arbeiter) schließlich innerhalb von sechs Stunden die Moschee in Anwesenheit von Polizei, VHP-, BJP- und RSS-Vertretern, die jedoch allesamt anschließend ihre Unschuld beteuerten.

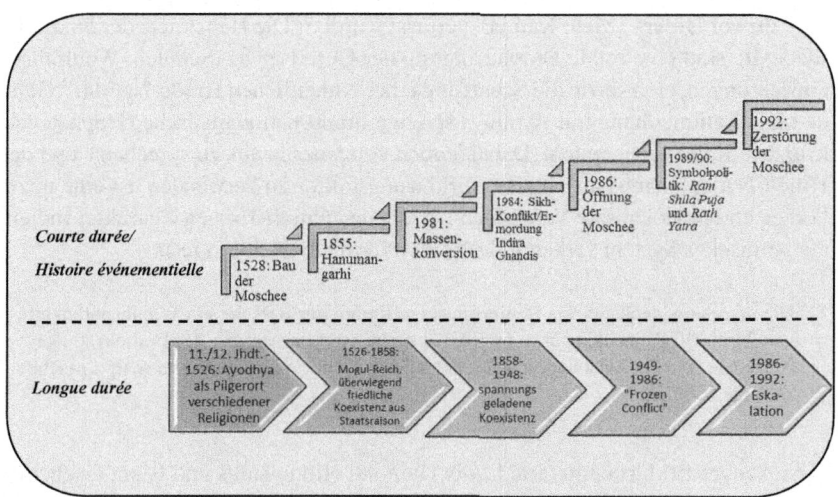

Abbildung 1 Übersicht über die Vorgeschichte des Ayodhya-Konflikts

Erklärungsansätze: Warum greifen Hindus zu Gewalt?

Eine ebenso beliebte wie gefährliche Erklärungsvariante für hinduistisch motivierte Gewalt basiert auf der Radikalisierungsthese. Im Laufe des 20. Jahrhunderts habe sich ein gewalttätiger Hindu-Nationalismus herausgebildet, der faschistische Züge trage. Mit den Überschriften „sanfter Faschismus",[24] „Rechts rum"[25] oder auch „nationalreligiöse Renaissance des Hindutums"[26] wird diese These transportiert. Und so abwegig, wie es auf den ersten Blick scheinen mag, ist der Mythos eines „Hindu-Faschismus" gar nicht. Tobias Delfs fasst vier entscheidende Elemente zusammen, die der europäische Faschismus und der indische Hindu-Nationalismus gemeinsam haben:[27] eine „gewaltbereite Bewegung mit einer politischen Partei", eine „nationalistische, auf einen Anführer ausgerichtete Ideologie mit klaren Feindbildern, speziellen Mythen, Riten und Ritualen, die besonders Männlichkeit und Jugendlichkeit betonen", „Hierarchie und militaristische Einheitlichkeit" sowie die „Mobilisierung der Massen" von oben.[28] All diese Grundcharakteristika erfüllt der Hindu-Nationalismus mit seiner „Arbeitsteilung" zwischen der BJP (politische Verantwortung), der VHP (ideologisches Fundament) und dem RSS (Kaderorganisation). Das von diesen Organisationen vertretene Gedankengut gedeiht auf dem Boden der sogenannten *hindutva*-Ideologie und geht maßgeblich auf eine Schrift des Hindu-Nationalisten Vinayak Damodar Savarkar zurück, die ein Jahr vor Hitlers „Mein Kampf" verfasst wurde.[29] Die Hauptziele der *hindutva*-Ideologie sind eine totale Durchdringung der Gesellschaft (Schulen, Wohlfahrtseinrichtungen, etc.) sowie die Schaffung einer einheitlichen Hindu-Nation.[30] Gerade im Zusammenhang mit Ayodhya spielten hindu-nationalistische Gruppen eine kritische Rolle (siehe unten). Dabei jedoch von Faschismus zu sprechen[31] und den Hindu-Nationalismus als einzigen Erklärungsfaktor zu verwenden, ist eine unzulässige und monokausale Vereinfachung, die den pluralistischen Charakter Indiens als politisches System verkennt. Delfs stellt deshalb nüchtern fest:

> Die insgesamt sechsjährige Regierungsbeteiligung der BJP, der ein Wählerpotenzial von 24 bis 30 Prozent zugetraut wird, hat nicht zur Abschaffung der Demokratie geführt. Sie musste Rücksicht auf Wählerschaft, Koalitionspartner und realpolitische Zwänge nehmen.[32]

Eine weitere Erklärung lieferte Louis Dumont. Hinduismus und Islam erscheinen bei ihm wie „Feuer und Wasser", die im Laufe ihrer Geschichte trotz Koexistenz nie die nötige „allgemeine ideologische Verschmelzung"[33] eingegangen seien. Dumont kommt zu dem Schluss: „We learned that people who lived together for centuries do not really constitute a society if their values have not fused".[34] In der Tat sind die Unterschiede der beiden Religionen so offenkundig und facettenreich, dass das Argument Dumonts logisch und plausibel erscheint. Auf der einen Seite eine monotheistische Buchreligion, auf der anderen Seite ein fluides System, das sich durch ganz verschiedene Glaubenseinstellungen und mindestens ebenso viele Glaubenspraktiken auszeichnet.[35] Hier eine Religion, die sich in Konfliktfällen auf den Koran berufen kann, dort eine Religion, die keine letztgültige religiöse Schlichtungsinstanz vorzuweisen hat. Hinzu kommen weitere lebenspraktische Unterschiede (Rindfleischkonsum, Bartwuchs, Sprache), die den Muslim als „Negation des Hindu"[36] erscheinen lassen. Dumont erklärt die starken Unterschiede der beiden Religionsgemeinschaften vor allem historisch. Während die jahrhundertelange muslimische Herrschaft zu einer reflexartigen Rückbesinnung auf die eigene Gemeinschaft geführt habe, gingen der plötzliche Machtzerfall und die fehlende Anpassung an die britische Kolonialherrschaft mit einem Zustand der Angst auf muslimischer Seite einher.[37] Verstärkt wurde diese Entwicklung durch die Rolle der Kolonialherren, die zur Verfestigung der sozialen Teilung der beiden Gruppen führte. Diese Form des „Kommunalismus", nämlich „die Behauptung einer religiösen Gemeinschaft als politische Gruppe",[38] gehöre untrennbar zu Indien und führe regelmäßig zu Gewaltausbrüchen.

Weitere, den Kommunalismus verschärfende Trennlinien kommen hinzu: Die Interessen, die bei Hindu-Muslim-Konflikten im Mittelpunkt stehen, sind demnach nicht nur religiöser, sondern oft auch politischer, sozialer oder ökonomischer Natur. Hindus und Muslime tragen andere Kleidung, essen nicht zusammen. Auch kommt es nicht oder nur selten zu inter-religiösen Hochzeiten.[39] Zu dieser sozialen Trennung gesellen sich mit Beginn der Kolonialherrschaft ökonomische Aspekte. Hindus profitierten anfänglich von der britischen Politik wesentlich mehr als Muslime, die oft ihre leitenden Stellungen verloren.[40] Dies änderte sich jedoch im Lauf der Zeit: Smith setzt den Beginn dieser gegenläufigen Entwicklung auf das Jahr 1870 an, also circa 15 Jahre nach dem Großen Aufstand (auch bezeichnet als „Great Mutiny"). Dieser Aufstand, dessen Beginn man auf das Jahr 1857 datiert, hätte beinahe zu einem frühzeitigen Ende der britischen Kolonialherrschaft geführt. Hinduistische und muslimische Soldaten der Ostindien-Kompanie hatten gemeinsam gegen die britischen Vorgesetzten gemeutert. Die Kolonialmacht hatte große Mühe, den Aufstand niederzuschlagen, und reagierte schließlich Jahre später mit einer Ausweitung der Rechte von Muslimen, um so eine mögliche Wiederholung der Geschichte zu verhindern und die indische Gesellschaft ökonomisch zu homogenisieren.[41] Auch die Angst vor einer zu starken hinduistischen Oberschicht, die sich nach dem Aufstand abzuzeichnen begann, beeinflusste die britische Entscheidung. Doch auch nachdem die Politik der Unterdrückung der muslimischen Minderheit sich änderte, dauerten die ökonomischen Widersprüche an:

Rather than saying that the Muslim middle class was economically more backward, and more pro-British, than the Hindu middle class, it would be more accurate to say that the economically backward, pro-British middle class was more Muslim than was the older, stronger [...] middle class.[42]

Religiöse Gegensätze der beiden Gemeinschaften waren vor diesem Hintergrund schon immer zweitrangig.

Wo liegen die tieferen Ursachen des Ayodhya-Konflikts?

Grundsätzlich falsch ist keiner der in diesem Beitrag diskutieren Erklärungsversuche, doch dürfte gerade die Einseitigkeit des Ansatzes von Smith (1946) der Realität nicht gerecht werden, da sich die Motive für hinduistische Gewalt sicherlich nicht in wirtschaftlichen Unterschieden zwischen Bevölkerungsgruppen erschöpfen. Religiöse Gründe spielen zweifelsohne eine erhebliche Rolle, genauso legitim ist aber die Lesart von Ayodhya als „noch nicht abgeschlossene Krise des sich modernisierenden indischen Staates".[43]

Der wohl bedeutendste Ansatz, mit dem der Gewaltausbruch in Ayodhya erklärt werden soll, lautet in Kurzform: Einigen radikalen Ideologen ist es gelungen,
religiöse Gefühle und Einstellungen bei Hindus zu instrumentalisieren, sodass
diese ihren Gewalteinsatz gegen Muslime als göttlich legitimiert ansehen. Vertreter dieses Ansatzes berufen sich auf die oben beschriebene *hindutva*-Ideologie,
die auf Savarkar zurückgeführt werden kann. *Hindutva* ist das „einende kulturelle
Erbe",[44] auf das sich all diejenigen berufen können, die in drei Merkmalen über-
einstimmen: dem gemeinsamen Land, der gemeinsamen Abstammung und der
gemeinsamen Kultur. Indien (oder in der Sprache Savarkars: Hindustan) ist somit
für einen Hindu sowohl Vaterland als auch heiliges Land.[45] Damit werden Muslime aus der Definition ausgeschlossen und eine Brücke zwischen Vergangenheit
und Gegenwart wird geschlagen, die hinduistische Kontinuität suggerieren soll:

> Aufgrund ihres starken Vergangenheitsbezugs ist diese Hindu-Identität weder etwas
> ganz Neues noch ist sie aber etwas vollkommen Altes. Sie ist etwas Neugeschaffenes
> und zugleich Erneuertes; [...]. Die gesellschaftlichen und politischen Kräfte, die die
> Erneuerung bewusst in die Wege leiten und sich voll dafür einsetzen [...], haben
> nicht ganz unrecht, wenn sie behaupten, dass die Einzelbestandteile dieser neuen
> Hindu-Identität immer existiert haben [...].[46]

Gekonnt vertreten Hindu-Nationalisten in öffentlichen Auftritten die These, man
müsse zu einem Urzustand hinduistischer Hegemonie über die Muslime in Indien
zurückkehren. Dieser Rückkehr steht die Moschee auf der Anhöhe in Ayodhya als
sichtbares Zeugnis des muslimischen Unrechts entgegen. Bei öffentlichen Auftritten und im Kontext großer Reden hindu-nationalistischer Führer werden hinduistische Kultursymbole manipuliert,[47] eine Gruppenidentität geschaffen sowie
an die Emotionen der Zuhörer appelliert. Oft werden die Reden daher auch in
Verssprache gehalten.[48] Das Ergebnis dieser rhetorischen Aufwiegelung ist deutlich. Es soll eine starke Gemeinschaft aller Hindus geschaffen werden, die sich
im angeblich starken Kollektiv von der äußeren Bedrohung, den Muslimen, abgrenzen muss. Gewalt erhält dadurch eine „quasi-sakrale" Legitimation. Die „Erfolge" lassen sich an Ereignissen wie der kommunalistischen Gewalt im Zusammenhang mit dem „cow protection movement" – eine Bewegung, die sich gegen
die Schlachtung von Kühen richtete[49] – oder Ayodhya ablesen. In seiner Analyse
des Ayodhya-Konflikts hebt Jürgenmeyer die bedeutende Rolle solcher religiösen
Legitimationsdiskurse treffend hervor:

> Der Bau eines Rama-Tempels an dieser Stelle würde also lediglich Jahrhunderte al-
> tes Unrecht und Unterdrückung wiedergutmachen und lediglich einen Zustand wie-

derherstellen, der schon immer, quasi natürlich, bestanden hat. [...] Der Zorn auf die Muslime speist sich aus der Vorstellung, dass sie der Gerechtigkeit auf Erden nicht zum Sieg verhelfen und damit letztlich ein göttliches Projekt verhindern wollen.[50]

So könne der Kampf gegen die Muslime auch in Analogie zu Ramas Kampf gegen den Dämonen Ravana als Auseinandersetzung zwischen Gut und Böse, zwischen Recht (*dharma*) und Unrecht (*adharma*) verstanden werden.

Doch die Verwendung religiöser Symbolik durch ideologische Fanatiker ist nicht die einzige Form der Instrumentalisierung. Auch politische Gruppierungen zeichneten sich im Vorfeld von Ayodhya durch antimuslimische Propaganda aus, allen voran die BJP. Dabei spielte die BJP mehrfach ein doppeltes Spiel. Im Jahr 1989 verlor die bis dato regierende Kongresspartei ihre Mehrheit[51] und die BJP konnte „öffentlich ihre staatspolitische Verantwortung demonstrieren".[52] Der Premierminister Singh, Parteimitglied der Janata Dal (einer Sikh-Partei), der prinzipiell gegen den Tempelbau eingestellt war, kündigte im Jahr 1990 eine umfassende Sozialreform an, die Stellen im öffentlichen Dienst und Studienplätze für ländliche Arme reservieren sollte. Dies brachte die BJP in Bedrängnis, da die Partei sich zwar durchaus als sozialreformerisch verstand, ihre Wählerklientel sich aber mehrheitlich aus Bevölkerungsgruppen zusammensetzte, die ihre Arbeitsplätze durch die Reform gefährdet sahen. Einerseits konnte die hindu-nationalistische Partei nicht offen gegen die Sozialreform eintreten, da dies ihrem Programm widersprochen hätte; andererseits aber auch nicht offen dafür, da sie sonst ihre Wählerschaft in der städtischen Mittel- und Oberschicht vergrault hätte. Die BJP reagierte mit einem verstärkten Eintreten für den Tempelbau als Einheitsprojekt aller Hindus und trat schließlich aus der Regierung aus, als die „Wagenreise" nach Ayodhya (siehe oben) durch die Singh-Regierung gewaltsam niedergeschmettert wurde.

Noch deutlicher traten der Populismus und die wahltaktischen Überlegungen der BJP unmittelbar vor und nach der Stürmung der Moschee zutage. Die BJP-Landesregierung beteiligte sich im Vorfeld von Ayodhya zwar formell an allen einvernehmlichen Lösungsversuchen, um eine Eskalation zu verhindern. Sie konnte sich dadurch jedoch als „Unschuldsengel [...] gerieren",[53] da ernsthafte Maßnahmen zur Lösung unterlassen und Zuständigkeiten den Gerichten zugeschoben wurden. All dies gab den hindu-nationalistischen Aktivisten Spielraum für ihre Agitation. Unmittelbar vor dem Sturm auf die Moschee trat außerdem der BJP-Ministerpräsident von Uttar Pradesh zurück, um nicht als Anstifter der Gewalt zu erscheinen.

Doch auch die Kongresspartei trägt Mitschuld an den Vorgängen. Nur selten ließ die Partei eine klare Linie erkennen und versuchte oft, möglichst viele Wäh-

lerwünsche zu bedienen.[54] Deshalb wurden den Muslimen zahlreiche Minderhei-
tenrechte eingeräumt, was der Kongresspartei von Seiten der BJP den Vorwurf
des „Pseudosäkularismus"[55] einbrachte. Am deutlichsten wird der Opportunismus
vielleicht im Fall Shah Bano, einer geschiedenen Muslima, die Unterhaltsforde-
rungen gegenüber ihrem Ex-Mann einklagte. Zunächst verteidigte der Kongress
das Gerichtsurteil, das der Klägerin Recht zusprach, anschließend wurde jedoch
unter dem Druck der Muslime die Geltung des islamischen Rechts im privaten
Bereich festgesetzt.[56]

Während die beiden vorherigen Erklärungsansätze Gewalt im Namen des
Hinduismus als extrinsisch motiviertes Phänomen betrachten, gleichsam als
Produkt der Beeinflussung der Massen durch politische oder religiöse Fanatiker, wählen die beiden folgenden Ansätze eine eher intrinsische Perspektive,
bei der die Gewalt durch die Einstellung und Situation der Hindus im Land erklärt wird. Der extrinsische/instrumentale und der intrinsisch/primordiale Ansatz können als komplementär verstanden werden.[57] Während der instrumentale
Ansatz dazu neigt, „unerwünschte Anteile in uns selbst auf die ‚bösen' Politiker
zu projizieren" und „nichtrationale Prozesse" abzuwerten,[58] ermöglicht der intrinsische Ansatz die Analyse kultureller Gruppenidentitäten, die als Stabilisator
einer Gemeinschaft wirken. Die erste populäre Auffassung, was diese kulturellen Gruppenidentitäten betrifft, ist sozioökonomischer Natur. Die „Dialektik der
Modernisierung" habe dazu geführt, dass alte Orientierungsmuster weggefallen
sind:

> Die schöne, neue Welt ist nicht nur schön; sie kann für den Einzelnen auch sehr un-
> gemütlich werden. Sie bietet erhöhte Chancen, sowohl auf materiellen Wohlstand
> und ein modernes Leben als auch auf ökonomischen Niedergang sowie soziale und
> kulturelle Marginalisierung.[59]

Das aufstrebende Indien als ökonomischer Tiger fordert Opfer. Nicht jeder kann
dem harten Wettbewerb standhalten und so dienen Gemeinschaft, Solidarität
und zwischenmenschliche Beziehungen als Versicherung gegen die Risiken der
Modernisierung. Verlustängste, Orientierungslosigkeit, der Kampf um begrenzte
Ressourcen und der Zerfall der familiären Gemeinschaft sind die „geheime[n]
Wunden"[60] des Modernisierungsprozesses. Gerade für die städtischen Mittel-
schichten, die Hauptklientel der BJP, ist eine Kompensation dieses Identitäts-
verlusts durch Rückgriff auf hindu-nationalistische Gruppenidentitäten verlo-
ckend.[61] Die Schizophrenie einer Ablehnung moderner Werte bei gleichzeitiger
Wahrung moderner Errungenschaften und Erfindungen wird dabei bereitwillig
übersehen.

Neben der auf die Ökonomie bezogenen These existieren psychoanalytische Erklärungsansätze. Besonders überzeugend zeigt der indische Psychoanalytiker Sudhir Kakar den Zusammenhang zwischen der Herausbildung einer hinduistischen Gruppenidentität und einigen Grundkomponenten der indischen Psyche. Psychoanalytische Ansätze basieren auf der Grundannahme, dass die Gewaltrhetorik religiöser oder politischer Fanatiker nicht ausreiche, um den Mob zu mobilisieren. Vielmehr müssen „entgegenkommende Orientierungen"[62] existieren, die den fruchtbaren Boden bilden, auf dem Gewalt gedeihen kann. Solche Orientierungen äußern sich z. B. als wahrgenommene Bedrohung der eigenen Identität:

> [D]er Aufruhr ist das Aufplatzen eines Furunkels, der Ausbruch von Eiter des ‚schlechten Blutes' zwischen Hindus und Muslimen, das sich über ein paar Tage oder Wochen an einem bestimmten Ort angesammelt hat. [...] Der Aufbau unmittelbarer Spannungen entsteht, wenn die religiöse Identität bei einer großen Gruppe von Menschen aufgrund einer wahrgenommenen Bedrohung dieser Identität in den Vordergrund rückt.[63]

Ähnlich argumentiert auch Jürgenmeyer, wenn er von einer „Urangst vor der eigenen Schwäche"[64] spricht, die charakteristisch für die hinduistische Psyche ist. Dahinter steht das Gefühl, dass die Hindus als Gruppe sehr heterogen und deshalb von außen leicht angreifbar seien. Genährt wird diese Angst hauptsächlich von dem Glauben, Muslime würden sich überproportional schnell vermehren und bald die Mehrheit in Indien darstellen. So irrational diese Angst auch erscheinen mag – angesichts der Tatsache, dass die Muslime nur zwanzig Prozent der Bevölkerung stellen –, führt sie doch zu einer Gruppenidentität, die den Muslim als machtvoll, tierisch, aggressiv und sexuell maßlos wahrnimmt.[65] Maßnahmen der Kongress-Regierung, die auf den Schutz von Minderheitenrechten (Urdu als Sprache, eigenes islamisches Recht) abzielen, beeinflussen diese Angst entscheidend.

Zudem wurde die Massenkonversion 1.000 „Unberührbarer" zum Islam im kleinen Ort Meenakshipuram (im Jahr 1981) von vielen Hindus als besonders bedrohlich empfunden, da dies nicht nur die Ängste vor einer schleichenden Islamisierung Indiens beflügelte, sondern auch als sozialer Aufstand gewertet wurde. Dass ein *dalit* autonom über seine Religion entscheiden kann, wurde von höherrangigen Hindus als Angriff auf ihre eigene soziale Vormachtstellung interpretiert. Gerüchte über Muslime, die Männer kastrieren oder Lebensmittel vergiften, wirken zudem als „Geburtshelfer für unvertraute, beunruhigende Phantasien und komplexe Emotionen",[66] was die Gruppenidentität zusätzlich verstärkt: „Die überladene Atmosphäre der Gewalt [...] lässt den Kessel der instinktiven Triebe überkochen, während zivilisierte Empfindungen unter dem Druck der Instinkte [...] zusammenzubrechen drohen", so Kakars Fazit. Doch die Angst vor Bedrohung ist nicht die einzige „entgegenkommende Orientierung", die Psychoanalytiker in Indien finden. Besonders der Einfluss des *Ramayana* (Rama-Epos) in der Kindererziehung sei von essenzieller Bedeutung und habe das „indische Unbewusste"[67] stark geprägt. Die Liebe zum Gott Rama ist bei vielen Hindus so stark internalisiert, dass manche so weit gehen, in Anlehnung an den Sozialpsychologen Milton Rokeach, zu sagen, Hindus würden von Beginn an ohne negative Gefühle erzogen, was dazu führe, dass sie im späteren Leben alles Unbekannte als bedrohlich empfinden und bekämpfen wollen.[68]

Konklusionen

Die Zerstörung der Babri-Moschee in Ayodhya am 6. Dezember 1992 löste bei jenen große Verwunderung aus, die ein mystisches oder verklärtes Bild vom angeblich toleranten Hinduismus haben. Die radikale, ungebremste Gewalt der Massen passt schlicht und einfach nicht zum (westlich geprägten) Bild des „friedlichen Hindus". Ein Blick auf die Vorgeschichte des Ayodhya-Konflikts hat gezeigt, dass dieses Bild nicht aufrechterhalten werden kann. Seit dem 16. Jahrhundert spielten Unterschiede zwischen Muslimen und Hindus eine große Rolle. Ab Mitte des 19. Jahrhunderts kam es unter der britischen Kolonialherrschaft verstärkt zu kommunalistischen Auseinandersetzungen, die zu blutigen Zerwürfnissen führten. Genauso wichtig ist es aber, festzuhalten, dass der Hinduismus, genau wie jede andere Religion, nicht per se Gewalt begünstigt, sondern allenfalls den Rahmen bildet, innerhalb dessen Gewalttaten legitim erscheinen mögen.

Ziel dieses Beitrags war es, zu veranschaulichen, dass der Ayodhya-Konflikt keineswegs voraussetzungslos und ein singulärer Ausbruch des Volkszorns war, sondern dass er sich in eine komplexe Gemengelage aus politischer Orchestrierung, ideologischer Beeinflussung, wirtschaftlicher Lage und psychischer Kondition einfügt. Man könnte in diesem Zusammenhang von einem Ursachenbündel sprechen, wäre die Metapher nicht irreführend.

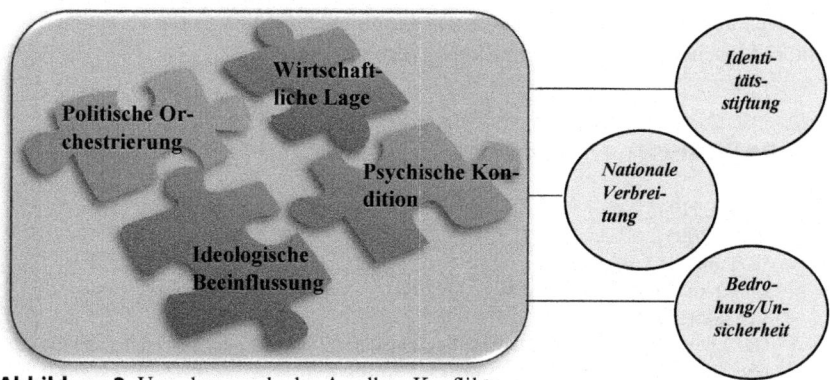

Abbildung 2 Ursachenpuzzle des Ayodhya-Konflikts

In der Tat sind die einzelnen Faktoren keineswegs starr oder wirken stets mit der gleichen Intensität. Der Begriff „Ursachenpuzzle" trifft die Realität besser. In einem Puzzle sind die einzelnen Teile nur lose miteinander verbunden und passen nur dann zusammen, wenn sie in einer ganz spezifischen Konstellation vorliegen.

Unter welchen Bedingungen kann Hinduismus gewaltfördernd wirken? Auch wenn sich diese Frage nicht abschließend beantworten lässt, kristallisieren sich aus der bisherigen Analyse drei Merkmale heraus. Diese bilden sozusagen den kleinsten gemeinsamen Nenner, den alle vier Erklärungsansätze gemeinsam haben.

Erstens muss es gelingen, dass die diversen Strömungen der polytheistischen Hindu-Religionen[69] sich als Einheit empfinden, sei es aufgrund politischer Affinitäten, wirtschaftlicher Notlagen, einer gemeinsamen kulturellen Psyche oder religiöser Ideologien. Wenn es gelingt, eine allumfassende hindu-nationalistische Identität in einer Frage zu formen, steigt das Risiko für Gewaltaktionen. Zweitens reicht es nicht, dass diese Identität regional begrenzt bleibt, wie das Beispiel Ayodhya es zeigt. Daher waren die Bemühungen hindu-nationalistischer Organisationen stets darauf aus, symbolträchtige Veranstaltungen wie beispielsweise die Rama-Ziegelsteinweihe in ganz Indien zu organisieren. Auch bei der nationalen Verbreitung kommt es auf die Mischung politischer, wirtschaftlicher, psychischer und religiöser Elemente an. Drittens muss ein Gefühl der existenziellen Bedrohung vorhanden sein. Dieses kann wiederum bewusst konstruiert werden durch eine Abgrenzung vom Muslim in psychischer (Muslim als tierisch und aggressiv), wirtschaftlicher (Muslim als reicher Großstädter), politischer (Muslim als Teil einer Verschwörung aus Pakistan) oder religiöser (Muslim als Rindfleischverzehrer) Hinsicht. Bei gleichzeitigem Vorhandensein dieser drei Grundzutaten steigt das Spannungspotenzial erheblich und Gewaltausbrüche wie die Zerstörung der Babri-Moschee können das grausame Ergebnis sein.

Anmerkungen

1   Gargan (1992).
2   Tully (2005).
3   In: Times of India 2009.
4   Liberhan Commission Report (2009: 941).
5   Venzky (1992).
6   Dazu passt die Feststellung, dass die deutsche Indienforschung aus der Romantik heraus entstanden ist (vgl. Jürgenmeyer 1995: 143).
7   Braudel (1977: 76).
8   Ebd.: 66.
9   Dabei spielten religiöse Gebäude und Orte schon immer eine herausragende Rolle, da dort der Feind am ehesten demoralisiert werden konnte. Vgl. Jürgenmeyer (1995: 94).
10 Smith (1999: 190 ff.); Jürgenmeyer (1995: 88).
11 Jürgenmeyer (1995: 89).
12 Foucault (2011).
13 Jürgenmeyer (1995: 84).
14 Ebd.: 85.
15 Ebd.: 86.
16 Elst (2002).
17 Jürgenmeyer (1995: 92).
18 Lynch (2005: 192).
19 Jürgenmeyer (1995: 94 ff.).
20 Skoda & Voll (2005: 87).
21 Ebd.: 88 f.
22 Jürgenmeyer (1995: 115).
23 Ebd.: 115.
24 Perras (2014); Germund (2014).
25 Perras (2014).
26 Ebd.
27 Vgl. hierzu auch den Beitrag von *Janz* in diesem Band.
28 Delfs (2013: 33).
29 Vgl. hierzu auch die Beiträge von *Baumann* und *Janz* in diesem Band.
30 Ebd.: 34.
31 Vgl. hierzu den Beitrag von *Janz* in diesem Band.
32 Delfs (2013: 35).
33 Dumont (1970: 96). Eigene Übersetzung.
34 Ebd.: 98.
35 Vgl. den Beitrag von *Etspüler/Schröder/Willke* in diesem Band.
36 Jürgenmeyer (2007: 639).
37 Dumont (1970: 97 f.).

38   Ebd.: 90. Eigene Übersetzung.
39   Smith (1946: 159).
40   Ebd.: 163.
41   Smith (1999: 195 f.).
42   Smith (1946: 169).
43   Skoda & Voll (2005: 84).
44   Ebd.: 17.
45   Ebd.
46   Kakar (1997: 235).
47   Ebd.: 237.
48   Ebd.: 236 ff.
49   Die „Bewegung zum Schutz der Kuh" (*cow protection movement*) hatte sich 1882 um
      die charismatische Figur des religiösen Führers Swami Dayananda Saraswati for-
      miert. Die Bewegung erreichte die Gründung sogenannter cow protection societies in
      den nördlichen Bundesstaaten (Uttar Pradesh, Punjab), die sich gegen die Schlachtung
      des für Hindus heiligen Tieres einsetzten. 1893 kam es mehrfach zu gewaltsamen
      Ausschreitungen zwischen Hindus und Muslimen, die die Bewegung als hinduisti-
      sches Unterdrückungsinstrument wahrnahmen. Dabei verloren über 100 Menschen
      ihr Leben.
50   Jürgenmeyer (2007: 641).
51   Dieser Verlust lässt sich auch durch die opportunistische Politik der Kongresspartei
      erklären.
52   Jürgenmeyer (1995: 110).
53   Ebd.: 116.
54   Jürgenmeyer (1995: 101 ff.).
55   Ders. (2007: 640).
56   Ders. (1995: 94 ff.).
57   Kakar (1997: 232).
58   Ebd.
59   Jürgenmeyer (2007: 637).
60   Kakar (1997: 224).
61   Ebd.: 227 ff.; Jürgenmeyer (2007: 637 ff.).
62   Jürgenmeyer zitiert hier Jürgen Habermas, auf den dieser Begriff ursprünglich zu-
      rückgeht. Nach Habermas handelt der Bürger nur dann sittlich und ethisch, wenn
      gewisse demokratische Grundwerte im Sinne einer entgegenkommenden liberalen
      politischen Kultur in ihm verankert sind. Hier wird das Habermas'sche Argument
      sozusagen in sein Gegenteil verkehrt und zur Erklärung unsittlichen, gewaltbereiten
      Verhaltens herangezogen. Jürgenmeyer (1995: 159).
63   Kakar & Kakar (2011: 158 f.).
64   Jürgenmeyer (2007: 634).
65   Kakar (2011: 153); Jürgenmeyer (2007: 638).
66   Kakar (2011: 167).
67   Jürgenmeyer (1995: 150).
68   Ebd.: 163.
69   Vgl. den Beitrag von *Etspüler/Schröder/Wilke* in diesem Band.

Der Hindu-Nationalismus und religiöse Konflikte in Gujarat

Felix Ettensperger und Florian Hagenbeck

Einleitung

Im Jahr 2002 kam es zu einer verheerenden Eskalation der Gewalt im indischen Bundesstaat Gujarat. Bei den Ereignissen, die nachfolgend als Gujarat-Unruhen oder auch als Gujarat-Pogrom bekannt wurden, kamen mehrere tausend Menschen ums Leben. Etliche mehr wurden verletzt, vertrieben oder vergewaltigt. Die Zahl der Menschen, die aus ihrer Heimat flüchten mussten, beläuft auf zwischen 75.000 und 200.000. Die meisten Opfer waren Muslime. Die Gewalt eskalierte infolge eines Überfalls auf einen Zug in Godhra am 27. Februar 2002, in dem sich hinduistische Pilger befanden. Die Details des Hergangs sind unklar, aber offenbar eskalierte ein Streit zwischen den hinduistischen Pilgern und muslimischen Händlern.[1] Der Zug wurde nahe dem Bahnhof von Godhra gestoppt, mit Steinen beworfen und in Brand gesteckt.[2]

Die Unruhen von 2002 waren nicht die ersten ethnischen Konflikte in Gujarat. Bereits seit den 1970er Jahren kam es wiederholt zu ethnischen Konflikten.[3] Die Unruhen aus dem Jahr 2002 hoben sich jedoch durch ihr Ausmaß und ihre Brutalität nochmals von den vorigen Ereignissen ab. Um die Hintergründe zu verstehen, die zu diesem Gewaltausbruch in Godhra und später zu vielen darauffolgenden „Vergeltungsakten" hindu-nationaler Kräfte im ganzen Bundesstaat führten, muss ein Blick in die Vergangenheit geworfen werden. Die Vorgeschichte der Eskalation begann nicht ursprünglich in Gujarat, sondern wurde unter anderem durch Ereignisse in einem symbolträchtigen und religiös bedeutenden Ort namens Ayodhya angestoßen. Aber auch die allgemeinen, politischen und ideologischen Entwick-

lungen Indiens der letzten Jahrzehnte auf nationaler Ebene sollten für den Gewaltausbruch in Gujarat in hohem Maße relevant sein.

Am 6. Dezember 1992 wurde im nordindischen Bundesstaat Uttar Pradesh in
der Stadt Ayodhya die Babri-Moschee von einer aufgebrachten Anhängerschaft
hindu-nationaler Demagogen zerstört.[4] Dass die Pilger, die im Zug bei Godhra
angegriffen wurden, sich auf dem Rückweg von einer hindu-nationalistischen Veranstaltung nahe Ayodhya befanden, wird in diesem Kontext oft erwähnt. Es handelte sich bei dem Übergriff auf die Moschee – anders als gelegentlich dargestellt
– nicht um einen spontanen Gewaltausbruch, sondern um den sorgsam geplanten
und organisierten Abschluss einer seit den 1980er Jahren begonnenen Kampagne
zur Befreiung des überlieferten Geburtsortes des Gottes Rama. Diese Ram-Jan-
mabhumi-Bewegung hatte das Ziel, die seit dem 13. Jahrhundert an diesem Ort
existierende Moschee zu zerstören und den vormals an selbiger Stelle befindlichen
Rama-Tempel neu zu errichten.[5] Am 6. Dezember hatten sich schätzungsweise
150.000 Menschen für eine symbolische Grundsteinlegung des neuen Tempels
vor der Babri-Moschee in Ayodhya versammelt. Diese Anhänger wurden laut den
beteiligten Organisatoren einzig mobilisiert, um einem symbolischen Akt beizu-
wohnen, welcher den Anspruch auf das geschichtsträchtige Gelände bekräftigen
sollte. Angestachelt durch die vor der Moschee gehaltenen Reden eskalierte die
Veranstaltung jedoch zunehmend und die aufgehetzten Anhänger der hindu-nationalen Bewegung zerstörten am selben Tag das jahrhundertealte Moscheegebäude
nahezu vollständig.

Möglich wurden die Ereignisse in Ayodhya und die damit verbundene Radikalisierung gewaltbereiter Akteure erst durch die deutliche Verschiebung der politischen Machtverhältnisse in Indien seit den 1980er Jahren. Die hindu-nationalen
Kräfte Indiens erlebten seit dieser Zeit auch auf der formalen politischen Ebene
einen beispiellosen Aufstieg, durch den sie bereits zwischen 1998 und 2004 für
fünf Jahre bis an die Spitze der Regierung gelangten.[6] Der erneute Erfolg der hindu-nationalen *Bharatiya Janata Party* (BJP) bei den letzten Parlamentswahlen im
Jahr 2014 zeigte, dass es sich dabei nicht nur um eine einmalige Episode handelte.
Mit Narendra Modi stellt die BJP seither wieder den Premierminister des ganzen
Landes.

Die ersten hindu-nationalen Bewegungen wurden bereits in den 1920er Jahren
ins Leben gerufen, verblieben aber während dieser Zeit durchgehend ohne entscheidenden Einfluss auf die politische Entwicklung Indiens.[7] Die Kongresspartei, in der Mahatma Gandhi zur selben Zeit seine Vorstellung eines unabhängigen Indiens vorantrieb, dominierte für viele Jahrzehnte die politische Landschaft
des Subkontinents. Sie war zwischen 1947 und 2005 insgesamt über 44 Jahre an
der Regierungsbildung beteiligt.[8] Gandhis Vision war von Anfang an ein Indien,

das als eine Gemeinschaft von harmonisch zusammenlebenden Religionen und Weltvorstellungen alle Menschen gleich respektiert, egal welcher ethnischen oder religiösen Zugehörigkeit sie angehören.[9] Diese synkretistische Vorstellung von der indischen Gesellschaft als friedliche, multikulturelle und multiethnische Gemeinschaft wurde von den hindu-nationalen Anhängern lange erfolglos abgelehnt. Der spätere Aufstieg der Hindu-Nationalisten und ihre Ideologie, die als *hindutva* bezeichnet wird, fällt darum nicht zufällig auf einen Moment in der indischen Geschichte, in dem sich die Kongresspartei in einer tiefgreifenden und selbstverschuldeten Krise befand.[10]

Doch auch wenn diese politischen Rahmenbedingungen eine gewichtige Rolle beim Erstarken der BJP und anderen hindu-nationalen Parteien und Kaderorganisationen wie der *Vishwa Hindu Parishad* (VHP) oder der *Rashtriya Svayamsevak Sangh* (RSS) gespielt haben, blieben die Ursachen der ethnischen Auseinandersetzungen in Gujarat und im Rest Indiens nicht auf politische Faktoren beschränkt. Die Gründe für den Aufstieg hindu-nationaler Kräfte und die damit verbundenen Spannungen sind komplex und tiefgreifend mit ökonomischen, sozio-psychologischen und politisch-instrumentellen Ursachen verbunden.

Das Ziel dieses Beitrags ist es, den Verlauf der Gewaltakte von 2002 strukturiert nachzuzeichnen und anhand verschiedener Erklärungsansätze die Entwicklung des Gewaltausbruchs in Gujarat zu untersuchen. Dabei soll auch eine Antwort auf die Frage gegeben werden, was Gujarat als Bundesstaat besonders anfällig für ethnische Gewalt macht.

Unruhen oder Pogrom?
Die Geschichte der ethnischen Gewalt von 2002

Am 27. Februar 2002 brannte in der Nähe des Bahnhofes von Godhra ein Schlafwagen des *Sabarmati Express* vollständig aus. Im Feuer kamen 58 Menschen ums Leben, unter ihnen 15 Kinder. Die Quellen sind teilweise widersprüchlich, wenn es um die genaue Anzahl der Opfer geht, und schwanken um eine Zahl von 60 Opfern.[11]

Dieser Vorfall war Auslöser dessen, was als Pogrom von Gujarat traurige Berühmtheit erlangte. Der Schlafwagen war mehrheitlich mit Pilgerreisenden besetzt, die auf der Rückfahrt aus dem fünf Kilometer von Ayodhya entfernten Faizabad waren. Kurz nach Verlassen des Bahnhofs von Godhra im Bundesstaat Gujarat wurde der Zug gestoppt, zunächst mit Steinen beworfen, woraufhin sich die Passagiere in den Waggons einschlossen, um sich zu schützen. Kurz darauf wurde brennbare Flüssigkeit auf beziehungsweise unter dem Zug entzündet, was in Kombination mit den verschlossenen Türen und Fenstern des Schlafwagens in eine Katastrophe führte. Bereits diese Darstellung des Vorfalls ist heftig umstritten. Für den Anschlag wird von den meisten Quellen eine Gruppe vornehmlich muslimischer Personen verantwortlich gemacht.

Zunächst steht die Frage im Raum, warum der Zug gestoppt und angegriffen wurde. Es gibt Hinweise darauf, dass die Pilger deutlich weniger friedfertig auftraten, als es von der allgemeinen Berichterstattung dargestellt wurde. Bereits vor der Ankunft in Godhra sollen die Insassen des Zuges die Bezahlung von Speisen und Getränken verweigert, Händler angegriffen und gegenüber muslimischen Passagieren und Passanten provokant und tätlich geworden sein. Dieses Verhalten erreichte seinen Höhepunkt, als während des Halts des Zuges in Godhra ein muslimischer Händler angegriffen und seine Tochter – die ihm zu Hilfe kam – Opfer eines Entführungsversuchs wurde.[12] Es sei angemerkt, dass sich die Quellen in diesem Punkt widersprechen. Einerseits wird berichtet, die junge Frau wäre in den Schlafwagen verschleppt worden, andere Berichte besagen, sie hätte sich aus der Hand ihrer Angreifer befreien können. Übereinstimmend sind die Aussagen insoweit, als sich die Nachricht des Übergriffs auf die Tochter des Händlers und ihre (vermeintliche) Entführung schnell in der muslimischen Gemeinschaft ausbreitete. Als der Zug den Bahnhof verließ, sprangen zwei muslimische Händler auf den letzten Wagen auf, um das Entführungsopfer zu retten. Sie waren es, die den Zug durch Betätigung der Notbremse zum Stehen brachten. Anschließend erfolgte der Angriff der wütenden Menge durch Steinwürfe und Brandsätze.

Die Entwicklung des tödlichen Brandes gibt Anlass zu Spekulationen. Je nach Quelle wurde das Feuer durch brennende Wurfgeschosse, durch Matratzen, die unterhalb des Zuges abgelegt und angezündet wurden, oder durch Entflammen brennbaren Materials im Inneren des Schlafwagens entfacht.[13] Die Vielfalt unterschiedlicher Versionen der Ereignisse des 27. Februar lässt erahnen, wie schwierig die Aufarbeitung des Vorfalls und der anschließenden Ausschreitungen bis heute ist. Fest steht, dass ein Zugabteil mit hinduistischen Pilgern in Flammen aufging und der Brand das Leben von ungefähr 60 Passagieren forderte.

Anlässlich des Angriffs auf den Zug in Godhra erklärte die VHP für den 28. Februar 2002 ein *bandh* – ein Tag der Arbeitsniederlegung – für den gesamten Bundesstaat Gujarat. Dieser Trauertag markierte den Auftakt zu einem mehrwöchigen Pogrom gegen die muslimische Minderheit in Gujarat. Ebenso wie im Fall des Angriffs auf den Zug in Godhra finden sich auch in Bezug auf die Ausschreitungen in Gujarat verschiedene und teilweise widersprüchliche Berichte. Der Ausdruck „Pogrom" wurde bereits häufiger verwendet, um die Ereignisse in Gujarat zu beschreiben. Bezogen auf die Definition des Ausdrucks als „häufig von staat-

licher Seite gedeckte Ausschreitungen gegen Leib, Leben und Besitz bestimmter Bevölkerungsgruppen insb. ethnischer oder religiöser Minderheiten" scheint die Bezeichnung zumindest teilweise gerechtfertigt.[14]
Der Zorn über den Angriff in Godhra entlud sich ab 28. Februar 2002 an den Muslimen in Gujarat. Die meisten Quellen sprechen von mehreren hundert bis einigen tausend Opfern.[15] Eine verlässliche Zahl vermag jedoch niemand zu nennen. Im Verlauf der Ausschreitungen flohen ungefähr 150.000 Menschen aus ihrer Heimat. Bis heute leben ungefähr ein Drittel dieser Flüchtlinge in Lagern.[16] Beginnend am Tag des *bandh* überfielen aufgebrachte Mobs muslimische Geschäfte, Wohnhäuser und Individuen, legten Feuer, plünderten, vergewaltigten und mordeten. Manche Kommentatoren sprachen (und sprechen bis heute) von einer natürlichen und gerechtfertigten Reaktion der hinduistischen Bevölkerung auf den Angriff von Godhra. Die meisten Stimmen beklagen jedoch einen geplanten und staatlich unterstützten Pogrom an der muslimischen Minderheit.[17]

In wissenschaftlichen Arbeiten zum Pogrom von Gujarat finden sich (mehr oder weniger) detaillierte Berichte über einzelne Vorfälle, die die Grausamkeit der Übergriffe illustrieren. Viele der Opfer wurden mit Hieb- und Stichwaffen regelrecht zerstückelt oder bei lebendigem Leib verbrannt. Berichte über eine große Zahl an Vergewaltigungen liegen ebenfalls vor.[18] Aus den vorliegenden Berichten über die Opfer und die Grausamkeit der Ausschreitungen resultiert die Frage, warum der Staat nicht in der Lage war, die öffentliche Ordnung wiederherzustellen und die Bevölkerung zu schützen. Die Antwort darauf ist – wie so häufig bei der Betrachtung des Pogroms von Gujarat – nicht eindeutig.

Nach Aussagen einiger leitender Polizeibeamter hat die Politik im Vorfeld des *bandh* zugesichert, es werde nicht zu Ausschreitungen kommen und besondere Sicherheitsvorkehrungen wären nicht vonnöten. Ob dies Ausdruck einer politischen Beteiligung an den Ausschreitungen oder eine völlige Fehleinschätzung der Lage war, ist nicht abschließend zu klären.[19] Die meisten Berichte führen Belege für eine Duldung oder sogar Unterstützung der Gewalt durch Sicherheitskräfte, Verwaltung und Politik an. Gleichzeitig äußern sich Politiker, wie bereits dargestellt, in relativierender Weise und attestieren den Polizeikräften, alles in ihrer Macht Stehende getan zu haben.[20]

Bemerkenswert sind – den widersprüchlichen Aussagen verschiedener Lager zum Trotz – einige Indizien zum Ablauf der Ausschreitungen. Der Mob schien bereits zu Beginn des Pogroms gut ausgerüstet und organisiert zu sein. Die Beteiligten verfügten vermutlich über Listen mit Adressen von ortsansässigen Muslimen und deren Geschäften. Die Ausrüstung mit Kommunikationsgeräten war ebenso gegeben wie eine für eine Trauerfeier eher unübliche Ausrüstung mit Hieb- und Stichwaffen sowie brandbeschleunigenden Materialien. Entsprechen diese Berichte den Tatsachen, kann kaum von einer spontanen Reaktion auf die Ereignisse des 27. Februar die Rede sein.[21] Einige Berichte über das Verhalten der Polizei sind ebenfalls geeignet, die Rolle der Behörden zu hinterfragen. Angeblich war es den Randalierern möglich, Verbrechen und Brandstiftung in Sichtweite von Polizeiposten zu begehen. Verschiedene Quellen behaupten, Polizisten hätten die Ausschreitungen nicht nur ignoriert, sondern in manchen Fällen sogar unterstützt. Erst nach 60 Tagen beruhigte sich die Situation in der Region. Eine juristische Aufarbeitung der Vorfälle von 2002 gestaltet sich bis heute schwierig.

Trotz der Probleme durch die widersprüchlichen Aussagen und Behauptungen erscheint es legitim, die Ereignisse in Gujarat als Pogrom zu bezeichnen. Auch wenn ein politischer Hintergrund oder eine staatliche Beteiligung nie zweifelsfrei bewiesen wurde, so richteten sich die Ausschreitungen doch eindeutig gegen „Leib, Leben und Besitz"[22] der muslimischen Minderheit in der Region.

Erklärungsansätze für die Entwicklungen in Gujarat

Als Auslöser für das Pogrom von Gujarat kann der Angriff auf den Zug in Godhra identifiziert werden. Bedeutsamer für diese Untersuchung ist aber die Frage nach den Ursachen und Voraussetzungen für den Gewaltausbruch. Die Gewalt zwischen Hindus und Muslimen in Indien wird gemeinhin als ethnischer Konflikt bezeichnet und häufig über primordiale oder sozio-konstruktivistische Konzepte erklärt.

Nach primordialen Erklärungsansätzen prägen Ethnizität und kulturelle Zugehörigkeit maßgeblich, wie Individuen die Welt wahrnehmen. Diese Prägung sei dann nahezu unabänderlich. Auf diese Weise entsteht eine kulturell definierte Abgrenzung zwischen den ethnischen Gruppen. Durch überlieferte Antipathien oder alte Feindschaften können Konflikte so über Generationen weitergetragen und verstärkt werden.[23] In Abgrenzung zur Ansicht, dass primordiale Prägungen über das gesamte Leben hin erhalten bleiben, betrachtet der sozial-konstruktivistische Ansatz soziale Identitäten als veränderlich. Soziale und kulturelle Repertoires haben das Potenzial, Gewalt zu legitimieren und zu begünstigen. Allerdings verändern sich diese Repertoires und insbesondere die Identifikation des Individuums mit bestimmten sozialen Gruppen über die Zeit hinweg.[24] In diesem Sinne würde die Identität einer Gruppe oder Gemeinschaft durch öffentliche Rituale nicht nur gestärkt, sondern erst geschaffen.

Während diese beiden Erklärungsmuster immer wieder in Bezug auf ethnische Konflikte in Indien bemüht wurden, soll der vorliegende Beitrag einen Schwerpunkt auf sozio-psychologische, ökonomisch-demografische und instrumentalistische Ansätze legen, die zur Erklärung der Gewalt in Indien und im speziellen Gujarat wichtige Erkenntnisgewinne liefern.

Sozio-psychologische Erklärungen

Sozial-konstruktivistische Untersuchungsansätze bemühen sich, das Zusammenspiel verschiedener Identitätsvorstellungen sowohl innerhalb einer Person, als auch im Wechselspiel mit ihrer Umwelt zu untersuchen. Gewalt kann in diesem Zusammenhang als Ausdruck der eigenen Unzufriedenheit mit sich selbst gesehen werden. Durch die Nichterfüllung gesellschaftlicher Anforderungen entsteht eine Form von Selbsthass, der durch die Projektion auf ein externes Subjekt aufgelöst wird.[25]

Indien erlebt seit seiner Unabhängigkeit einen Prozess der Modernisierung und des Wachstums. Im Zuge dessen lösen sich einerseits die tradierten gesellschaftlichen Strukturen auf, andererseits steigen auch die „Chancen, sowohl auf materiellen Wohlstand und ein modernes Leben als auch auf ökonomischen Niedergang sowie soziale und kulturelle Marginalisierung".[26] So bedeutet die Veränderung und Ablösung traditioneller Werte und gesellschaftlicher Strukturen einen Verlust an Sicherheit. Gleichzeitig kommt es zu einer Idealisierung der Vergangenheit. Das Individuum findet sich in einer Welt wieder, in der es sich mit rapiden Veränderungen und neuen Ansprüchen konfrontiert sieht. Kann es diesen Anforderungen nicht gerecht werden, entstehen Gefühle der Zurücksetzung und der Minderwertigkeit. Um mit den belastenden negativen Emotionen umzugehen, sucht das Individuum Schuldige. Diese Übertragung von Schuld als Ausdruck von Hilflosigkeit kann sich – die entsprechenden Rahmenbedingungen vorausgesetzt – in Gewalt manifestieren.

Zusätzlich wird die eigene soziale Stellung durch die Demonstration von Stärke gefestigt. Dies scheint umso mehr der Fall zu sein, je deutlicher die Dominanz über den Gegner zur Schau gestellt wird. Dieser Mechanismus könnte die extremen Formen der Gewalt – von Vergewaltigung über Verstümmelung bis zur Verbrennung bei lebendigem Leibe – erklären. Insbesondere in Zeiten sozialer Veränderungen, wie sie sich in Indien beobachten lassen, erfüllen Gewaltausbrüche und radikale Machtdemonstrationen eine Funktion der Selbst-Bestätigung gegenüber der neuen, unkalkulierbaren Umwelt.

Neben den wirtschaftlichen und sozialen Unsicherheiten spielt auch ein latentes Gefühl der Marginalisierung eine entscheidende Rolle im Bereich der sozio-psychologischen Gewaltursachen. In der Geschichte Indiens kam es wiederholt zur Fremdherrschaft in unterschiedlichen Teilen des Subkontinents. Bis zur Staats-

gründung Indiens und der damit einhergehenden Unabhängigkeit von Großbri-
tannien war Indien ein Teil des britischen Kolonialgebiets. Vor der Kolonialisie-
rung gab es verschiedene Perioden von muslimischer Besatzung und Herrschaft
in weiten Teilen des indischen Subkontinents. Hinzu kommt die Trennung Indiens
und Pakistans im Zuge der Unabhängigkeit von der Kolonialherrschaft Englands.
Der andauernde Zustand der Fremdherrschaft ebenso wie die Abtrennung Pakistans hat im kollektiven Bewusstsein der Inder einen bleibenden Eindruck hinter-
lassen.[27] Die Marginalisierung und Unterordnung der hinduistischen Kultur im
Rahmen der Fremdherrschaft ist ein bleibendes Trauma. Die langjährige Erfah-
rung, als minderwertig und untergeordnet behandelt zu werden, hinterlässt zweifellos Spuren im Selbstwertgefühl einer Gesellschaft. Es entstehen neue Muster
der Schuldzuweisung an die ehemaligen Besatzer gepaart mit der Angst, erneut
unterdrückt zu werden.[28]

In diesem Zusammenhang steht auch die Furcht vor erneuter Marginalisierung.
Hindus würden zu einer Minderheit im eigenen Staat gemacht, wird häufig im
Kontext hindu-nationaler Politik als Argument vorgebracht. Es ist daher unklar,
ob die Furcht, die eigene Kultur durch den demografischen Wandel zu verlieren,
ein Symptom der Instrumentalisierung ist oder ob diese Vorstellungen tiefer in der
Gesellschaft verwurzelt sind.

Der Konflikt zwischen Hindus und Moslems in Indien ist kein neues Phänomen. Das kollektive ebenso wie das individuelle Gedächtnis der Hindus verfügt
über einen Schatz an negativen Erfahrungen und Erinnerungen in Bezug auf indische Muslime.[29] Durch die Manifestation der Gewalt und der dadurch entstehen-
den Ressentiments entlang religiöser Konfliktlinien verstärkt sich die Abgrenzung
der ethnischen Gruppen. Die Zuschreibung der Schuld für verschiedenste Miss-
stände zulasten ,der Anderen' wird ebenso wahrscheinlicher und akzeptierter wie
ein Anstieg des Gewaltpotenzials. Dabei ist nicht von Bedeutung, ob die Konflikt-
linie zwischen Religionen, Ethnien oder Hautfarben verläuft. Vielmehr kann die
individuelle Identifikation mit einer und gegen eine andere Gruppe problematisch
werden.[30]

Ökonomische und demografische Erklärungen

Sozioökonomische Ansätze zur Erklärung von Konfliktursachen betrachten im
Gegensatz zu den sozio-psychologischen Aspekten die Konfliktgrundlagen aus
einer makroökonomischen Perspektive. Konkurrenz um knappe Ressourcen und
die Verteilung von Wohlstand ist diesen Erklärungsansätzen zufolge ein wichtiger Aspekt, der Konflikte begünstigen kann. Das Wirtschaftswachstum stellt in

der quantitativen Konfliktforschung einen äußerst kontroversen Faktor dar, der von einzelnen Wissenschaftlern unterschiedlich bewertet wurde: Diverse Studien sehen das Wachstum der Wirtschaft als einen tendenziell konfliktabmildernden Aspekt an, durch den langfristig die Konkurrenzsituation um ökonomische Ressourcen entspannt wird.[31] Die zugrunde liegende Annahme lautet, dass durch eine positive gesamtwirtschaftliche Entwicklung die Bevölkerung ihre Versorgung einfacher sicherstellen kann und der jeweilige Staat über gestiegene Einnahmen bessere Möglichkeiten erhält, sein Gewaltmonopol durchzusetzen. Dadurch reduziere sich der Anreiz für einzelne Akteure, Gewalt einzusetzen, um essenzielle Ressourcen zu kontrollieren.[32] Gesellschaften, die ein hohes Maß an Wohlstand erreicht haben, sind, wie sich nachweisen lässt, insgesamt friedlicher als arme Länder mit schwachen Institutionen.[33] Andere Studien sehen hingegen im Wirtschaftswachstum die potenzielle Ursache für ein steigendes Konfliktrisiko.[34] Diese Annahmen basieren auf der Feststellung, dass Wirtschaftswachstum für gewöhnlich ungleich verteilt stattfindet. Häufig profitieren exklusive wirtschaftliche und politische Eliten am meisten vom steigenden Bruttosozialprodukt. Die Verlierer dieser Entwicklung erfahren trotz hoher Wachstumsraten keine Verbesserung oder sogar eine Verschlechterung ihrer Lebensbedingungen. Dieser Widerspruch findet sich auch in Gujarat: Die Wirtschaft wuchs in den letzten 20 Jahren schneller als im Rest Indiens. Im selben Zeitraum fanden dort mehr gewalttätige Ausschreitungen statt als in jedem anderen Bundesstaat.[35] Gleichzeitig erscheinen aber gerade die Jahre mit hohem Wachstum die friedlichsten zu sein. Anjali Bohlken und Ernest Sergenti untersuchten diesen unerwarteten Gegensatz in einer Studie aus dem Jahr 2010.[36] Dabei geht es im Detail um die Effekte des Wirtschaftswachstums in Gujarat.[37] Die Autoren stellten in ihrer Analyse einen stabilen Zusammenhang zwischen rapiden Wachstumsrückgängen und dem Auftreten gewalttätiger Ausschreitungen fest.[38] So verursachte im ausgewählten Untersuchungszeitraum ein Rückgang von 1 Prozent bei der jährlichen Wachstumsrate eine Erhöhung des Gewaltrisikos um 5 Prozent in den betroffenen Bundesstaaten. Die Forscher analysierten zusätzlich die einzelnen Jahre zwischen 1982 und 1995 im Querschnitt und verglichen dabei Wirtschaftswachstum und die Zahl der gewalttätigen Ausschreitungen in Gujarat. Besonders interessant für diesen Zeitraum war, dass in drei von vier Jahren, in denen die Wirtschaft Gujarats überdurchschnittlich stark wuchs (über 10 Prozent pro Jahr), keine systematischen Auseinandersetzungen verzeichnet wurden. Nach starken Wachstumseinbrüchen war hingegen ein deutlicher Anstieg an Unruhen und organisierten Gewaltakten zu verzeichnen.[39] Eine höhere Wirtschaftsleistung alleine schien mittel- und langfristig keinen konfliktmindernden Einfluss zu haben, während kurzfristige Konjunkturschocks einen klaren negativen Effekt aufwiesen.[40]

Die ökonomischen Faktoren können offenbar für die Eskalation von Gewalt eine nicht unerhebliche Rolle spielen. Kurzfristige ökonomische Einbrüche sorgen dafür, dass soziale Spannungen verstärkt werden und aufgestaute Aggressionen zum Ausbruch kommen. Zu vermuten ist ebenfalls, dass sich diese wirtschaftlichen Effekte gut mit einer Instrumentalisierung von Ängsten verbinden lassen. Menschen, die sich in ihren wirtschaftlichen Lebensverhältnissen stark bedroht sehen, könnten anfälliger sein für konstruierte Feindbilder und die Überhöhung vermeintlicher Bedrohungen.

Ein zusätzlicher Ursachenkomplex, der in Gujarat für die Entwicklung von Konflikten eine potenzielle Rolle spielt, liegt im Bereich der demografischen Faktoren. Henrik Urdal veröffentlichte im Jahr 2008 umfangreiche Ergebnisse zu den Effekten demografischer Faktoren in Indien.[41] Er analysierte anhand von drei verschiedenen Konfliktdatenbanken[42] und einer umfangreichen Liste potenzieller demografischer Konfliktfaktoren die Entwicklung in den indischen Bundesstaaten für den Zeitraum der Jahre 1956 bis 2002. Die wichtigsten untersuchten Aspekte sind: Populationsdruck, Ressourcenverknappung, Jugendüberschuss, ethnische Heterogenität und ethnisch ausdifferenziertes Bevölkerungswachstum. Urdal ermittelte für die beiden Kategorien, in denen die Ausschreitungen zwischen Hindus und Moslems eingeordnet werden, die nachfolgend dargestellten Ergebnisse.

Das Wachstum der Stadtbevölkerung, die Bevölkerungsdichte auf dem Land sowie die wirtschaftliche Ungleichheit in den ländlichen Gebieten spielten laut seiner Studie keine bedeutende Rolle für die Entstehung ethnischer Ausschreitungen. Entgegen den Behauptungen hindu-nationaler Scharfmacher bezüglich der demografischen Bedrohung durch die Muslime spielt die Differenz des Bevölkerungswachstums zwischen hinduistischen und muslimischen Gruppen ebenfalls keine bedeutende Rolle bei der Konfliktentwicklung. Ethnische Heterogenität und eine nicht-hinduistische Bevölkerungsmehrheit in bestimmten Gebieten wirkten sich hingegen moderat verstärkend auf das ethnische Konfliktpotenzial aus, ebenso wie stagnierende Löhne im Agrarsektor. Als stabilster Faktor wirkte sich der Jugendüberschuss, ein erhöhter Anteil an 14- bis 24-Jährigen, auf die Konfliktanfälligkeit aus.[43]

Der Jugendüberschuss bildet das Verhältnis von Jugendlichen und jungen Erwachsenen im Verhältnis zur gesamten erwachsenen Bevölkerung ab. Ist dieser Anteil der Bevölkerung besonders groß, dann wird es für den betroffenen Staat schwieriger, diese junge, dynamische, aber auch stärker beeinflussbare und potenziell gewaltbereitere Bevölkerungskohorte erfolgreich ökonomisch und sozial in die Gesellschaft zu integrieren. Ein Scheitern der Integration kann wiederum zu Frustration und Radikalisierung von Teilen dieser Gesellschaftsschicht führen, was sich deutlich auf das Vorkommen politischer und ethnischer Gewalt auswir-

ken kann. Die Wirkung dieser demografischen Konfiguration auf die Konfliktanfälligkeit von Staaten wurde in zahlreichen Studien untersucht[44] sowie durch
sozialwissenschaftliche, psychologische und kriminalistische Studien theoretisch
hergeleitet.[45] Der Effekt des Jugendüberschusses wird auf dem Subkontinent zusätzlich durch die ungleiche Geschlechterverteilung verstärkt. Im landesweiten
Durchschnitt kommen in Indien auf jeweils 1.000 Männer nur 940 Frauen, eine
der am stärksten verzerrten Geschlechterungleichverteilungen der Welt.[46] Diese
Kombination aus Jugendüberschuss und Männerüberhang ist wie bei den ökonomischen Faktoren ein Aspekt, der auf indirekte Weise neue Gewaltausbrüche begünstigen und schon vorhandene Konflikte anheizen kann.

Zusammengenommen könnten die wirtschaftlichen und demografischen Eigenschaften Gujarats dazu beigetragen haben, dass Gewaltausbrüche dort häufiger
und intensiver verlaufen sind als im Rest Indiens. In Bezug auf die demografischen
Faktoren reduziert sich dieser Faktor seit einigen Jahren aber kontinuierlich. In
vielen Ländern ist der Jugendüberschuss mittlerweile rückläufig[47] und Indien stellt
dabei keine Ausnahme dar.

Ideologische und instrumentalistische Erklärungen

Die ökonomischen und demografischen Erklärungen haben einen ersten Hinweis
gegeben, warum ethnische Gewaltausbrüche in der Vergangenheit in Gujarat häufiger stattgefunden haben als in anderen Teilen Indiens.[48] Gujarat wurde aber im
Hinblick auf diese Frage oftmals auch als „Versuchslabor" für ideologische und
politische Experimente bezeichnet. In Anbetracht der aktiven „ethnischen Unternehmer" in diesem Bundesstaat sind die politischen, ideologischen und kommunalen Aspekte sicherlich von enormem Einfluss auf die Konfliktentwicklung.[49]

Diesem Ansatz folgend werden gewalttätige Auseinandersetzungen als Teil
politischer Mobilisationsmechanismen angesehen. Eliten fördern oder initiieren
Unruhen, um ihre politischen oder ökonomischen Ziele zu erreichen. So findet sich
auch ein Zusammenhang zwischen Wahlen und Gewaltausbrüchen. Unterschiedliche Akteure nehmen dabei verschiedene Rollen ein, indem sie beispielsweise
die Ängste ihrer Anhänger schüren, zur Gewalt anstacheln, die Mobilisierung von
Anhängern ermöglichen und fördern oder aus einer administrativen Rolle heraus
öffentliche Proteste unterstützen. Meist werden in diesem Kontext Ressentiments,
Feindbilder und ideologische Vorstellungen, aber auch sozio-ökonomische Argumente verwendet.[50]

Ideologien werden besser angenommen, wenn sie sich bestehender Ressentiments und Klischees bedienen. In Indien und damit auch in Gujarat ist das Ge-

dankengut der Hindu-Nationalisten weit verbreitet. Die Partei greift geschickt die Unsicherheiten und Ängste insbesondere der Mittelschicht auf, um ihre Position zu stärken.[51] Mithilfe einer gemeinsamen Ideologie werden die Sorgen und Befürchtungen des Individuums in die Gruppe überführt. Auf diese Weise wird eine Gemeinschaft gestiftet, die Einzelpersonen und deren psychologische Bedürfnisse integriert. Die Ideologie institutionalisiert die Abgrenzung des „Wir" gegen „die Anderen". Vorurteile und Animositäten werden aus dem persönlichen in den öffentlichen Raum übertragen und erhalten so eine deutlich stärkere Legitimation. Im Fall des Hindu-Nationalismus in Gujarat erfüllt die Ideologie zwei Aufgaben: Zunächst bietet sie jenen, die mit ihrer gesellschaftlichen oder privaten Situation unzufrieden sind, eine Plattform, sich mit ähnlich gesinnten Personen zu assoziieren. Dabei sind insbesondere Muslime Feindbild oder „Sündenbock". Erst durch die Abgrenzung zu Andersgläubigen gewinnt die Ideologie ihre integrative Kraft.

Ebenfalls bedeutend ist die Rolle der Ideologie, wenn es darum geht, Wähler für die BJP zu gewinnen. Eine starke gemeinsame Weltanschauung ist geeignet, um die Anhänger langfristig an die Partei zu binden und so ihren Machterhalt zu sichern. Gleichzeitig kann anhand der Ideologie in bestimmten Situationen – insbesondere, wenn die amtierenden Machthaber versagen – die eigene Überlegenheit gegenüber der Konkurrenz dargestellt werden. Hier wird deutlich, dass Ideologie meist mit politischer Instrumentalisierung derselben einhergeht.

Diese Institutionalisierung endet nicht mit der Mobilisierung zur Wahl oder zu politischen Ereignissen. Laut den Arbeiten mehrerer Forscher wie Paul Brass und Ward Berenschot existieren permanente, „quasi institutionalisierte" Organisationsformen, die den ethnischen Konflikt permanent in den Köpfen der Einwohner präsent halten sollen. Sie sprechen dabei von sogenannten „institutionalized riot systems", Akteursnetzwerke zum Zwecke der schnellen Mobilisation einer Anhängerschaft und zur permanenten Reproduktion des Konflikts.[52] Dabei spielt die kontinuierliche Konstruktion von Ängsten eine entscheidende Rolle. Die Notwendigkeit für diese andauernde Mobilisation wird häufig durch die schwache staatliche Durchsetzungskraft gerechtfertigt. Der Staat würde ohne diese freiwilligen Akteure die ansonsten friedlichen Hindus nicht vor den feindseligen Moslems schützen können, so die Behauptung. Ein Argument, das sich in Bezug auf den zuvor beschriebenen Zugangriff in Godhra im Jahr 2002 hervorragend zur Mobilisation eignete, die Opfer-Täter-Rollen im Gesamtkonflikt aber geschickt umdreht. Die Projektion der Gesamtschuld für den Pogrom von Gujarat auf die Muslime war eine der Konsequenzen. Nach ihrem Angriff auf den Schlafwagen und dem Tod hinduistischer Pilger hätten sich die Muslime ihre Strafe selbst auferlegt.

Zur permanenten Bindung der Anhängerschaft an die aktiven politischen Netzwerke wird unaufhörlich die Notwendigkeit der inoffiziellen Strukturen zum

Schutze der eigenen Gemeinschaft betont und versucht, im Bewusstsein der Anhänger ein ständiges Gefühl der Bedrohung zu verankern. Zur Mobilisierung von Gewalttätern suchen die verantwortlichen ethnischen Unternehmer aktiv nach geeigneten Personen, wie Ward Berenschot in seiner Arbeit plastisch darstellt.[53] Häufig handelt es sich dabei um Personen, die beispielsweise in finanziellen Nöten stecken. Die Organisatoren von Gewalt machen in diesem Fall häufig geschickt finanzielle Hilfe von der Teilnahme an Demonstrationen oder Ausschreitungen abhängig. Berenschot argumentiert in seinem Artikel zudem, dass die Fähigkeit der darin verwickelten ethnischen Unternehmer zur Mobilisation gerade dort am stärksten ausgeprägt ist, wo diese über entscheidenden Zugang zu staatlichen Ressourcen verfügen und somit Gegenleistungen für Loyalität und Einsatzbereitschaft anbieten können.[54]

Die Verstärkung des Konflikts zwischen Hindus und Muslimen in Gujarat durch ideologische Faktoren zeigt sich bei der Betrachtung einiger Äußerungen, sowohl von Politikern der BJP als auch anderer Akteure. Die Idee, zur marginalisierten Minderheit im eigenen Land zu werden, ist dabei eine der häufig missbrauchten Sorgen. Im Rahmen dieser Ängste wird auf die hohe Geburtenrate der Muslime im Gegensatz zu den Hindus hingewiesen. Außerdem würden, so die Aussagen mancher hindu-nationaler Ideologen, viele männliche Muslime gezielt junge Hindu-Mädchen „anlocken, verführen und entführen" wollen, um sie dann zu heiraten und ihrer hinduistischen Gemeinschaft zu entreißen.[55] Laut den hindu-nationalen Aktivisten würden sich die Muslime somit „unkontrollierbar vermehren" und durch ihre vielen Frauen und zahllosen Kinder in Kürze zur Bevölkerungsmehrheit aufsteigen. Tatsächlich sind inter-ethnische Ehen in Indien vergleichsweise selten[56] und Prognosen lassen auf Grundlage der Bevölkerungszählung von 2011 den Schluss zu, dass bei gleichbleibendem Bevölkerungswachstum eine muslimische Bevölkerungsmehrheit hypothetisch gesehen erst Mitte des 22. Jahrhunderts zustande kommen könnte.[57] Zusätzlich werden religiös-rituelle Unterschiede genutzt, um ethnische Konflikte zu schüren.[58]

In Gujarat regierte im Jahr 2002 die BJP. Sie führte auch die regierende Koalition auf nationaler Ebene an. Dieser Umstand eröffnete die Möglichkeit, den Pogrom in Gujarat durch Einflussnahme auf polizeiliche Maßnahmen und direkte Unterstützung der Gewalttäter zu begünstigen. Zwar gibt es keine endgültigen Beweise für eine Verstrickung der Politik in die Ausschreitungen, die Indizien werden jedoch im wissenschaftlichen Kontext einhellig in diesem Licht interpretiert.[59]

In der Darstellung des Konflikts wurden bereits einige Hinweise auf die Förderung der Gewalt vonseiten der Politik genannt. Es handelt sich dabei unter anderem um das Verhalten der Polizeikräfte, die nicht oder nur sehr zögerlich handelten, um Verbrechen zu verhindern. Darüber hinaus wurden Polizeibeamte muslimischen Glaubens und solche, die gegen die Ausschreitungen vorgehen wollten, in den Innendienst versetzt. Von politischer Seite wurde der Pogrom zunächst verharmlost und notwendige Maßnahmen zur Beendigung der Gewalt erst spät ergriffen. Schließlich stellt sich die Frage, woher die Listen mit Adressen muslimischer Bürger und Geschäftsinhaber stammten, die von den Angreifern verwendet wurden. Jeder einzelne Faktor könnte tatsächlich als Zufall oder unglücklicher Umstand gelten. Ihr gebündeltes Auftreten spricht jedoch stark für eine politische Unterstützung des Pogroms.

Unbestreitbar hat die ideologisch motivierte Abgrenzung und Betonung der Unterschiede zwischen Muslimen und Hindus den Konflikt in Gujarat gefördert. Die Vorfälle in Gujarat wurden genutzt, um die Spannungen zwischen Hindus und Moslems zu verstärken und eine Politik der harten Hand zu fordern. Im Jahr nach den Ausschreitungen konnte die BJP einen deutlichen Wahlerfolg in Gujarat erzielen.

Konklusionen

Der Pogrom in Gujarat stellte einen der traurigen Höhepunkte im Konflikt zwischen Hindus und Moslems in Indien dar. Ziel dieses Beitrags war es, nicht bloß erneut den Ablauf der Ausschreitungen wiederzugeben, sondern einen Blick auf die Ursachen des Gewaltausbruchs im Jahr 2002 zu werfen. Sozio-psychologische, demografische und ökonomische sowie ideologische und instrumentelle Konfliktursachen wurden untersucht.

Anhand der ausgewählten Theorien und Herangehensweisen wurden unterschiedliche Aspekte aufgezeigt, die zur Konfliktentwicklung in Gujarat beitrugen. Die Anreize, Profiteure und Ziele der Unruhen wurden erkennbar, genauso wie die komplexen Verflechtungen, welche die Eskalation begünstigten. Unter den verschiedenen identifizierten Faktoren waren viele, die für sich alleine genommen nicht ausreichen, um den Konfliktausbruch zu erklären. Verschiedene der genannten Konfliktgrundlagen existieren auch in Ländern und Regionen, die weniger oder keine vergleichbaren Episoden ethnischer Gewalt erlebt haben wie der Bundesstaat Gujarat. Erst in seiner Gesamtheit konnte der identifizierte Komplex an Konfliktfaktoren seine fatale Wirkung entfalten, die zur Eskalation im Jahr 2002 führte.

Eine Lösung dieses Spannungsfeldes in Gujarat ist weder kurz- noch mittelfristig zu erwarten. Indien besitzt jedoch eine lange Tradition multiethnischen und multireligiösen Zusammenlebens. Vor diesem Hintergrund und mit dem Wissen um das Ausmaß und die Bedeutung der untersuchten Konfliktfaktoren lassen sich

Moderationsmöglichkeiten für die ethnischen Spannungen in Gujarat ableiten. Es bleibt zu hoffen, dass eine Rückbesinnung auf diese Ideen in Zukunft größere Auseinandersetzungen auf der ethnischen Ebene verhindert.

Anmerkungen

1 Berenschot (2009: 414 f); Jürgenmeyer (2007: 632).
2 Berenschot (2009: 4 f); Engineer (2003: 3); Jaffrelot (2011: 377 f).
3 Jaffrelot (2003: 2).
4 Vgl. hierzu auch den Beitrag von *Lutzenberger* in diesem Band.
5 Anand (2011: 124 f).
6 Jaffrelot (2011: 38); Jürgenmeyer (2007: 632).
7 Jaffrelot (2011: 39 f).
8 Stern (2005: 18).
9 Engineer (2003: 1); Jaffrelot (2011: 38).
10 Jürgenmeyer (2007: 633).
11 Engineer (2003: 25); Jaffrelot (2003: 3).
12 Engineer (2003: 29).
13 Ebd.: 29 f.
14 Schmidt (2010: 601).
15 Engineer (2003); Jaffrelot (2003).
16 Engineer (2003); Susewind (2011).
17 Engineer (2002); Jaffrelot (2003); Jürgenmeyer (2007); Susewind (2011).
18 Ebd.
19 Engineer (2003: 19).
20 Ebd.
21 Ebd.
22 Schmidt (2010: 601).
23 Berenschot (2011: 22); Kakar (1997: 150 ff).
24 Berenschot (2011); Padney (1992); Varshney (2002).
25 Berenschot (2011); Kakar (1997).
26 Jürgenmeyer (2007: 637).
27 Kakar (1997).
28 Jürgenmeyer (2007); Kakar (1997).
29 Kakar (1997: 150).
30 Kakar (1997: 156); Susewind (2011: 300).
31 Collier & Hoeffler (1998); Gurr (1970); Olzak (1992).
32 Collier & Hoeffler (1998).
33 Collier & Hoeffler (2004); Fearon & Laitin (2003); Sambanis (2002: 216).
34 Ake (1974); Harms & Zink (2005).
35 Bohlken & Sergenti (2010: 593).
36 Bohlken & Sergenti (2010).
37 Ebd.
38 Ebd.: 597 f.

39   Ebd.: 594 f.
40   Ebd. 599.
41   Urdal (2008).
42   Varshney & Wilkinson (2004); Marschall et al. (2011); Urdal (2008: 599).
43   Urdal (2008: 608-609).
44   Fuller & Pitts (1990); Urdal (2006); Wagschal et al. (2008).
45   Bouthoul (1972); Dabbs & Morris (1990); Moller (1968).
46   Census of India (2011); Urdal (2008: 601).
47   Wagschal et al. (2008).
48   Bohlken & Sergenti (2010: 593); Varshney & Wilkinson (2004).
49   Jürgenmeyer (2007: 633).
50   Berenschot (2011); Bohlken & Sergenti (2010); Urdal (2006).
51   Jürgenmeyer (2007: 636).
52   Berenshot (2011); Brass (2003); Dhattiwala & Biggs (2012: 488).
53   Berenshot (2009).
54   Ebd.: 415, 418.
55   Anand (2011: 49); HJS (2011).
56   Shah (1998).
57   Im Jahr 1956 belief sich der Anteil der muslimischen Inder auf 9,9 Prozent der indischen Gesamtbevölkerung (UN 1956). Der Zensus von 2011 weist einen Anteil von 14,8 Prozent Muslimen an der Gesamtbevölkerung Indiens aus (Census of India 2011). Der Bevölkerungsanteil stieg also in 55 Jahren um 4,9 Prozent. Ein Vergleich mit anderen Zensusdaten deutet auf einen konstanten Trend hin. Es handelt sich um einen relativ stabilen Anstieg des Bevölkerungsanteils der Muslime in den letzten fünf Intervalleinheiten um 10 Prozentpunkte pro Jahrzehnt (ausgehend vom Vergleichszeitraum). Eine Projektion der Wachstumsdaten für den Zeitraum 2011 bis 2051 ergibt bei gleichbleibenden Bedingungen, dass der Anteil der indischen Muslime bis 2051 auf ca. 21 Prozent der Gesamtbevölkerung Indiens steigen könnte. Führt man die Projektion fort, befänden sich erst Mitte des 22. Jahrhunderts die muslimischen Gläubigen in der Mehrheit der indischen Bevölkerung.
58   Jürgenmeyer (2007); Kakar (1997).
59   Engineer (2003); Jürgenmeyer (2007); Kakar (1997); Susewind (2011).

Christenverfolgung in Indien: Werden Christen verfolgt, gerade weil sie Christen sind?

Sebastian Wirtz und Moritz Niyoman von Feilitzsch

Einleitung

> In India we are increasingly witnessing mob violence against Christians whose only fault is that they are Christians.[1]

Im Sommer 2008 ereignete sich in Indien, im nordöstlichen Bundesstaat Orissa,[2] eine Welle gewalttätiger Ausschreitungen gegenüber Christen. Mitglieder der *Vishwa Hindu Parischad* (VHP, Welt-Hindu-Rat)[3] beschuldigten die Christen, ihren lokalen Führer Swami Laxmananda und vier seiner Anhänger am 23. August 2008 ermordet zu haben. Obwohl sich kurz nach dem Attentat die maoistischen Naxaliten zu der Tat bekannt hatten, übten aufgestachelte Hindus in der Folgezeit massive Übergriffe auf die christliche Bevölkerung aus. Neben körperlichen Angriffen wurden hunderte Häuser, Krankenhäuser und Kirchen in Brand gesetzt.[4] Nach Angaben der Deutschen Bischofskonferenz wurden 54.000 Christen in die Flucht getrieben. 118 Menschen verloren ihr Leben.[5] Dies war allerdings nicht der einzige Fall von Gewalt gegen Christen in Orissa. Ende Dezember 2007 ging ebenfalls eine Welle der Gewalt auf die Christen nieder. Auch damals wurden im Distrikt Kandhamal zahlreiche Häuser zerstört.[6] Seit den späten 1990er Jahren häuften sich vor allem in Ostindien die Angriffe auf Christen. Zwischen Januar

1998 und März 1999 gab es mehr als 100 Übergriffe. In den 30 Jahren zuvor wurden hingegen lediglich 40 solcher Fälle registriert.[7] Die Ereignisse im Sommer 2008 bildeten den vorläufigen Höhepunkt der in Indien gegen Christen verübten Gewalt.

Dieser Beitrag beschäftigt sich mit den Ursachen und Gründen der Gewalt gegen die Christen. Dabei geht es um die Frage, ob Christen in Indien verfolgt werden, gerade und besonders weil sie Christen sind. Um dies zu beantworten, wird zunächst ein Blick auf die Geschichte der Christen in Indien geworfen. Danach wird die Attraktivität des Christentums speziell für die ärmere Bevölkerung dargestellt. Die Gewalt gegen Christen wird hauptsächlich durch den Hindu-Nationalismus hervorgerufen. Prägend für diesen ist die *hindutva*-Ideologie mit ihrem Ziel des Aufbaus einer homogenen Hindu-Nation. Die Hindu-Nationalisten leiden unter Minderwertigkeitskomplexen gegenüber dem Islam oder dem Christentum, deren Auswirkungen im Kontext der Ausschreitungen gegen die Christen daher im Beitrag genauer untersucht werden. Zunächst wird dabei verdeutlicht, wie Aufrührer ein Feindbild zur Stärkung der eigenen Hindu-Identität erzeugen. Die Gewalttaten werden allerdings nicht von den Aufrührern durchgeführt. Nur wenn die Parolen der Aufrührer die Gefühle der Menschen ansprechen, werden die Menschen zur Tat schreiten. Zum Schluss wird die Rolle des Staates in diesem Zusammenhang untersucht. Dieser hat schließlich die Aufgabe, Minderheiten vor den Aggressionen der Mehrheit zu schützen. Dies ist im Falle Orissa allerdings nur unzureichend geschehen.

Die Christen in Indien

Die Geschichte des Christentums in Indien

Das Christentum verbreitete sich in drei Phasen über Indien. Seine Ursprünge führen bis ca. 300 n. Chr. zurück. Um ihren Handelsgeschäften im Süden Indiens nachzugehen, errichteten dort Händler aus dem Mittleren Osten die ersten christlichen Gemeinden. Die zweite Phase begann zu Beginn des 16. Jahrhunderts. Portugiesische Seefahrer siedelten sich in Indien an und führten die ersten umfangreichen Missionierungen durch. Die dritte Phase entwickelte sich während der Kolonialherrschaft Großbritanniens im 19. Jahrhundert. In dieser Zeit errichteten die Repräsentanten der westlichen Kirchen eine Vielzahl an sozialen Institutionen, wie beispielsweise Schulen und Krankenhäuser.[8]

Die christliche Bevölkerung konzentriert sich heutzutage vor allem in den südlichen und nordöstlichen Gebieten Indiens. In Kerala liegt der christliche Bevölkerungsanteil bei knapp 25 Prozent. In Gesamtindien liegt der Anteil hingegen bei 2,3 Prozent.[9]

Attraktivität für die arme Bevölkerung

Indien ist eine stark hierarchisch geprägte Gesellschaft. Das Selbstwertgefühl eines Inders bestimmt sich fast ausschließlich über den Rang, den er in der Gesellschaft innehat.[10] Die Ursache für dieses hierarchische Denken liegt im sogenannten Kastenwesen.[11] Der Begriff Kaste stammt aus der portugiesischen Bezeichnung *casta*, was in etwa Art, Rasse, Stamm oder Geschlecht bedeutet. Mit dem Begriff wird vor allem betont, dass eine Vermischung nicht stattfindet.[12] Dementsprechend ist es üblich, dass Inder nur innerhalb ihrer Kaste heiraten. Die Kaste bestimmt den Alltag eines indischen Menschen. Vereinfacht dargestellt existieren mit dem *varna*-System und dem *jati*-System zwei Arten von Kastensystemen. *Varna* („Farbe") teilt die hinduistische Gesellschaft in vier Kasten mit unterschiedlichen sozialen Rängen ein. Ein Inder wird in eine *varna*-Kaste hineingeboren und kann diese im Laufe seines Lebens nicht verlassen.[13] Das *jati*-System[14] ist die berufsspezifische Kaste eines Inders. Es besteht heutzutage aus mehr als 3.000 berufsspezifischen Kasten.[15]

Die Stellung einer Kaste ergibt sich aus ihrer Reinheit. Die Reinheit ist abhängig von der Lebensform einer Kaste. Die Hauptkriterien sind dabei der traditionelle Beruf und die Ernährungsweise einer Kaste. Der Rang eines Inders bestimmt sich nicht über individuelle Leistungen, sondern ist abhängig von seiner Herkunft. Die Kaste wird somit zum Hauptkriterium für die soziale Stellung eines Inders.[16] Am unreinsten gelten die Kasten der *dalits*.[17] In Indien werden ca. 150 Millionen Menschen den *dalits* zugerechnet. Für sie bietet das Christentum eine besonders hohe Attraktivität, um der alltäglichen Diskriminierung zu entfliehen.[18]

Darüber hinaus zieht das Christentum vor allem durch sein soziales Wirken, wie den Aufbau von Schulen oder Krankenhäusern, viele arme Inder an. Dies gilt speziell für Orissa. In Orissa machen *dalits* und die indischen Ureinwohner, die Adivasis, den Großteil der Bevölkerung aus. Insgesamt leben in Orissa circa 70-75 Prozent der Menschen unterhalb der Armutsgrenze.[19] Der Besuch von christlichen Schulen bietet ihnen die Chance, den Zwängen der Armut zu entkommen. In diesen Schulen kommen sie naturgemäß mit den christlichen Werten in Kontakt. Der Grundgedanke des Christentums besteht im Kampf für die Armen. Dieser Gedanke unterscheidet sich grundsätzlich vom hierarchisch geprägten Denken im Hinduismus. Viele Konvertierungen zum Christentum sind somit Folge des sozialen Wirkens der christlichen Einrichtungen.[20] Allein im Distrikt Kandhamal lag der Bevölkerungsanteil der Christen laut dem Zensus von 2001 bei circa 19 Prozent.[21]

Der Hindu-Nationalismus

Auslöser der Gewalt gegen Christen war die Ermordung des VHP-Führer Swami Laxmananda und vier seiner Anhänger. Laxmananda war ein bekannter Hindu-Nationalist, der mit scharfen Verbalattacken gegen Christen auffiel. Obwohl sich eine maoistische Gruppe zu der Tat bekannte, beschuldigten die Hindu-Nationalisten die Christen für den Mord an Laxmananda.[22] Den Christen einen Mord an einem ihrer beliebten Führer in die Schuhe zu schieben, passte in das strategische Konzept der Hindu-Nationalisten, das auf die sogenannte *hindutva*-Ideologie aufbaut.[23] Der Ursprung dieser Ideologie kann bis ins Jahr 1923 zurückverfolgt werden.

Die Hindutva-Ideologie

Im Jahr 1923 veröffentlichte Vinayak Damodar Savarkar das Buch „Hindutva – Who is a Hindu?"[24] Dieses Werk bildet die Grundlage für die hindu-nationalistische Ideologie. Sarvakar geht von einer einheitlichen Hindu-Identität aus, dem Hindutum (*hindutva*). Unter dem Hindutum versteht er die Gemeinschaft der Hindus.[25] Diese Gemeinschaft entsteht aus der Gemeinsamkeit des bewohnten Landes (*rashtra*), der Einheit des Volkes, die sich aus der gemeinsamen Abstammung (*jati*) ergibt, und der gemeinsam hervorgebrachten Kultur (*sanskrit*).[26] Das Land, auf dem die Hindus leben, gilt als heilig (*punyabhu*).[27]

Das Ziel der *hindutva*-Bewegung ist die Schaffung einer neuen und auf alten Symbolen basierenden Hindu-Identität[28], an deren Ende die Errichtung einer homogenen Hindu-Nation (*hindu rashtra*) steht.[29] Zentrale Bausteine dieser neuen Hindu-Identität sind die Verehrung des Gottes Rama als höchste Gottheit (*rambhakti*) und die Verehrung der Nation (*deshbakti*), die sich in der Loyalität zu „Mutter Indien" (*bharatmata*) ausdrückt.[30] Das „heilige Land" nimmt eine herausragende Stellung bei der Schaffung der nationalen Identität ein.[31] Hindu zu sein, bedeutet Inder zu sein – und umgekehrt.[32] Insofern zählen alle Religionen indischer Abstammung zum Hinduismus. Christen, Muslime oder auch Juden gehören folglich nicht zur Hindu-Gemeinschaft. Die Hindu-Nationalisten bezweifeln deren Loyalität zur Nation, da ihre heiligen Stätten außerhalb von Indien liegen. Deshalb werden Hindus, die zum Islam oder zum Christentum konvertieren, als Vaterlandsverräter betrachtet.[33]

Minderwertigkeitskomplexe und Ängste

Das große Ziel der Hindu-Nationalisten ist die Schaffung einer homogenen Hindu-Nation. Die Realität stellt die Hindu-Nationalisten allerdings vor das Problem, dass *der* Hinduismus[34] gar nicht existiert.[35] Durch das Kastenwesen entwickelte jede Kaste eigene Bräuche und Lebensweisen.[36] Dies führte auch zur Anbetung unterschiedlicher Götter. Über die Jahrtausende entwickelte sich somit eine Vielzahl von „Hinduismen" bzw. Hindu-Religionen. Aus diesem Grund definiert sich ein Hindu in der Regel nicht als Hindu, sondern über seine Kaste. Als Hindu definiert er sich erst, wenn er sich mit Christen oder Muslimen vergleicht. Dies unterscheidet ihn von Christen und Muslimen, die den Hindu nicht benötigen, um sich als Christ oder Muslim wahrzunehmen.[37] Die Besinnung auf die Solidarität mit den Armen und Schwachen sowie der Glaube an Gott und seinen Sohn Jesus Christus verbindet alle christlichen Gruppen miteinander und gibt ihnen eine gemeinsame Identität.

Die fehlende Einheit wird von den Hindu-Nationalisten als große Schwäche empfunden. Die Hindu-Nationalisten fürchten nichts mehr, als zur Minderheit im eigenen Land zu werden. Schließlich haben sie im Gegensatz zu Christen und Muslimen nur ein Land, in dem sie leben können. In der fehlenden Einheit sehen sie die Ursache dafür, dass sie zum Spielball fremder Mächte wurden. Zu diesen Mächten zählen sie die muslimischen Herrscher während der Mogul-Dynastie, die britischen Kolonialherren und seit 1947 die „Pseudosäkularisten" der Kongresspartei (INC), die den muslimischen und christlichen Minderheiten mehr und mehr Sonderrechte zugestanden haben.[38] Daraus erwächst aus Sicht der Hindu-Nationalisten eine ungleiche Ressourcenverteilung auf Kosten der Hindus.[39] Um nicht als Minderheit zu enden, müssen sie ihr Land mit allen Mitteln verteidigen. Je größer für sie die Bedrohung – auch bedingt durch die eigene Schwäche – erscheint, desto militanter werden sie.[40]

Die Hindu-Nationalisten nehmen vor allem die Konvertierungen zum Christentum als existenzielle Bedrohung wahr. Neben der fehlenden Loyalität zur Nation stellen diese Konvertierungen sie nämlich vor das Problem, dass sie dem Wesen des Hinduismus von Grund auf zuwiderlaufen. Auch hierfür liegt die Ursache im Kastenwesen. Schließlich wird jeder Hindu in eine Kaste hineingeboren, die er Zeit seines Lebens nicht verlassen kann. Folglich verurteilen die Hindu-Nationalisten Konvertierungen als das Ergebnis von „Zwangsmissionierungen"[41]. Für den VHP zerstören die Konvertierungen den Frieden der Hindu-Gemeinschaft.[42] Er fordert deshalb ein hartes Vorgehen gegen Missionierungen. Dies endet häufig in so genannten „Re-Konvertierungen". Diese werden von den Hindu-Nationalisten als *ghar-vapsi*-Programm bezeichnet und in verschiedenen indischen Provinzen durchgeführt.[43] *Ghar-vapsi* kann mit „zurück ins Haus holen" übersetzt werden und steht für das „Re-Konvertierungsprogramm" der Hindu-Nationalisten. Dahinter steckt die Behauptung, Muslime, Christen und andere religiöse Minderheiten in Indien seien eigentlich Hindus, die aber vor 500 bis 800 Jahren durch muslimische und christliche Missionierungen konvertiert wurden. Deshalb, so die Argumentation der Hindu-Nationalisten, sollen diese ins gemeinsame Haus (*ghar*) zurückgeholt werden.

Die Ausschreitungen gegen die Christen in Orissa

Obwohl die Christen in ganz Indien mit einem Bevölkerungsanteil von 2,3 Prozent nur eine kleine Minderheit darstellen, erhöhte sich seit den späten 1990er Jahren die Zahl der Übergriffe auf Christen.[44] Auch in Orissa liegt ihr Bevölkerungsanteil bei lediglich 2,4 Prozent.[45] Es ist kein Zufall, dass die vermehrten Übergriffe mit dem zunehmenden Erfolg des Hindu-Nationalismus in dieser Zeit[46] in Verbindung stehen. Im Folgenden soll dargestellt werden, wie hindu-nationalistische Aufrührer das Christentum zum Feindbild erheben und so versuchen, die Bevölkerung gegen das Christentum aufzuwiegeln.

Die Aufrührer:
Christen als Feindbild zur Stärkung der Hindu-Identität

Wie bereits beschrieben, ist das Ziel der Hindu-Nationalisten die Schaffung einer homogenen Hindu-Nation. In der Realität ist der Hinduismus allerdings äußerst heterogen, was dazu führt, dass sich die Hindus vorzugsweise über die eigene Kaste statt als Hindus definieren. Hindus nehmen sich häufig erst als solche wahr, wenn ihre Identität als Hindu bedroht wird. Diese Wahrnehmung der Bedrohung machen sich hindu-nationalistische Demagogen zunutze. Durch emotional aufgeheizte Reden schüren sie in der Bevölkerung Ängste vor einer muslimischen oder christlichen Verschwörung.[47] Die feindliche Gruppe wird stereotypisiert, indem sie alles Schlechte in sich vereinigt. Dazu werden vor allem Eigenschaften angesprochen, die bewusst auf das religiöse Gefühl der Hindus abzielen und eine Abneigung hervorrufen. Als Musterbeispiel gilt hierbei der rindfleischessende Muslim bzw. Christ. Im Gegenzug findet eine Idealisierung der eigenen Gruppe statt. Diese zeichnet sich angeblich durch Toleranz, Mitgefühl und soziale Einsicht aus.[48] Auf diese Weise entwickeln Hindus ein Überlegenheitsgefühl gegenüber anderen Gruppen, das die innere Zusammengehörigkeit stärkt.[49]

Diese Abgrenzung zu anderen Gruppen wie Christen oder Muslimen nutzen die Demagogen zunächst, um die eigene Hindu-Identität ins Bewusstsein zu rufen. Ist dieses Ziel erreicht, bedienen sie sich rhetorisch der Symbole und Bilder möglichst vieler unterschiedlicher „Hinduismen", welche die Hindu-Identität insgesamt ausmachen. Auf diese Weise erzeugen sie eine Hindu-Identität, die sich auf tradierte Archetypen stützt.[50] Ein immer wieder auftauchendes Element ist dabei das Bild Indiens als Körper mit „abgehackten Armen".[51] Dieses spielt bewusst auf die Teilung Indiens zu jener Zeit an, als die Muslime „ihr Pakistan bekommen [haben]".[52] Diese Anspielung soll verdeutlichen, dass die Hindus vonseiten der Christen und Muslime der ständigen Bedrohung einer weiteren „Verstümmelung" ausgesetzt sind.

Wenn die latente Angst vor einer christlichen oder muslimischen Verschwörung erzeugt werden konnte, streuen die Hindu-Nationalisten regelmäßig Gerüchte, um das hervorgebrachte Hindu-Bewusstsein zu festigen. Christen werden beispielsweise als „ausländische Verschwörer"[53] dargestellt. Ihre soziale Tätigkeit, wie der Bau von Schulen und Krankenhäusern, würde lediglich dem Zweck dienen, Hindus zu bestechen und letztlich zu missionieren.[54] Als Laxmananda und vier seiner Anhänger in Orissa ermordet wurden, verkündete der Chef des VHP, Pravin Bhai Tagodia, umgehend folgende Botschaft:

> Dies war ein Angriff der Kirchen auf die Religion der Hindus – die Aktivitäten der Kirchen in Orissa gehören verboten.[55]

Die Botschaft ist eindeutig. Der Anschlag auf Laxmananda war nicht irgendein Anschlag, sondern er richtete sich ausschließlich gegen die hinduistische Gemeinschaft. Aus diesem Grund kündigte der Generalsekretär des VHP eine massive Gegenreaktion an:

> Christians have killed Swamiji. We will give a befitting reply. We would be forced to opt for violent protests if action is not taken against the killers.[56]

Die Gerüchte wurden somit zum Brennstoff für die Unruhen in Orissa. Indem sie die paranoide Vorstellung der christlichen Verschwörung weiter befeuerten, stärkten sie die kollektive Gemeinschaft.[57] Der Mord an Laxmananda war für die Hindu-Nationalisten somit ein willkommener Vorwand, um die Hindu-Identität verstärkt ins Bewusstsein zu rufen.

Häufig existiert ein zeitlicher Zusammenhang zwischen dem Aufkommen der Gewalt gegen Nicht-Hindus und Landes- bzw. Nationalwahlen.[58] Dies ist nicht verwunderlich. Schließlich sind die Hindu-Nationalisten politisch geradezu abhängig von der „Muslim- bzw. Christenfrage". Denn erst durch die betonte Abgrenzung zu ihnen gelingt es den Hindu-Nationalisten, bei den Hindus überhaupt eine eigene Hindu-Identität zu erzeugen und somit die eigene politische Basis zu erweitern.[59] Auch in Orissa standen im Jahr 2009 Landeswahlen an. Zu dieser Zeit bildete die hindu-nationalistische *Bharatiya Janata Party* (BJP) mit der als gemäßigt geltenden *Biju Janata Dal* (BJD) die Regierung in Orissa. Mit den Gerüchten über und den Angriffen auf die Christen erhoffte sich die BJP Stimmen von Hindus zu sichern, die zuvor die BJD gewählt hatten.[60]

Die Gewalt in Orissa lässt sich allerdings nicht einfach nur mit der Propaganda der Aufrührer erklären. Die Aufrührer spielen eine wichtige Rolle, aber sie sind nicht diejenigen, die die Gewalttaten ausführen. Es bedarf einer bereitwilligen Masse, die sich zu den Taten aufwiegeln lässt.[61]

Die Motive der Täter

Offensichtlich gelingt es den hindu-nationalistischen Aufrührern in ihren Reden, die Gefühle, Sorgen, Wünsche und Ängste vieler Hindus zum Ausdruck zu bringen. Dies scheint allerdings erst seit den 1980er Jahren verstärkt der Fall zu sein, als die BJP bei Wahlen zunehmend Erfolge erzielte. Grundlage dieser Erfolge waren neben der politischen und religiösen Propaganda vor allem die veränderten sozio-ökonomischen Umstände, die sich im Zuge eines Modernisierungsprozesses in Indien herausgebildet, sich jedoch nicht für alle gleichermaßen positiv ausgewirkt haben.[62] Dieser Prozess der Modernisierung sorgt für Chancen und Risiken, für Gewinner und Verlierer. Der ökonomische Aufstieg ist genauso gut möglich wie die Gefahr des ökonomischen Niedergangs. Es findet ein zunehmend individualisierter Wettbewerb statt.[63] Während Familie und Kaste traditionell ein Gefühl von Schutz und Sicherheit vermittelten, ist das Individuum im Zuge des Modernisierungsprozesses zunehmend auf sich alleine gestellt. Dies führt zum Teil zu einem Empfinden von Verlust und Hilflosigkeit.[64]

Dies sorgt wiederum bei vielen für chronische Unzufriedenheit. Die Betroffenen entwickeln eine regelrechte Wut auf die diejenigen, die sie für den Verlust der traditionellen Werte verantwortlich machen.[65] Im Falle des Modernisierungsprozesses ist dies häufig der Westen. Da dieser physisch nicht fassbar ist, sind es die Christen im eigenen Land, die mit dem Westen identifiziert und zu Sündenböcken gemacht werden. Indem die Hindu-Nationalisten Christen beispielsweise als „CIA-Spione"[66] bezeichnen, verstärken sie bei ihren Zuhörern einen Eindruck, welcher bereits latent vorhanden war. Die Christen werden somit als Feinde im eigenen Land betrachtet, die es zu bekämpfen gelte.

Die wirtschaftliche Konkurrenzsituation bestätigt und befeuert die Ressentiments, die viele unzufriedene Hindus gegen die Christen hegen. Da Christen viel Wert auf die Schulbildung ihrer Kinder legen, drängten viele junge Christen in Berufe, die zuvor der Mittelschicht vorbehalten waren.[67] Auch die ärmeren Schichten nehmen die Christen zunehmend als Konkurrenz wahr. Im Distrikt Kandhamal gab es beispielsweise Auseinandersetzungen zwischen kastenlosen *dalits* und Stammesangehörigen um den Status als *scheduled tribe*. Dieser Status ist mit staatlich garantierten Fördermaßnahmen verbunden. Die christliche Kui-Domanga kämpfte um die Anerkennung als *scheduled tribe*. Die Kondh, die bereits als *scheduled tribe* gelistet war, befürchtete nun, dass die Christen die für die *scheduled tribes* reservierten Stellen im öffentlichen Dienst und in Bildungseinrichtungen in Anspruch nehmen würden. Die Christen werden somit zunehmend als Bedrohung für die eigene Existenz wahrgenommen.[68]

In Orissa waren es hauptsächlich arme Hindus, die gegen die Christen vorgingen. Hauptakteur dieser Ausschreitungen war die hindu-nationalistische Jugendorganisation *Bajrang Dal*.[69] Sie rekrutiert sich vor allem aus armen Jugendlichen mit geringer Bildung. In indischen Medien wird sie zum Teil als „Hindutva's version of the lumpen proletariat" bezeichnet.[70] Sie ist bekannt dafür, äußerst hart gegen nicht-hinduistische Lebensweisen vorzugehen.[71] Aufgrund ihrer Rolle bei der Zerstörung der Babri-Moschee 1992[72] wollte die damalige indische Bundesregierung die Organisation verbieten. Sie scheiterte allerdings am Widerstand der oppositionellen BJP.[73]

Die wichtigsten Motive der Täter waren also vor allem sozioökonomischer Natur. Sie suchten einen Sündenbock für ihre unbefriedigende Situation. Mit der Bedienung von Vorurteilen riefen die Hindu-Nationalisten ein Gefühl der Wut gegenüber den Christen hervor. Der Mord an Laxmananda und die Gerüchte, dass die Christen die Drahtzieher seien, entzündete einen Funken, der die ganze aufgestaute Aggression zur Explosion brachte. Sie führte dazu, dass über 50.000 Christen ihre Heimat verloren und in die Flucht getrieben wurden. Dies liegt auch daran, dass der indische Staat die christliche Minderheit nicht vor den Aggressionen der fanatisierten Hindus schützen konnte.

Die Rolle des Staates

In säkularen Gesellschaften genießen Minderheiten gewöhnlich den Schutz des Staates. Diesen Schutz gewährleistete der indische Staat bei den Geschehnissen um Orissa nur unzureichend. Der damalige Ministerpräsident Indiens, Manmohan Singh, sprach von einer „nationalen Schande" und forderte die Täter um Zurückhaltung auf. Sein Appell blieb allerdings ungehört.[74] Auch deshalb, weil im Bundesstaat Orissa die BJP an der Regierung beteiligt war. Sie zeigte, ähnlich wie in Gujarat 2002, kein großes Interesse an der Bekämpfung der Ausschreitungen.[75] Hervorzuheben ist auch die Rolle der Polizei. Sie hatte zwar Kenntnis von den Tätern, griff allerdings nicht ein.[76] Durch bewusstes „Wegschauen" leistete sie bei den Ausschreitungen passive Unterstützung. Dafür gibt es zwei mögliche Gründe: erstens die Tatsache, dass die Polizisten selbst Hindus und somit den Christen feindlich gesinnt sind, zweitens die Angst vor dem aufgebrachten Mob. Der Hauptakteur der Ausschreitungen war schließlich die *Bajrang Dal*, die für ihre Militanz und Entschlossenheit berüchtigt ist.[77]

Die Untätigkeit der Polizei erschwert die juristische Aufarbeitung der Fälle zusätzlich. Passive Unterstützung wie bewusstes „Wegschauen" lässt sich schwer nachweisen. Darüber hinaus fehlt vielen Opfern schlicht die Kenntnis der juristischen Möglichkeiten. Obwohl die Christen in Orissa viele Schulen bauten, sind die meisten von ihnen dort immer noch Analphabeten. Hinzu kommt die fehlende Lobby der Christen. Ein Großteil von ihnen gehört zu den *Adivasis*, den Ureinwohnern Indiens. Für Hindus ändert sich dieser Zustand mit der Konvertierung zum Christentum nicht. Beim Versuch, für Gerechtigkeit zu kämpfen, machten viele *Adivasis* häufig eher negative Erfahrungen. Ihre Situation verschlimmerte sich tendenziell eher.[78]

All diese Umstände waren den Aufrührern bekannt. Da sie um die fehlende Lobby der Christen und den fehlenden Rückhalt der Landesregierung wussten, nutzten sie den Mord an Laxmananda aus, um mit ihrer gegen Christen gerichteten Propaganda die Hindus gegen die Christen aufzuwiegeln. Die Christen wurden zu Opfern der alle Nicht-Hindus ausgrenzenden hindu-nationalistischen Ideologie, der irrationalen Ängste von im Zuge der Modernisierung verunsicherten und unzufriedenen Hindus und des mangelnden Minderheitenschutzes vonseiten des Staates.

Konklusionen

Zwischen Dezember 2014 und Februar 2015 wurden in Neu-Delhi Brandanschläge auf fünf Kirchen verübt.[79] Daraufhin demonstrierten zahlreiche Christen gegen die Anschläge und gegen die BJP-Regierung, die zu wenig für den Schutz der christlichen Bevölkerung unternehme.[80] Mehr noch: Seit dem Antritt der BJP-Regierung im Mai 2014 fürchten sich die Christen vor einer zunehmenden Verschlechterung ihrer Situation. Diese Furcht brachte Antil Joseph Thomas Couto, der Erzbischof von Neu-Delhi, in der Folge der Brandanschläge zum Ausdruck: „Never before have had the Christians in Delhi felt this sense of fear and insecurity."[81]

Die Ereignisse in Neu-Delhi zeigen, dass Orissa kein Einzelfall ist. Mit ihrer Propaganda gelingt es den Hindu-Nationalisten immer wieder, Teile der Bevölkerung gegen die Christen aufzuhetzen. Das Vorgehen ist dabei immer gleich. Die folgenden vier Thesen aus der im Jahr 2009 veröffentlichten VHP-Hetzschrift „Wake up Hindus" stehen exemplarisch für die Propaganda der Hindu-Nationalisten:

> Hindu temple funds donated by devotees are diverted for the welfare of Christians and Muslims. Then why are not funds from mosques and churches not used for Hindu welfare?[82]

Zunächst beklagen die Hindu-Nationalisten die angebliche Ungerechtigkeit, die sie im eigenen Land erfahren. Hindus müssten für den Wohlstand der Christen und Muslime aufkommen, während diese allerdings nichts zum Wohlstand der Hindus beitrügen:

> If Christian schools can teach the Bible and Muslim madarsas can teach the Koran, then why are Hindu schools not allowed to teach the Ramayana and the Mahabharata?[83]

Die Ungerechtigkeit zeige sich auch in den vermeintlichen Sonderrechten, die den Christen und Muslimen zugestanden werden. Beide Religionen dürfen nämlich ihre heiligen Schriften lehren, während dies den Hindus verboten sei. Gleichzeitig offenbaren sich hier die Minderwertigkeitskomplexe, unter denen die Hindu-Nationalisten leiden. Sowohl das Christentum als auch der Islam besitzen mit der Bibel bzw. dem Koran ein Fundament, auf dem der Glaube aufbaut. Ein solches Fundament fehlt dem Hinduismus jedoch, was von den Hindu-Nationalisten als Schwäche empfunden wird. In diesem Kontext ist die Forderung nach einem eigenen Fundament, dem „Ramayana", zu verstehen:

> Christian Missionaries do not preach in Muslim majority areas. Is it because Hindus can be converted more easily than Muslims?[84]

Hier kommt die empfundene Schwäche des Hinduismus ganz offen zum Ausdruck. Christen versuchen erst gar nicht, Muslime zu missionieren, weil Hindus anscheinend leichter zu konvertieren seien. Die implizite Forderung an die Hindus lautet, sich selbst als Einheit zu verstehen:

Don't you think that Islam and Christianity are two ideologies out to destroy our ancient civilization and cultural values and create strife through conversions and conquer our country?[85]

Die Einheit ist notwendig, um der Gefahr einer muslimischen und christlichen Verschwörung zu widerstehen. Das Christentum und der Islam hätten es nämlich nur auf die Zerstörung der indischen Kultur und die Eroberung des Landes abgesehen. Somit lässt sich festhalten: Die Christen wurden nicht verfolgt, weil sie Christen sind. Es ist vielmehr die Kombination aus der hindu-nationalistischen Ideologie, die alle Nicht-Hindus als Feinde sieht, die Unzufriedenheit der Menschen, die einen Sündenbock für ihre Situation suchten, und die Unfähigkeit des Staates, die christliche Minderheit vor den Übergriffen zu schützen, die zu den Ausschreitungen gegen die Christen geführt haben.

Anmerkungen

1   Das (2009: 112).
2   Im Jahr 2011 wurde Orissa in Odisha umbenannt.
3   Der Welt-Hindu-Rat *Vishwa Hindu Parischad* (VHP) wurde 1964 gegründet. Seine Aufgabe besteht darin, die hindu-nationalistische Ideologie in der Gesellschaft zu verankern. Vgl. Wolf (2012: 78).
4   Ebd.: 121.
5   Sekretariat der Deutschen Bischofskonferenz (2010: 2).
6   Das (2009: 113 f.).
7   Wolf (2012: 119).
8   Ebd.: 29 f.
9   Ebd.: 31.
10 Kakar (2006:12).
11 Vgl. hierzu auch die Beiträge von *Steinhilber* und *Rack* in diesem Band.
12 Das Kastenwesen ist somit nicht vergleichbar mit einem Kasten im Sinne von Kiste. Vgl. Jürgenmeyer/Rösel (2009: 208).
13 Kakar (2006: 30).
14 Im Folgenden bezieht sich der Begriff Kaste auf das *jati*-System.
15 Kakar (2006: 30).
16 Ebd.: 31.
17 Ebd.: 37.
18 Ebd.: 34.
19 Pati, In: Hindustan Times, 02.09.2008.
20 Expertengespräch mit Clemens Jürgenmeyer, 04.02.2015.
21 Das (2009: 112).
22 Chatterji. In: Tehelka Magazine, 13.09.2008.

23 Vgl. hierzu die auch Beiträge von *Lutzenberger* sowie *Ettensberger/Hagenbeck* in diesem Band.
24 Wolf (2012: 56).
25 Kakar (2006: 136).
26 Darauf aufbauend lautete 1998 das Wahlkampfmotto der hindu-nationalistischen Bharatiya Janata Party (BJP) „One Nation, one People and one Culture". Vgl. Jürgenmeyer (2007: 635).
27 Ebd.
28 Kakar (1997: 235).
29 Jürgenmeyer (1998: 52).
30 Kakar (2006: 135).
31 Ders. (1997: 50).
32 Jürgenmeyer (1998: 49).
33 Wolf (2012: 58 f.).
34 Mit dem Wort *Hindu* bezeichneten persische Eroberer ursprünglich alle Menschen, die hinter dem Fluss Indus lebten. Erst mit der Ausbreitung des Islams erhielt der Begriff seine religiöse Bedeutung. Während der Kolonialzeit verwendeten ihn dann die britischen Kolonialherren für alle nicht-christlichen und nicht-muslimischen Menschen in Indien. Wolf (2012: 25).
35 Vgl. hierzu auch den Beitrag von *Etspüler/Schröder/Wilke* in diesem Band.
36 Kakar (1997: 162).
37 Ders. (2006: 154).
38 Jürgenmeyer (1998: 48).
39 Kakar (1997: 250).
40 Jürgenmeyer (1998: 48).
41 Expertengespräch mit Clemens Jürgenmeyer am 04.02.2015.
42 Kakar (2006: 136).
43 Vgl. hierzu auch den Beitrag von *Baumann* in diesem Band.
44 Wolf (2012: 119).
45 Das (2009: 112).
46 Seit 1989 erzielte die BJP bei Wahlen zunehmend größere Erfolge. Von 1998 bis 2004 übernahm sie als Spitze einer Mehrparteienkoalition erstmals die Regierung. Vgl. Jürgenmeyer (2007: 632).
47 Kakar (2006: 160).
48 Ders. (1997: 246).
49 Ebd.: 256.
50 Ebd.: 240.
51 Rede von Sadhavi Rithambra im April 1991 in Hyderabad. Zit. nach Kakar (1997: 248).
52 Ebd.
53 Wolf (2012: 118).
54 Ebd.: 100.
55 Buchsteiner (2008: o. S).
56 Chatterji (2008).
57 Kakar (2006: 165).
58 Wolf (2012: 132).

59   Kakar (1997: 164).
60   Expertengespräch mit Clemens Jürgenmeyer, 04.02.2015.
61   Kakar (1997: 231).
62   Jürgenmeyer (2007: 633).
63   Ebd.: 637.
64   Kakar (1997: 222).
65   Ebd.: 226.
66   Wolf (2012: 118).
67   Ebd.: 123.
68   Expertengespräch mit Clemens Jürgenmeyer, 04.02.2015.
69   Wolf (2012: 122).
70   Ebd.: 81.
71   Ebd.
72   Vgl. hierzu auch den Beitrag von *Lutzenberger* in diesem Band.
73   Ebd.: 122.
74   Buchsteiner (2008).
75   Das (2009: 114). Vgl. hierzu auch den Beitrag von *Ettensberger/Hagenbeck* in diesem Band.
76   Wolf (2012: 118).
77   Ebd.: 81.
78   Expertengespräch mit Clemens Jürgenmeyer, 18.03.2013.
79   BBC News, 05.02.2015.
80   Ebd.
81   The Hindu, 18.01.2015.
82   Abdeo (2009: 4).
83   Ebd.: 5.
84   Ebd.: 7.
85   Ebd.

Frauen und häusliche Gewalt in Indien: Beispiele und Beobachtungen aus Tamil Nadu

Teresa Merz

Einleitung

Seit der Massenvergewaltigung einer jungen indischen Studentin in Delhi im Dezember 2012 ist die Gewalt gegen Frauen in Indien zu einem dauerhaft brisanten Thema in Politik und Medien geworden. Aufgrund der extremen Brutalität hat dieser explizite Vorfall besondere Beachtung bekommen. Die Medizinstudentin Jyoti Singh Pandey war gegen Abend mit einem Freund vom Kino auf dem Weg nach Hause. Während der Busfahrt entstand ein Streit zwischen den beiden und den sechs anderen alkoholisierten männlichen Mitfahrern. Jyotis Freund wurde zusammengeschlagen und sie selbst auf brutalste Weise von allen Männern vergewaltigt. Nach der Vergewaltigung wurden beide aus dem Bus auf die Straße geworfen. 13 Tage später erlag Jyoti schließlich ihren Verletzungen. Im März 2015 wurde der Dokumentationsfilm „India's Daughter" veröffentlicht, der die Umstände der Vergewaltigung nachzeichnet. Unter anderem kommen die Verteidiger und der verurteilte Busfahrer Mukesh im Film immer wieder zu Wort. Die Verteidigung der Täter beruht auf einem aus westlicher Perspektive vollkommen unverständlichen Wertesystem. Männer stehen in der indischen Gesellschaft deutlich über den Frauen. Sie sollen die Frauen beschützen und zur Ordnung erziehen. Unzüchtige Kleidung und provozierendes Verhalten gibt Männern in diesem Denken das Recht, Frauen in ihre Schranken zu weisen. Dabei werden Vergewaltigungen als Mittel zur Züchtigung gesehen. In einer Sequenz erklärt Mukesh, dass Frauen, die sich unzüchtig verhalten, definitiv mehr Verantwortung für ihre eigene Vergewaltigung tragen als die Täter selbst. Solche Aussagen lösten eine riesige Welle von Protesten aus. Schon bald ging es nicht mehr nur um diesen einzelnen Fall, sondern vielmehr um Frauenrechte an sich. Seit dieser Massenvergewaltigung wird über das Thema nicht mehr geschwiegen. Es wird viel diskutiert über Gründe und über ein patriarchalisches System, das so etwas zulässt.

Auch über die medial präsenten Fälle hinaus ist Gewalt gegen Frauen eine alltägliche Erscheinung. Während meines Freiwilligendienstes in Südindien hatte ich häufig mit Frauen zu tun, die täglich in irgendeiner Form häusliche Gewalt durch ihren Ehemann und angeheiratete Familienmitglieder erfahren. Sie werden geschlagen, misshandelt und missbraucht. Häusliche Gewalt wird üblicherweise als ein Verhalten definiert, das eine Person in einer Beziehung benutzt, um den Partner zu kontrollieren. Dies kann durch reale und angedrohte physische Gewalt, Manipulation und psychische Gewalt, reale und angedrohte sexuelle Gewalt und ökonomische Kontrolle geschehen.[1] Viele Fälle von häuslicher Gewalt geschehen unter Einfluss von Alkohol. Verschiedene Studien nennen Alkohol als Grund und verstärkenden Faktor für häusliche Gewalt.[2]

Diese Arbeit fokussiert auf *dalit*-Frauen im südindischen Bundesstaat Tamil Nadu. Im Folgenden gebe ich einen Überblick über den Umgang mit Alkohol in Indien und zeige dann anhand dreier Lebensgeschichten die gewaltvollen Auswirkungen von Alkoholmissbrauch auf. Jede der hier beschriebenen Frauen ist häuslicher Gewalt durch ihren Ehemann unter Alkoholeinfluss ausgesetzt. Die Analyse soll einen Fokus auf die Reaktion der Frauen richten und es sollen mögliche Gründe nachvollzogen werden, warum sie in ihren Beziehungen bleiben.

Alkoholkonsum in Indien

Starker Alkoholkonsum und Indien werden selten miteinander in Verbindung gebracht. Allerdings ist das Bild der indischen Alkoholabstinenz unbegründet.[3] Innerhalb der letzten Jahrzehnte haben sich der Alkoholkonsum und die damit verbundenen Probleme deutlich verstärkt.[4] Die Einstellungen gegenüber Alkohol reichen in der Gesellschaft von vollkommener Ablehnung zu vollkommener Akzeptanz.[5] Diese Ambivalenz lässt sich unter anderem durch verschiedene Regeln erklären, die über den Alkoholkonsum in unterschiedlichen Religionen und Kasten existieren. Innerhalb des Hinduismus ist der Alkoholkonsum den Brahmanen und anderen höheren Kasten, die strikt vegetarisch leben, verboten. Dagegen ist er Mitgliedern niedrigerer Kasten, die auch Fleisch konsumieren, erlaubt.[6] Buddhisten und Jains dürfen ihrem Glauben nach keinen Alkohol trinken. Ob ein solch striktes Verbot auch für Muslime besteht, ist eine vielfach diskutierte Auslegungssache.[7] Es gibt auch viele Muslime, die den Alkoholkonsum als mit ihrem Glauben vereinbar betrachten. Am Ende verschiedener religiöser Zeremonien (sogenannten *pujas*), Hochzeiten und auch Beerdigungen wird Alkoholkonsum allerdings auch im traditionellen hinduistischen Rahmen durchaus akzeptiert.[8] Somit kann Alkoholkonsum trotz all der negativen Konnotationen sogar besondere soziokulturelle Bedeutung haben.

Es gibt relativ wenige Studien über Alkoholkonsum in Indien, doch alle identifizieren hauptsächlich Männer als Alkoholkonsumenten. Die Zahlen variieren dabei stark von Region zu Region. Die Anteile von Alkohol trinkenden Männern liegen zwischen 20,8 Prozent in Mandsaur (Zentralindien) und 37,5 Prozent in Thoubal (Nord-Ostindien). Der Anteil der trinkenden Frauen liegt bei weniger als 3 Prozent.[9] Insgesamt handelt es sich bei den Alkoholkonsumenten und -konsumentinnen um eine Minderheit, die Alkohol allerdings größtenteils nur in großen Mengen trinkt.[10] Alkohol wird weniger als Genussmittel, sondern hauptsächlich als Mittel gesehen, um möglichst schnell den Zustand des Betrunkenseins zu erreichen. Insbesondere auf dem Land soll Alkoholkonsum die Schmerzen nach körperlicher Arbeit betäuben.[11] Es gibt also keinen gemäßigten Umgang mit Alkohol und keine „Trinkkultur". In der indischen Verfassung von 1947 ist festgehalten, dass die einzelnen Staaten alles versuchen sollen, um Drogenkonsum zu verhindern.[12] Der Wortlaut des Artikels 47 der indischen Verfassung lautet:

[T]he State shall endeavour to bring about prohibition of the consumption except for medicinal purposes of intoxicating drinks and of drugs which are injurious to health.[13]

Diese Einschränkung wurde allerdings in den 1960er und 1970er Jahren immer mehr gelockert, woraufhin sich der Verkauf und die Produktion von Alkohol sehr verbreitete. Isaac[14] spricht hier sogar von einem „unbeschränkten Verkauf ohne Kontrolle".

Im Bundesstaat Tamil Nadu wird Alkohol ausschließlich von der staatlichen *Tamil Nadu State Marketing Corporation* (TASMAC) verkauft. Private Alkoholläden wurden in den letzten Jahren geschlossen. Somit besitzt der Staat in Tamil Nadu das Monopol auf den Alkoholverkauf und kann beliebig hohe Steuern auf Alkohol erheben. Die Alkoholsteuer in Tamil Nadu ist sehr hoch, wodurch sich die Regierung eine Senkung des Alkoholkonsums erhofft. Allerdings sind die Steuereinnahmen durch Alkoholverkauf auch für den Staat zu einem lukrativen Geschäft geworden.[15]

Extremer Alkoholkonsum hat unter anderem großen Einfluss auf Familienbeziehungen, finanzielle Situation und Gesundheit. Chowdhury et al.[16] sehen die Probleme, die in Indien mit Alkohol verbunden sind, vor allem als soziale und weniger als gesundheitliche Probleme. Viele Fälle häuslicher Gewalt finden unter Alkoholeinfluss statt. Diese Probleme sind besonders bei sozial schwachen und armen Bevölkerungsgruppen vorzufinden.[17]

Fallstudien:
Häusliche Gewalt aufgrund von Alkoholmissbrauch

Herangehensweise und Zugang zu den Fällen

Während meines achtmonatigen Aufenthalts in der Nähe von Coimbatore, Tamil Nadu, war ich als Freiwillige einer indischen NGO für Frauen- und Kinderrechte immer wieder mit dem Problem von Alkoholismus und Gewalt gegen Frauen konfrontiert. Es entstand die Idee, betroffene Frauen in zwei Projektdörfern direkt nach ihren Erlebnissen zu befragen. Zusammen mit einem tamilischen Übersetzer der NGO besuchte ich die Frauen zu Hause und führte Gespräche über Gewalttaten, Hoffnungen und gesellschaftliche Umstände. Die Intention der Gespräche bestand darin, den Frauen zuzuhören und ihre Geschichten aufzuschreiben, um ihnen eine Stimme zu verleihen. Alle Namen von Orten und Personen in den einzelnen Fallstudien sind frei erfunden.

Beide Projektdörfer liegen in der Nähe von Coimbatore, Tamil Nadu. Die NGO unterstützt die Dorfbewohner unter anderem mit Selbsthilfe- und Nachhilfegruppen und verschiedenen infrastrukturellen Projekten. Die Lebensumstände in den Dörfern sind sehr ärmlich und einfach. Nur knapp 5 Prozent der Bewohner haben einen Zugang zu eigenen sanitären Anlagen. In dem Dorf Nolambur gibt es einen TASMAC-Laden, der den Bewohnern direkt vor Ort ermöglicht, Alkohol zu kaufen. Die Bewohner von Poovalai müssen einen Fußweg von etwa 30 Minuten zum nächsten Laden zurücklegen, um Alkohol zu erwerben.

In beiden Dörfern leben ausschließlich *dalits*. *Dalits* stehen als sogenannte „Unberührbare" ganz unten in der hinduistischen Hierarchie.[18] Sowohl von ihrer ökonomischen Situation als auch von ihrer gesellschaftlichen Rolle her betrachtet, gehören *dalits* zu den Ärmsten. Sie gelten als „unrein", da sie sich nicht gemäß den Lebensregeln der Brahmanen verhalten, z. B. indem sie Fleisch essen.[19] Die hier befragten Frauen gehören unterschiedlichen Religionen an.

Jahmyllah

Als ich Jahmyllah besuche, ist sie achtunddreißig Jahre alt und lebt zusammen mit ihrem Ehemann Afshan, 40, in Poovalai. Beide sind Muslime und haben zwei Söhne und eine Tochter. Jahmyllah erzählt mir, dass sie ihren Vater nicht kennt, weil er die Familie für eine andere Frau verließ. Als Jahmyllah zehn Jahre alt war, brachte sich ihre Mutter um. Jahmyllah zog daraufhin zu ihrer Großmutter, wo sie schließlich auch Afshan kennenlernte. Drei Jahre später, im Alter von dreizehn Jahren, heiratete sie ihn schließlich. Anfangs war sie noch sehr glücklich über die neue und große Familie Afshans, die durch die Heirat zu ihrer eigenen wurde. Weitere drei Jahre vergingen, bis Jahmyllah das erste Mal bemerkte, dass ihr Ehemann regelmäßig mit Freunden Alkohol trank. Sein Alkoholkonsum steigerte sich von Jahr zu Jahr. Er trank zwar immer außer Haus, aber er trinkt bis heute jeden Tag und gibt mindestens 200 Rupien (knapp drei Euro) täglich für den Alkohol aus. Ohne Alkohol bekommt er Entzugserscheinungen. Jahmyllah weiß nicht, welcher Beschäftigung ihr Mann nachgeht und wie viel er verdient. Afshan stellt täglich lediglich 100 Rupien für seine Familie bereit. Den Rest seines Lohns gibt er für seinen eigenen Bedarf aus. Jahmyllah ist eine gute Köchin und manchmal hat sie die Möglichkeit, bei einigen Festen zu kochen, und kann so zusätzliches Geld verdienen.

Wenn Afshan betrunken ist, schlägt er seine Frau, beschuldigt sie der Untreue und verbreitet dieses Gerücht im Dorf. Jahmyllah glaubt nicht daran, dass sich ihr Ehemann jemals ändern wird. Sie fühlt sich durch sein Verhalten jeden Tag unter Druck gesetzt und ist mit der Zeit sehr wütend geworden. Manchmal schlägt auch sie Afshan, drängt ihn aus dem Haus und verschließt die Haustür vor ihm. Sie akzeptiert seine Beleidigungen nicht mehr. Sie erklärt mir: „Warum soll ich weinen? Weinen macht es nicht besser. Ich kann arbeiten und ich bin stark."

Abayana

Als ich das kleine Haus von Abayana in Poovalai betrete, fallen mir sofort die vielen leeren Whiskeyflaschen in der Ecke auf. Abayana lebt hier mit ihrem Ehemann Sivakumar und ihren gemeinsamen drei Kindern. Sie erzählt mir, dass ihre Eltern starben, als sie noch ein kleines Mädchen war, und sie deshalb bei ihrem Großvater aufwuchs. Ihr Großvater unterstützte ihre schulische Ausbildung nicht. Sie kann weder lesen noch schreiben. Mit zwanzig Jahren wurde sie von ihrem Großvater mit Sivakumar verheiratet. Zu diesem Zeitpunkt wussten sowohl Abayana als auch ihr Großvater bereits, dass Sivakumar ein Alkoholiker ist. Aber sie durfte nicht gegen die Hochzeit protestieren. Ihr Großvater wollte sie so schnell wie möglich verheiraten, weil er sie wegen Geldmangels nicht mehr bei sich behalten konnte. Abayana berichtet mir, dass ihr Mann bereits mit fünf Jahren anfing zu trinken und dass auch schon sein Vater Alkoholiker war. Zurzeit arbeitet er als Tagelöhner auf dem Bau. Mit einem Einkommen von nur 200 Rupien pro Tag kauft Sivakumar jeden Tag nach der Arbeit eine Flasche Alkohol. Er schickt dann seine Kinder aus dem Haus, während er trinkt. Dann misshandelt und schlägt er auch Abayana regelmäßig.

Abayana hat nie darüber nachgedacht, ihren Mann zu verlassen. Allerdings wurde sie einmal von ihm verlassen, gerade als ihr letztes Kind auf die Welt gekommen war. Ihr Ehemann verließ sie für eine andere Frau. Ohne ein Wort zu sagen, waren er und die Kinder eines Tages weg. Zurück blieb eine verzweifelte und verängstigte Frau, die panisch nach ihrer Familie suchte. Sie musste drei Monate warten, bis Sivakumar schließlich doch zu ihr zurückkehrte. Das jüngste Kind war erkrankt und Sivakumar sah keine andere Möglichkeit, als zu seiner Frau zurückzukehren. Dieses Ereignis liegt drei Jahre zurück, seitdem lebt Abayana wieder mit ihrem Mann zusammen.

Amudha

Amudha ist seit ihrem dreizehnten Lebensjahr mit Sanmughan verheiratet. Nach der Heirat lebten sie und ihr Ehemann bei ihren Schwiegereltern. Mit fünfzehn Jahren bekam Amudha ihr erstes Kind, während ihr Ehemann damit begann, sich charakterlich zu verändern. Amudha kann mir weder sagen, wann noch aus welchem Grund ihr Ehemann mit dem Trinken begann. Sie vermutet, dass er sich mit Freunden vom Gelegenheitstrinker allmählich zum regelmäßigen Trinker entwickelt hat. Die Schwiegereltern duldeten jedoch ihren trinkenden Sohn nicht mehr und warfen ihn zusammen mit seiner Familie aus dem Haus.

Die Familie zog nach Nolambur, wo Sanmughan einen Neuanfang versuchte, indem er eine Fahrradwerkstatt eröffnete. Dafür nahm er sich das hart verdiente Geld von Amudha, die inzwischen als Hausmädchen in sechs verschiedenen Familien zu arbeiten begonnen hatte. Auch heute noch kocht und putzt sie für diese Familien zehn Stunden täglich und erhält dafür einen Monatslohn von 6.000 Rupien. Das Geschäft ihres Mannes ging nach drei Jahren Pleite. Denn anstatt das verdiente Geld sinnvoll für das Geschäft oder die Familie zu nutzen, verwendete ihr Ehemann es lieber für seinen inzwischen zur Sucht gewordenen Alkoholkonsum. Amudha musste deshalb als Brotverdienerin der Familie einspringen. Ihre Arbeitgeber bezahlen sie oft im Voraus, damit es ihr überhaupt möglich ist, täglich für ihre Kinder zu sorgen. Doch Sanmughan würdigt die Arbeit seiner Frau nicht und kann sich nicht erklären, wie Amudha überhaupt so viel Geld verdienen kann. Seine einzige Erklärung ist, dass sie zusätzliches Geld durch das Treffen von anderen Männern verdient, und beschuldigt sie der Untreue. Er glaubt ihr nicht und schlägt sie im betrunkenen Zustand für ein „Verbrechen", das nicht begangen wurde.

Auch Amudha frage ich, wieso sie ihren Ehemann nicht verlassen hat. Daraufhin erzählt sie mir, dass einst ihr Vater ihre Mutter für eine andere Frau verlassen hat. Sie hat deshalb ihren eigenen Vater nie kennengelernt und musste ohne Vater aufwachsen. Sie sucht nach Worten und erzählt von ihrer Mutter, die vor einigen Jahren starb, und ihren Geschwistern, die wegen ihres alkoholabhängigen Mannes den Kontakt abgebrochen haben. Niemand steht ihr mit ihren Problemen zur Seite. Aber Amudha ist für ihre Kinder da. Sie will nicht, dass ihre Kinder ohne Vater aufwachsen. Denn ohne Vater aufzuwachsen sei noch schlimmer als ein Vater, der trinkt und misshandelt und kein Interesse an seiner Familie zeigt. Deshalb wird sie bei ihrem Ehemann bleiben. Sie bleibt bei ihren Kindern, für die sie eine gute Mutter sein will. Amudha glaubt nicht daran, dass sich ihr Ehemann jemals ändern wird. Aber sie hat die Hoffnung und verfolgt das große Ziel, ihren Kindern eine gute Ausbildung zu verschaffen. Sie möchte, dass sie später ein unabhängiges Leben führen können.

Interpretation und Analyse der Fallstudien

Neben den hier aufgeführten Frauen habe ich mit zwei weiteren Frauen (Daayini und Udhaya) gesprochen. Diese zusätzlichen Fälle werden in die folgende Analyse mit eingeschlossen.

Formen von Gewalt

Alle befragten Frauen haben berichtet, regelmäßig von ihrem Mann verprügelt und geschlagen zu werden. Dabei werden auch die Kinder regelmäßig Opfer von Gewalt. Diese Gewaltakte sind unter dem Einfluss von Alkohol besonders stark. Dann wird z. B. ein als schlecht empfundenes Essen als Anlass genommen, die Ehefrau zu schlagen. Keine Frau hat direkt von Vergewaltigung gesprochen. Amudha und Jahmyllah berichteten davon, dass ihre Männer sie im Dorf der Untreue bezichtigt bzw. denunziert haben. Diese Anschuldigungen wurden als Anlass genutzt, ihnen jeglichen Kontakt zu Männern zu verbieten.

Alle Frauen werden von ihren Männern finanziell unter Druck gesetzt, indem diese ihnen nur wenig Geld für die Versorgung der Familie („Haushaltsgeld") zur Verfügung stellen. Einen Großteil des Lohnes verwenden die Männer für ihren eigenen Alkoholkonsum. Alle Ehemänner geben zwischen 100 und 200 Rupien für den täglichen Alkoholkonsum aus (der Durchschnittslohn im Dorf beträgt etwa 200-300 Rupien am Tag).

Reaktionen der Frauen

Drei der befragten Frauen (Amudha, Abayana und Daayini) gaben an, die Gewaltausbrüche ihres Mannes mehr oder weniger passiv zu ertragen. Jahmyllah und Udhaava widersetzen sich aktiv ihrem Mann, indem sie ihn im betrunkenen Zustand nicht mehr ins Haus lassen und sich selbst mit physischer Gewalt verteidigen. Alle Frauen außer Abayana gehen selber arbeiten, da sie nur so für ihre Familie sorgen und zumindest in gewisser Weise der Abhängigkeit gegenüber ihrem Mann entkommen können.

Jede der fünf Frauen sprach davon, ihrem Mann gegenüber Wut und Hass zu verspüren. Zwei von ihnen vergeben ihrem Mann allerdings immer wieder relativ bald nach einem Gewaltausbruch, da sie die Hoffnung auf Besserung nicht aufgeben. Daayini gab an, dass ihr Mann gerne eine Entzugskur machen würde. Allerdings sind diese Kuren in Indien wenig verbreitet und sehr teuer. Bis auf Jahmyllah haben alle befragten Frauen eine Trennung nie ernsthaft in Erwägung gezogen.

Gründe, den Mann nicht zu verlassen

Die zentrale Frage ist jene nach den Gründen, warum eine Frau in einer Beziehung bleibt, in der sie missbraucht und misshandelt wird. Diese Gründe sind komplexer Natur und im Wesentlichen aus dem Zusammenspiel verschiedener Faktoren zu erklären, die sowohl auf die eigene Psyche als auch das gesellschaftliche System zurückzuführen sind.

Jede der fünf Frauen erträgt die Gewalt ihres Mannes unter anderem aus Rücksicht auf ihre Kinder. Sie wollen erreichen, dass ihre Kinder eine bessere Zukunft haben und nicht ohne Vater aufwachsen müssen. Frauen bleiben oft in einer gewaltvollen Beziehung, wenn sie glauben, dass sie damit im Interesse ihrer Kinder handeln: [20]

> Ich möchte, dass meine Kinder einmal ein besseres Leben haben als ich. Ohne meine
> Kinder hätte ich keinen Grund weiterzuleben, keinen Grund, all das auszuhalten
> oder zu kämpfen und stark zu sein. Jeden Tag bete ich zu Gott, dass er mir hilft
> (Amudha).

Finanzielle Abhängigkeit spielt zumindest bei Jahmyallah auch eine Rolle in der
Entscheidung, den Mann nicht zu verlassen. Getrennt von ihrem Mann hätte sie
kaum eine finanzielle Überlebenschance:[21]

> Wenn ich irgendwann einmal eine gute Arbeit finde und sich die Möglichkeit bietet,
> dann werde ich meinen Mann zusammen mit meiner Tochter verlassen. Dann wer-
> den all diese Beleidigungen und Misshandlungen vorbei sein (Jahmyllah).

Ein wichtiger kultureller Grund ist die Bedeutung von Heirat, die sich erheblich
von deutschen oder westlichen Vorstellungen unterscheidet:

> Wie könnte ich daran denken, meinen Mann zu verlassen? In Deutschland geht das
> vielleicht und es ist alles ganz anders. Aber hier in Indien gehört eine Frau zu ihrem
> Mann und bleibt bei ihm (Abayana).

Für Abayana ist eine Trennung unvorstellbar, denn in dem von ihr erlernten Wertesystem fühlt sie sich dazu nicht berechtigt. Ob die Wertevorstellungen der tamilischen Kultur auch für die anderen befragten Frauen einen wesentlichen Grund
darstellen, bei ihren Männern zu bleiben, ist schwer festzustellen. Um jedoch Ab-
ayanas Position nachvollziehen zu können, werde ich im Folgenden die Stellung
der Geschlechter und das Konzept der Ehe in Indien erläutern.

Pagelow[22] nennt unter anderem Tradition, kulturelle Werte und die Stellung
der Geschlechter als wichtige Entscheidungsfaktoren, warum Frauen in einer
Beziehung bleiben – auch im Kontext häuslicher Gewalt. In Indien herrscht nach
wie vor ein patriarchalisches System, in dem es eine klare Unterordnung der
Frauen gibt.[23] Die meisten Familien wünschen sich einen Sohn. Man kann von
einer kulturellen Abwertung des weiblichen Geschlechts sprechen, die zu einem
hohen Grad von Diskriminierung in verschiedenen Formen geführt hat.[24] Bestimmte Stereotypen und eine klare Rollenverteilung verstärken diese Formen
von Diskriminierung. Frauen gelten als emotional und irrational und müssen
deswegen vom rationalen Geschlecht, den Männern, geführt werden.[25] Tatsächlich stehen Frauen ihr Leben lang unter der Führung von Vater, Bruder oder
Ehemann. Diese Führung ist in „wohlwollender Art" ein zentraler Bestandteil
der indischen Kultur. Es scheint allerdings, dass es den Männern schwerfällt,

die Grenze zwischen wohlwollender Führung, die zum Wohle der Frau sein soll, und Kontrolle zu wahren. Auch vielen Inderinnen fällt es schwer, häusliche Gewalt unter dem Deckmantel von wohlwollender Führung überhaupt zu erkennen – sie können oder dürfen diese Form der Gewalt überhaupt nicht als Gewalt empfinden. Die Anthropologin und Soziologin Ahmed-Gosh[26] zeigt in ihrer Studie anhand der Daten des National Family Health Survey aus dem Jahr 2000, dass über die Hälfte der Frauen angeben, die Schläge ihrer Männer bei Vernachlässigen des Haushalts tatsächlich auch verdient zu haben. Je mehr ein Mann bestimmte Stereotype über die Frauenrolle verinnerlicht hat, desto normaler sind für ihn die handfesten Formen von patriarchalischer Kontrolle – und dazu gehört die häusliche Gewalt.[27] Dies spricht insgesamt für eine „sozialkulturelle Akzeptanz und Toleranz von Gewalt."[28] Durch internalisierte Rollenverständnisse und Stereotype wird damit eine Entschuldigung für Gewalt gefunden.

Auch die Hochzeit als Institution hat in der indischen Gesellschaft einen sehr hohen Stellenwert. Im traditionellen Verständnis ist eine Hochzeit für einen Hindu verpflichtend.[29] Eine Scheidung ist in dieser Tradition nicht vorgesehen: Mann und Frau sind für immer – auch über den Tod hinaus – miteinander verbunden.[30] Außerdem spielen die Heirat und der Ehemann eine zentrale Rolle für die soziale Stellung der Frau. Die Institution der Ehe garantiert der Frau einen bestimmten Status, Privilegien und indirekt durch ihre Kinder eine gewisse soziale Zukunftssicherung.[31] Mit einer Scheidung würde die Frau viele dieser Garantien aufs Spiel sehen.

In Indien gibt es größtenteils noch die Tradition der Mitgift, was bedeutet, dass eine Frau einen großen Teil des Familienvermögens in die neue Familie ihres Ehemannes mitnimmt.[32] Dabei bestimmt der Status der Familie des Ehemannes die Höhe der Mitgift. In ihrer neuen Familie wird der Wert der Ehefrau oft daran gemessen, wie viel Mitgift sie mit in die Familie gebracht hat. Eine geringe Mitgift bedeutet einen geringeren Wert der Frau und somit einen angemessenen Grund für die Anwendung von Gewalt gegen sie.[33]

Keine der befragten Frauen erhofft sich Unterstützung vom Staat. Dies könnte ein weiterer Grund sein, den Mann nicht zu verlassen. Denn der Mangel an Unterstützung durch indische Institutionen und Gesetze spielt eine große Rolle für die Entscheidung der Frau, ihren Mann nicht zu verlassen.[34] Insbesondere die Gesetzeslage in Indien bietet keinen wirklichen Schutz vor häuslicher Gewalt. Das „Gesetz zum Schutz vor häuslicher Gewalt (*Protection from Domestic Violence Bill*) schließt ökonomische Kontrolle als Form von häuslicher Gewalt aus. Außerdem erlaubt sie häusliche Gewalt, wenn der Ehemann sie benutzt, um sein Eigentum zu schützen:

Any conduct of the respondent shall constitute domestic violence if he, (a) habitually assaults or makes the life of the aggrieved person miserable by cruelty of conduct even if such conduct does not amount to physical ill-treatment; or (b) forces the aggrieved person to lead an immoral life; or (c) otherwise injures or harms the aggrieved person. Nothing contained in clause (c) of sub-section (1) shall amount to domestic violence if the pursuit of course of conduct by the respondent was reasonable for his own protection or for the protection of his or another's property.[35]

In Indien besteht damit ein großer Interpretationsspielraum, was überhaupt als „häusliche Gewalt" zu definieren sei.[36] Juristische Institutionen fördern eher das patriarchalische System, als es in Frage zu stellen. Polizei und Richter sind Teil dieses Systems, weshalb sie in der Regel die Normalität von Gewalt gegen Frauen bereits internalisiert haben und somit nicht die erhoffte Hilfe für Frauen darstellen.[37]

Andere Studien nennen weitere Gründe, warum Betroffene eine gewaltvolle Beziehung nicht beenden. Haaded[38] z. B. gibt einen Überblick über die Motive, eine gewaltvolle Beziehung weiterzuführen. Die Wahrnehmung der Misshandlung und die eigene psychologische Verfassung haben einen großen Einfluss auf die Entscheidung einer Frau, beim Mann zu bleiben.

Konklusionen

Eine Scheidung im indischen Kontext von häuslicher Gewalt ist insbesondere für Frauen in ärmlichen Verhältnissen sehr schwer umsetzbar. Die Entscheidung, bei ihren Ehemännern zu bleiben, mag auf den ersten Blick ein Zeichen von Schwäche sein, zeugt aber im Gegenteil von einer starken Leidensfähigkeit und einem ausgeprägten Verantwortungsbewusstsein für die Kinder. Man sollte die Wahl eher als eine vernünftige Entscheidung betrachten:[39] Die Frauen wägen ihre Möglichkeiten ab und haben oft keine andere Chance, als sich für das „geringere Übel" zu entscheiden.

Die hier vorgestellten Geschichten sollen nicht als allgemeingültige Aussage über indische Frauen und ihren Umgang mit Gewalt verstanden werden. Wie eine Frau letztlich mit ihrer Situation umgeht, hängt von vielen verschiedenen Faktoren ab. Tichy et al.[40] haben den Umgang von Frauen mit häuslicher Gewalt in Relation zu ihrem Status betrachtet. Ihnen zufolge betrachten Frauen mit einem höheren Status häusliche Gewalt weniger als gesellschaftliches Problem und sprechen weniger öffentlich über ihre Probleme oder suchen Hilfe. Obwohl sich der vorliegende Beitrag nur auf Gewalt im Zusammenhang mit Alkoholmissbrauch bezieht, kann Alkohol nur als einer von vielen Gründen für Gewalt betrachtet werden. Eine

andere Interpretation würde dem komplexen Zusammenspiel von Gesellschaftssystem, Stellung der Frau und Gewaltanwendungen nicht gerecht werden. Außerdem sind Gewalttaten unter Alkoholeinfluss und Stress, so wird es von vielen juristischen Institutionen und Polizei gesehen, nicht „ernst" und „schlimm" genug,
um eine mögliche Trennung von der Familie und strafrechtliche Verfolgung des
Täters zu rechtfertigen.[41]

In einem sehr traditionellen Gesellschaftssystem, das in hierarchische Strukturen eingebettet ist, ist es unwahrscheinlich, dass sich das Problem von häuslicher
Gewalt schnell ändern wird. Allerdings steigt die Zahl der Frauen, die sich öffentlich gegen Grausamkeiten und Unterdrückung durch die Männer wehren. Kurz
nachdem die Studentin in Delhi 2012 aufgrund der Verletzungen durch die Massenvergewaltigung gestorben war, gingen tausende von Menschen auf die Straße
und forderten die Bestrafung der Männer. Und es gibt weitere Organisationen und
Frauengruppen, wie zum Beispiel die *Gulabi Gang*, auch *Pink Gang* genannt, die
sich offiziell und politisch gegen die Gewalt, die sie erfahren, wehren. Auch ein
Teil der Politik unterstützt diese Bewegung. Indiens Präsident Pranab Mukherjee
hat „Null-Toleranz bei Gewalt gegen Frauen" versprochen.[42] Es bleibt abzuwarten,
inwieweit dieses Versprechen eingelöst wird.

Anmerkungen

1   Tichy et al. (2009: 549 f.).
2   Chowdhury et al. (2006: 728); Vranda (2013: 142).
3   Dutta et al. (2014: 1).
4   Davinder et al. (2001: 104).
5   Bennett et al. (1998: 247).
6   Ebd.
7   Ebd.
8   Chowdhury et al. (2006: 726).
9   Davinder et. al (2001: 109). Davinder fragte nach Personen, die innerhalb des letzten
     Monats Alkohol getrunken haben.
10   Ebd.: 110.
11   Ebd.: 104.
12   Isaac (1998: 148).
13   Quelle: http://indiankanoon.org/doc/1551554/; 25.10.2014.
14   Isaac (1998: 151).
15   Kandavel (2014).
16   Chowdhury et al. (2006: 730).
17   Mohindra et al. (2011: 70).
18   Kakar (2006: 34). Vgl. hierzu auch die Beiträge von *Steinhilber* und *Rack* in diesem
     Band.

19   Jürgenmeyer & Rösel (2009: 208 f.).
20   Moe (2009: 252).
21   Vgl. Strube et al. (1983: 791).
22   1981, zitiert in Vranda (2013: 143).
23   Kakar (2006: 46).
24   Ebd.: 51 ff.
25   Tichy et al. (2009: 548).
26   Ahmed-Gosh (2004: 109).
27   Mahalingam et al. (2007: 607).
28   Vranda (2013: 143).
29   Pothen (1989: 377).
30   Ebd.: 378.
31   Ahmed-Gosh (2004: 114).
32   Kakar (2006: 50).
33   Ahmed Gosh (2004: 104).
34   Pagelow (1981), zitiert in Vranda (2013: 143).
35   Zitiert in Tichy et al. (2009: 550).
36   Ebd.
37   Ahmed-Gosh (2004: 100).
38   Kakar (2006: 3-5).
39   Vranda (2013: 143).
40   Tichy et al. (2009: 552-558).
41   Ahmed-Gosh (2004: 100).
42   Die Zeit, 09.06.2014.

Quo vadis, Weltmacht Indien?

BJP believes a resurgent India must get its rightful place in the comity of nations and international institutions. The vision is to fundamentally reboot and reorient the foreign policy goals, content and process, in a manner that locates India's global strategic engagement in a new paradigm and on a wider canvass, that is not just limited to political diplomacy, but also includes our economic, scientific, cultural, political and security interests, both regional and global, on the principles of equality and mutuality, so that it leads to an economically stronger India, and its voice is heard in the international fora.
(Bharatiya Janata Party 2014, Wahlmanifesto)

Zwischen Blockfreiheit, Panchsheel und Hindutva: Die Paradoxien indischer Außenpolitik von 1947 bis 2015

Arndt Michael

The emergence of the independent nations in Asia naturally leads to what might be called vaguely an Asian way of looking at the world. I do not say there is one Asian way, because Asia is a big continent, offering different viewpoints. However, it is a new angle, and is a change from the Europe-centred or any other view of the world (Jawaharlal Nehru, 1958).[1]

We will build a strong, self-reliant and self-confident India, regaining its rightful place in the comity of nations (BJP Election Manifesto, 7 April 2014).[2]

I am confident my Hindutva face will be an asset when dealing with foreign affairs with other nations (Narendra Modi, 23 April 2014).[3]

Einleitung

Die indische Außenpolitik- und Sicherheitspolitik seit 1947 ist widersprüchlich: Auf der einen Seite ist sie durch Kontinuität und Festhalten an Prinzipien und Werten gekennzeichnet, auf der anderen Seite existieren jedoch diesen Prinzipien widersprechende Brüche. Insbesondere ist mit der neuen BJP-geführten Regierung unter Narendra Modi seit Mai 2014 zu erwarten, dass Indien seine Außenpolitik nun mit größerem Nachdruck in der Welt vertreten wird, vor allem um sich dem erklärten Ziel, eine international anerkannte Großmacht[4] zu werden, schneller zu nähern. Um die neue, „energische" Außenpolitik, deren Konturen sich seit Mai 2014 immer deutlicher abzeichnen, im historischen Gesamtkontext seit der Unabhängigkeit Indiens einordnen zu können, gibt der folgende Beitrag eine Übersicht über die Entwicklung der indischen Außenpolitik von 1947 bis 2015. Er ist in fünf Teile gegliedert, die sich mit den großen Phasen dieser Politik auseinandersetzen. Ziel des Beitrags ist es, die Entwicklung und deren große Leitlinien auf der Grundlage bestimmender Merkmale zu erklären, wobei am Anfang zunächst eine Übersicht über die ursprünglichen Ziele und Orientierungen indischer Außenpolitik gegeben wird, gefolgt von den Neuorientierungen, die im Laufe der Jahrzehnte eintraten.

Der erste Abschnitt des Beitrags beschäftigt sich mit der Zeitspanne von Beginn der Unabhängigkeit im Jahr 1947 bis zum Jahr 1962, der zweite umfasst die Jahre von 1962 bis 1991, der dritte von 1991 bis 2014, und der vierte stellt die außenpolitischen Vorstellungen der BJP-Regierung unter Narendra Modi seit Amtsantritt 2014 vor. Der fünfte Abschnitt zieht ein vorläufiges Fazit. Diese Einteilung indischer Außenpolitik in vier historische Phasen ist nicht willkürlich: Die erste Phase – häufig auch als idealistische Phase bezeichnet – ist gekennzeichnet durch die Erfahrungen, politischen Vorgaben und Vorstellungen einer bestimmten Weltordnung seitens Jawaharlal Nehru, Indiens erstem Premierminister. Mit der indischen Niederlage im indisch-chinesischen Grenzkrieg im Jahr 1962 begann die zweite Phase indischer Außenpolitik, wobei man hier die Hinwendung zu einer Politik der „Selbsthilfe" konstatieren konnte, obwohl die quasi klassisch-nehruvianische idealistische Rhetorik erhalten blieb.[5] Die dritte Phase schließlich setzte mit dem Ende des Kalten Krieges und dem Beginn einer eher pragmatisch orientierten Außenpolitik ein, welche sich in ihren generellen Orientierungen und Prinzipien dem politischen Realismus annäherte und Indien zu einer Nuklearmacht werden ließ.[6] Mit dem Amtsantritt Narendra Modis im Mai 2014 hat eine neue Phase indischer Außenpolitik begonnen, welche sich vor allem in ihrer Außendarstellung klar von ihren Vorgängern abhebt. Die folgende Übersicht 1 fasst die wichtigsten Prinzipien indischer Außenpolitik zusammen:

Übersicht 1 Prinzipien indischer Außenpolitik

1. Toleranz
2. Gewaltfreiheit (ahimsa)
3. Panchsheel-Prinzipien
4. Blockfreiheit
5. Primat des nationalen Interesses
6. Primat der Autonomie
7. Primat des Bilateralismus

Die Ursprünge indischer Außenpolitik: Systemische und nationale Leitplanken

Mit Beginn der Unabhängigkeit im Jahr 1947 stand Indien vor der großen Herausforderung, nach zweihundert Jahren kolonialer Herrschaft eine eigene Außenpolitik zu entwickeln, die dem Land dauerhafte Entscheidungsfreiheit und Eigenständigkeit garantieren würde. Dabei war Indien direkt zu Beginn seiner Unabhängigkeit mit systemischen Beschränkungen der internationalen Politik konfrontiert: dem Kalten Krieg und den zwei verfeindeten Blöcken. Allerdings entschied sich Indien früh dafür, eine explizit *idealistische* Außenpolitik zu verfolgen,[7] die für keine Seite Partei ergriff. Diese Art von Politik unter Nehru führte jedoch dazu, dass Indien die sich abzeichnenden Sicherheitsbedrohungen seitens der Volksrepublik China deutlich unterschätzte und einen kurzen, aber desaströsen Grenzkrieg im Jahr 1962 verlor, ein Ereignis, welches bis heute regelmäßig von indischen Außen- und Sicherheitspolitikern mahnend genannt wird, um die militärische Aufrüstung und Modernisierung der indischen Streitkräfte zu rechtfertigen. Erst nach diesem Grenzkrieg entschied sich Indien, eine Politik der Selbsthilfe zu verfolgen, die dafür sorgen sollte, dass Indien von nun an dauerhaft seine eigene – vor allem militärische – Sicherheit gewährleisten konnte.[8]

Neben diesen systemischen Grundkonstanten stand Indien auf der nationalen Ebene vor der Herausforderung, das Land zu industrialisieren und die Wirtschaft anzukurbeln, um neue Arbeitsplätze für die damals bereits mehr als 300 Millionen Menschen umfassende Bevölkerung zu schaffen und die grassierende Armut zu lindern. Nehrus Antwort auf diese Herausforderungen waren die Einführung eines sozialistischen Systems[9] mit Fünfjahresplänen, einer Strategie der importsubstituierenden Industrialisierung, gekoppelt an ein starres System von Genehmigungen, Lizenzen und Quoten (häufig bezeichnet als *licence raj*).[10] In dieser Zeit zeigten weder die Sowjetunion noch die USA Interesse an Indien als einem international wichtigen Partner, und die USA verfügten praktisch über keinerlei wirtschaftliche oder strategische Beziehungen zu Indien.[11] Insoweit wurde Indien seitens der USA wenig Bedeutung beigemessen. Auch die Sowjetunion sah zum damaligen Zeitpunkt noch keine ausreichenden strategischen Vorteile in einer engeren Beziehung mit Indien.[12] Dieses Desinteresse beider Großmächte an Indien sollte sich aber für Indien selbst zunächst als Vorteil erweisen, denn es gab dem Land einen Gestaltungsspielraum, eine eigene und im Großen und Ganzen selbstständige Außenpolitik zu verfolgen und sich auf keine politischen Kompromisse einlassen zu müssen.

Neben den beiden Großmächten stellte die Volksrepublik China – Indiens großer regionaler Nachbar – eine potenzielle Sicherheitsbedrohung dar. Die sich abzeichnenden Probleme ignorierte Indien jedoch zunächst.[13] Auf der nationalen Ebene herrschte damals eine politische Kultur, die gespeist war aus den allgegenwärtigen Erinnerungen an die Kolonialherrschaft Großbritanniens. Bestimmendes Moment dieser Kultur war infolgedessen der Wunsch, die nationale Autonomie zu bewahren. Damit verknüpft war das Ziel, die indische Außenpolitik auch tatsächlich unabhängig implementieren zu können. Die öffentliche Meinung – soweit Außenpolitik hier zu Beginn der Unabhängigkeit überhaupt eine Rolle spielte – fand die Idee einer „Unterwerfung" unter andere Mächte „unerträglich",[14] und dem musste die Außenpolitik Rechnung tragen. Es überrascht daher nicht, dass die damaligen politischen Entscheidungsträger diesem schweren kolonialen Erbe große Beachtung schenkten und sie explizit nach einer Politik suchten, welche Indien aus dem Einflussbereich der Großmächte und den Verwicklungen des Kalten Krieges heraushalten würde. Eine solche Strategie war auch deshalb möglich, weil die herrschende politische Klasse den Großmächten zunächst feindselig gegenüber eingestellt war.[15] Die Strategie, die diesen Gefühlen und Einstellungen Rechnung trug, wurde als Blockfreiheit bekannt, wobei dies ausdrücklich von der Idee einer „Neutralität" unterschieden wurde.[16] Das bedeutet, dass Indien zwar keine „asiatische Schweiz" werden wollte, aber den blockfreien Charakter entschieden betonte.

Der Architekt indischer Außenpolitik im Allgemeinen und Politik der Blockfreiheit im Besonderen war Premierminister Nehru. Dieser hatte seine Ausbildung in England genossen und war im Grunde ein im Westen von Ideen der britischen Oberschicht beeinflusster und geschulter Liberaler.[17] Trotz dieser westlich-europäischen Ausrichtung stand Nehru dennoch der Rolle und Politik der USA mehr als skeptisch gegenüber.[18] Gegenüber der Sowjetunion waren seine Gefühle als ambivalent zu bezeichnen. Nehru war über die teils verheerenden Folgen der Kollektivierung unter Stalin informiert, konnte seine Bewunderung für die Ergebnisse und Errungenschaften eines forcierten Industrialisierungsprogramms aber dennoch nicht verhehlen. Diese Quasi-Voreingenommenheit der

Sowjetunion gegenüber resultierte schließlich in sozialistischen Präferenzen mit indischem Antlitz.

Nehrus Politik der Blockfreiheit basierte nicht zuletzt darauf, dass er die Opportunitätskosten,[19] die hohe Verteidigungsausgaben unweigerlich mit sich brachten, fürchtete, vor allem vor dem Hintergrund der sehr schlechten Verfassung der indischen Wirtschaft. Für Letztere mussten zunächst große Investitionen in die marode Infrastruktur und industrielle Großvorhaben Vorrang haben. Parteinahme für einen der beiden verfeindeten Blöcke würde Indien unweigerlich in einen finanziellen und strategischen Sog hinabziehen, so Nehru, womit in letzter Konsequenz wichtige Ressourcen nicht mehr für die weitere wirtschaftliche Entwicklung zur Verfügung stehen würden.[20] Neben diesen wirtschaftlichen Erwägungen hätte eine Parteinahme für die USA oder Sowjetunion für Nehru gleichzeitig zum Verlust der Unabhängigkeit geführt – undenkbar nach einem Jahrzehnte dauernden Freiheitskampf.

Alles in allem war die Ära Nehru dadurch gekennzeichnet, das eine idealistische, unabhängige Außenpolitik verfolgt wurde. Daneben spielte Indien eine signifikante Rolle in multilateralen Institutionen, insbesondere bei Friedenseinsätzen der Vereinten Nationen. Weiterhin nahm Indiens zentrale Rolle bei der Gründung und Führung der Blockfreien Bewegung zu (Non-Aligned Movement, NAM), womit auch ein bedeutsamer Beitrag zum Prozess der Dekolonisierung, insbesondere im Afrika südlich der Sahara, einherging. In seinen Reden und Schriften trat Nehru als moralischer Mahner auf, der sich, ganz im Sinne Gandhis, für gewaltfreie Lösungen von Konflikten einsetzte. Indien war auch ein früher Verfechter eines nuklearen Teststoppvertrags und hatte bereits 1952, zusammen mit der Republik Irland, einen Entwurf bei den Vereinten Nationen eingebracht, der eine weltweite Sperre von Nukleartests bewirken sollte. Diese Bemühungen erwiesen sich letztlich als erfolglos. Das indische Engagement zeigte aber, dass Indien durchaus bemüht war, an der Errichtung einer neuen globalen Weltordnung mitzuwirken, in der die Rolle der Gewalt als Mittel nur noch von untergeordneter Bedeutung war. In diesem moralischen Rahmen passt auch, dass Indien unmittelbar nach dem ersten Krieg gegen Pakistan im Jahr 1947/48 den Kaschmirkonflikt an die *Vereinten Nationen* (VN) für eine mögliche Schlichtung verwies, wobei Indiens Erwartungen an die Fähigkeiten der VN, diesen Konflikt zu lösen, enttäuscht wurden und das Land danach den Vereinten Nationen als Forum für die Lösung von Konflikten skeptisch gegenüberstand.[21] Trotz Nehrus eigenem permanenten Einsatz, Gewalt zur „Lösung" internationaler Konflikte international zu ächten, entschloss sich dieser, die portugiesischen Besatzer gewaltsam aus ihrer kolonialen Enklave Goa zu vertreiben, nach langwierigen, diplomatischen und ergebnislosen Diskussionen mit dem Salazar-Regime in Portugal.[22]

Neben der Blockfreiheit als einer der zentralen Säulen indischer Außenpolitik setzte sich Indien auch für die Politik des *panchsheel* – der fünf Prinzipien der friedlichen Koexistenz – gegenüber der Volksrepublik China ein. Diese Prinzipien waren: gegenseitiger Respekt gegenüber der jeweiligen territorialen Integrität und Souveränität, Nichtaggression, Nichteinmischung in die inneren Angelegenheiten der anderen Partei, Gleichheit und gegenseitiger Vorteil, friedliche Koexistenz.[23] Auch die Verfolgung dieser speziellen Politik als einer Politik, die Freundschaft und in gewisser Weise absolute Neutralität anderen Ländern gegenüber in den Vordergrund stellte, führte dazu, dass die Ausgaben für das indische Militär sehr beschränkt blieben. Dies änderte sich selbst dann nicht, als sich die Hinweise verdichteten, dass mögliche Sicherheitsbedrohungen durch China zunahmen.[24]

Als die Grenzverhandlungen mit China im Jahr 1960 schließlich in einer Sackgasse mündeten, entschied sich Indien, den aus seiner Sicht bestehenden territorialen Status quo an der umstrittenen Grenze im Himalaya wiederherzustellen. Im Oktober 1962, als die chinesische Volksbefreiungsarmee (*People's Liberation Army*, PLA) mit großer Stärke attackierte, war das indische Militär schlecht ausgerüstet und auf den chinesischen Ansturm unvorbereitet. Die PLA fügte den indischen Truppen empfindliche Verluste zu, zog sich aber bereits nach kurzer Zeit wieder zurück, besetzte jedoch dauerhaft Teile des Gebiets, auf welches China von Anfang an Anspruch erhoben hatte.[25] Diese Gebiete sowie einige andere ebenfalls umstrittene Gebiete, wie z. B. Aksai Chin oder der Trans-Karakoram Tract, sind bis heute ungelöste Streitpunkte in den chinesisch-indischen Beziehungen.[26]

Das Jahr 1962: Beginn einer neuen Ära?[27]

Die herbe militärische Niederlage im Oktober 1962 markierte eine Zäsur in der indischen Außen- und Sicherheitspolitik. Nehru war gezwungen, seine Haltung gegenüber höheren Verteidigungsausgaben zu revidieren, sodass Indien ein Programm militärischer Modernisierung begann: Es wurde eine stehende Armee mit einer Millionen Soldaten geschaffen, die indische Luftwaffe und die Marine wurden drastisch vergrößert.[28]

Nach Nehrus Tod im Jahr 1964 hielten seine Nachfolger – zunächst für kurze Zeit Lal Bahadur Shastri, dann seine Tochter Indira Gandhi – an der Politik der Blockfreiheit fest, sodass zumindest die Rhetorik der Blockfreiheit ein prägendes Kennzeichen indischer Außenpolitik blieb. Im konkreten Regierungshandeln nahm diese Politik eine immer stärkere realistische Prägung an, was sich vor allem im Verhältnis zu den beiden Großmächten sowie in der indischen Politik gegenüber den südasiatischen Nachbarstaaten manifestierte.

Nach dem Grenzkrieg mit China blieb Indien für die USA von untergeordneter Bedeutung, zumal das beginnende und sich stetig ausweitende Engagement
der USA in Vietnam deren Aufmerksamt komplett beanspruchte.[29] Dies galt nicht
für die Sowjetunion, die das Ziel verfolgte, ihren politischen und wirtschaftlichen
Einfluss in Südasien zu vergrößern. Deshalb gewährten diese auch großzügige
Unterstützung beim Friedensvertrag zwischen Indien und Pakistan in Taschkent
im Jahr 1966, nachdem es erneut zu einem indisch-pakistanischen Krieg gekommen war. Da die USA wenig Interesse an Südasien zeigten, bemühte sich Pakistan
gleichzeitig, seine Kooperation mit China auszubauen, vor allem mit dem Ziel,
einen Machtausgleich gegenüber Indien herzustellen.

Unter Gandhi versuchte Indien weiterhin, die Dekolonisierung Afrikas südlich
der Sahara zu unterstützen[30] und blieb ein starker Gegner des Apartheid-Regimes
in Südafrika, ein Unterstützter der Palästinenser und (rhetorischer) Kämpfer
gegen die koloniale Herrschaft Portugals in Angola und Mozambique. Ebenfalls
wurden unter Gandhi die Ausgaben für die Verteidigung stetig erhöht. Als im
Jahre 1971 Millionen von Flüchtlingen aus dem damaligen „Ostpakistan" (und
heutigem Bangladesch) nach Indien drängten – als Konsequenz des Ausbruchs
des sogenannten „Bangladesch-Krieges" zwischen Ost- und Westpakistan (dem
heutigen Pakistan) – erwies sich diese militärische Stärke von Nutzen und Indien
führte die Teilung Pakistans herbei. Der indische Krieg gegen Pakistan wurde
aber erst möglich, nachdem die Sowjetunion Sicherheitsgarantien abgegeben hatte, um eine potenzielle chinesische Interventionen für Pakistan auszugleichen.
Trotz des öffentlichen Bekenntnisses zur Blockfreiheit unterzeichnete Indien im
August 1971 einen auf 20 Jahre angelegten „Vertrag über Frieden, Freundschaft
und Kooperation" mit der Sowjetunion. Als Ergebnis war dadurch Indiens Nord-
flanke geschützt, und Indien hatte freie Hand, im damaligen Ostpakistan einzu-
greifen.

Als Folge des Krieges im Jahr 1971, der Teilung Pakistans und Schaffung von
Bangladesch wurde Indien zur unumschränkten Regionalmacht auf dem Subkontinent. Und dennoch: Trotz dieses neu erlangten Status war Indien nicht in der Lage,
über die Region hinaus Einfluss auszuüben. Hierfür gab es zahlreiche Gründe:
Die nehruvianische Strategie einer staatlich gelenkten Industrialisierung führte
zu dieser Zeit zu einem extrem schwachen Wirtschaftswachstum.[31] Gleichzeitung
exportierte Indien relativ wenig, verfügte nur über sehr begrenzte internationale
Wirtschaftskontakte und war praktisch nicht in die globale Wirtschaft integriert.
Dies führte gleichzeitig zu einem Mangel an ausländischen Direktinvestitionen,
zu technologischen Schwächen in der Produktion und generell zu wenig Unter-
nehmertun. Die Konsequenzen fasste der indische Volkswirt Raj Krishna mit dem
Ausdruck „Hindu rate of growth"[32] treffend zusammen.

Auf der globalen Ebene, im Zuge der Ölkrise von 1973, führte Indien die Gruppe der 77 (G77) an, eine Gruppe von Entwicklungsländern, die die globale Wirtschaftsordnung fundamental ändern wollten. Dabei profitierte Indien aber nicht von dem globalen Anstieg der Ölpreise und erhielt auch keinerlei wichtige – und für Indien notwendige – Zugeständnisse als ressourcenarmes Entwicklungsland durch die *Organisation erdölexportierender Länder* (OPEC). Im Mai 1974 kam es schließlich unter Premierministerin Indira Gandhi zum ersten unterirdischen Nukleartest in der indischen Geschichte.[33] Allerdings war es der damaligen wirtschaftlichen Schwäche Indiens geschuldet, dass am nuklearen Waffenprogramm danach nicht weitergearbeitet wurde, zumal der internationale Druck und wirtschaftliche und technologische Sanktionen seitens der USA die indische Wirtschaft zu dieser Zeit noch weiter schwächten.[34]

Letztlich konnte Indien während der 1970er Jahre in keiner Weise großen internationalen Einfluss ausüben, sein Einfluss blieb vielmehr beschränkt auf die südasiatische Region. Die USA wiederum ignorierten Indien sowie mögliche indische Empfindlichkeiten, als sie sich entschieden, ein strategisches Verhältnis mit Pakistan einzugehen: Als die Sowjetunion im Dezember 1979 in Afghanistan einmarschierte, unterstützten die USA Pakistan mit bedeutender wirtschaftlicher und militärischer Hilfe und stärkten damit auf Kosten von Indien den nördlichen Nachbarn. Dies bewog Indien, eine noch engere militärische Kooperation mit der Sowjetunion einzugehen. Diese militärischen Beziehungen hatten allerdings einen hohen diplomatischen Preis, denn Indien musste der sowjetischen Besatzung Afghanistans zustimmen,[35] obwohl dies innenpolitisch höchst umstritten war.

Bis zum Ende der 1980er Jahre war Indien für andere Staaten als wirtschaftlicher Partner relativ uninteressant, abgesehen von einigen Bemühungen auf Seiten Ronald Reagans, die Beziehungen zu Indien zu verbessern. Indien blieb daher stark von der Sowjetunion abhängig.[36]

Nach dem Ende des Kalten Krieges: Wirtschaftliche Liberalisierung und Pragmatismus als neues außenpolitisches Mantra

Über Jahrzehnte hinweg war die indische Außenpolitik durch Kontinuität geprägt, abgesehen von einem großen Bruch durch den verlorenen Grenzkrieg gegen China. Erst durch den Kollaps der Sowjetunion und die neu entstehende globale Ordnung nach dem Ende des Kalten Krieges wurden indische Politiker zu einer Neuausrichtung indischer Außenpolitik auf globaler und wirtschaftlicher Ebene gezwungen. Auf der globalen Ebene verlor die Blockfreiheit endgültig an Bedeutung. Auf wirtschaftlicher Ebene war Indien mit einer nie dagewesenen finanziellen Notlage konfrontiert, zum Teil hervorgerufen durch den ersten Golfkrieg im Jahr 1991, der damit einhergehenden Evakuierung von mehr als 100.000 indischen Arbeitern aus dem Persischen Golf und mit dem Versiegen der hohen Geldtransfers, mit denen die indische Staatskasse gestützt wurde.[37] Angesichts dieser außergewöhnlichen Krise und des Zusammenbruchs der Sowjetunion entschieden sich indische Politiker, vor allem der damalige Finanzminister und spätere Premierminister Manmohan Singh, Indiens nationale und internationale Wirtschaftspolitik radikal zu erneuern.[38] Die importsubstituierende Industrialisierung wurde reformiert, der öffentliche Sektor für ausländische Investitionen geöffnet und die gewaltige Zahl an erforderlichen Lizenzen, Genehmigungen, Regulierungen und Quoten stark beschnitten.[39] Indien begann danach, sich langsam in die Weltwirtschaft zu integrieren. Damit einhergehend kam es auch zu Änderungen der außenpolitischen Orientierungen, insbesondere in Bezug zu den USA. Indien wurde hier zunächst mit großen Hindernissen konfrontiert, war es doch ein erklärter Gegner des *Non-Proliferation Treaty* (NPT) und lehnte es kategorisch ab, diesem beizutreten. Jedoch waren die USA vor allem unter der Clinton-Regierung darum bemüht, diesen Vertrag unbeschränkt zu verlängern, vor allem im Rahmen der NPT Review Conference im Jahr 1995.

In dieser Zeit änderte sich die generelle Orientierung der indischen Außenpolitik stark in Richtung Pragmatismus, wie das Beispiel Israels demonstrierte: Arabische Staaten wurden von Indien in multilateralen Foren nicht länger unterstützt, stattdessen setzte sich Indien nun verstärkt für Israel ein. Seit der Gründung Israels im Jahr 1948 hatte Indien bis zu diesem Zeitpunkt eine eher zurückhaltende Position gegenüber Israel eingenommen. Viele Politiker betrachteten sowohl die Gründung Israels als auch das Verhalten Israels als die Weiterführung kolonialer Politik.[40] Indische Politiker kamen auch nicht umhin, die Einstellungen und Gefühle des relativ großen muslimischen Bevölkerungsanteils Indiens (heute insgesamt 170 Millionen) zu berücksichtigen. Erst im Jahr 1992, im Zeichen des Friedensvertrages von Oslo, richtete Indien schließlich eine eigene Botschaft in Israel ein.[41]

Gleichzeitig lenkte Indien sein Augenmerk auch in Richtung Südostasien. Während des Kalten Krieges hatten indische Politiker die Staaten Südostasiens praktisch ignoriert, mit der Ausnahme von Vietnam. Nun aber, als Teil der Öffnung seiner Märke für ausländische Investitionen und um Exportmärkte zu sichern, begann Indien mit seiner *Look East*-Politik,[42] wobei das Kalkül war, die Region nicht der wirtschaftlichen und militärischen Dominanz Chinas zu überlassen.

In den Beziehungen zu China gingen beide Seiten vor allem seit dem Jahr 1993 wichtige vertrauensbildende Maßnahmen ein. Diese verfolgten das Ziel, die permanenten Spannungen an der *line of actual control* (LAC) einzudämmen, wobei diese Maßnahmen in letzter Konsequenz wenig erfolgreich waren.[43] Die Beziehungen zu Pakistan blieben in dieser Zeit ebenfalls problematisch. Mehr noch: Nach dem Ausbruch der ethno-religiösen Aufstände in Jammu und Kaschmir im Dezember 1989 verschlechterten sich die indisch-pakistanischen Beziehungen sogar erheblich.[44]

Das Jahr 1998 markierte schließlich einen weiteren Bruch mit der traditionellen indischen Außenpolitik: Indien wurde Atommacht. Dieser spezifische Zeitpunkt hatte allerdings weniger mit der Machterlangung der *Bharatiya Janata Party* (BJP) im gleichen Jahr zu tun.[45] Stattdessen war er eng verbunden mit der erfolgreichen Verlängerung des NPT im Jahr 1995 und den o. g. Bemühungen der Clinton-Regierung in dieser Angelegenheit. Neben diesen Gründen gab es vor allem aber die von Indien wahrgenommene Bedrohung durch China. Hierzu gehörten die konventionellen militärischen Fähigkeiten Chinas, die weiterhin ungelösten Grenzfragen sowie die chinesischen Nuklearwaffen. All dies waren Faktoren, die ein erfolgreiches eigenständiges indisches Nuklearwaffenprogramm immer wichtiger werden ließen.[46]

Trotz der anfänglichen Feindseligkeit der USA und der anderen Großmächte akzeptierte die internationale Gemeinschaft, wenngleich widerwillig, dass Indien zu einer Nuklearmacht geworden war. Die Bemühungen der Bush-Regierung seit dem Jahr 2000, Indien als Partner zu gewinnen, führten sogar dazu, dass ein ziviler Nuklearpakt geschlossen wurde.[47] Mit dem Abschluss dieses Pakts begann eine neue Ära der indisch-amerikanischen Beziehungen.

Pakistan bemühte sich im Jahr 1999, das Kaschmirproblem durch einen Aufstand in der Kargil-Region zu lösen. Dieser führte zu einem kurzen, gewaltsam ausgetragenen Konflikt zwischen beiden Staaten.[48] Trotz der pakistanischen Provokationen übte Indien erstaunliche Zurückhaltung aus und ein konventioneller Krieg konnte vermieden werden. Nach einer weiteren schweren Krise in den Jahren 2001-2002 unternahmen Indien und Pakistan einen erneuten Anlauf, einen Friedensprozess anzubahnen; das Ergebnis war eine spürbare Deeskalation der Spannungen in Kaschmir.[49]

Alles in allem zeigt sich, dass Indien in der dritten Phase seiner Außenpolitik damit begann, pragmatischer zu agieren, und sich bemühte, als verantwortungsvolle Macht aufzutreten. Die folgende Übersicht fasst die zentralen Daten indischer Außenpolitik zusammen:

Übersicht 2 Wichtige Daten zur indischen Außenpolitik

1947	1. Indisch-Pakistanischer Krieg
1954	Panchsheel-Prinzipien verabschiedet
1961	Eingliederung Goas in die Indische Union
1961	Gründung der Blockfreien Bewegung (NAM)
1962	Chinesisch-indischer Krieg
1965	2. Indisch-pakistanischer Krieg
1971	Indisch-sowjetischer Vertrag über Frieden, Freundschaft und Kooperation
1971	3. Indisch-pakistanischer Krieg
1975	Annexion des Königreichs Sikkim
1987	Indian Peace Keeping Force (IPKF) – Einsatz im Konflikt Sri Lanka (-1990)
1998	Indien wird Nuklearmacht
1999	Kargil-Krieg mit Pakistan
2008	Ziviles Nuklearabkommen USA – Indien

26. Mai 2014: Der Beginn einer „energischen" Außenpolitik?

Am 7. April 2014 und damit kurz vor Beginn der Wahlen zur *Lok Sabha*, erschien das sogenannte „BJP Wahlmanifesto", ein 42-seitiges Dokument, das die zentralen Vorstellungen der BJP zu wirtschaftlichen, politischen, sozialen und außenpolitischen Angelegenheiten zusammenfasste. Im Vorwort wird zunächst auf die historische Rolle Indiens in der Welt verwiesen:

> India is the most ancient civilization of the world. [...] Before the advent of Britishers, Indian goods were internationally recognized for their quality and craftsmanship. India had a much bigger role and presence in industry and manufacturing than any nation in Europe or Asia.[50]

Im Abschnitt „Foreign Relations – Nation First, Universal Brotherhood"[51] wird die Haltung der BJP zur Außenpolitik und der Rolle Indiens in der Welt dargelegt:

> [The] BJP believes a resurgent India must get its rightful place in the comity of nations and international institutions. The vision is to fundamentally reboot and reorient the foreign policy goals, content and process, in a manner that locates India's global strategic engagement in a new paradigm and on a wider canvass, that is not just limited to political diplomacy, but also includes our economic, scientific, cultural, political and security interests, both regional and global, on the principles of equality and mutuality, so that it leads to an economically stronger India, and its voice is heard in the international fora.

Neben diesen allgemeinen Ausführungen nimmt das Wahlmanifesto direkten
Bezug auf die Idee indischer „soft power" als einer wichtigen außenpolitischen
Komponente:

> India has long failed to duly appreciate the full extent and gamut of its soft power
> potential. There is a need to integrate our soft power avenues into our external inter-
> change, particularly, harnessing and focusing on the spiritual, cultural and philoso-
> phical dimensions of it.

Kaschmir wird als „integral part of the Union of India" angesehen. Die Region
Südasiens und die indischen Nachbaren werden ebenfalls ausdrücklich erwähnt,
ebenso wie die Autonomie indischer Außenpolitik gegenüber regionalen oder
internationalen Großmächten:

> Instead of being led by big power interests, we will engage proactively on our own
> with countries in the neighbourhood and beyond.

Außerdem wird im Wahlmanifesto zum Nuklearprogramm explizit und deutlich
Stellung genommen:

> [The BJP will follow a] two-pronged independent nuclear program, unencumbered
> by foreign pressure and influence, for civilian and military purposes.

Bereits in diesen kurzen Auszügen wird deutlich, dass die BJP sehr klare Vorstellungen über Indiens Rolle in der Welt hat und proaktiv Außenpolitik betreiben
möchte. Im einzigen Interview von Narendra Modi, das sich dezidiert mit Außenpolitik auseinandergesetzt hat, erklärte er:

> I believe in Hindutva which is based on the age-old concept of Vasudeva Kutumba[52].
> I believe mutual respect for one another and cooperation should be the basis for
> relation-ships with foreign nations. And I am confident my Hindutva face will be
> an asset when dealing with foreign affairs with other nations. [...] I will follow the
> (foreign) policies of the Vajpayee-led NDA government. [...] And that also applies to
> relationship with the United States. I don't think a decision taken by any individual
> or one event should impact the overall policy.[53]

Die Ankündigungen im Wahlmanifesto und die außenpolitischen Handlungen
Modis nach wenigen Monaten im Amt zeigen, dass seine außenpolitischen Orientierungen deutlich selbstbewusster einzuschätzen sind als die seiner Vorgänger, vor
allem in Bezug zu den langjährigen Rivalen Pakistan und China. Hier hat Modi

bereits früh rote Linien in den bilateralen Beziehungen gezogen, z. B. was die Unterstützung des Terrorismus in Pakistan anbelangt oder Territorialverletzungen durch China. Die zentrale Rolle, die Indien auf dem Subkontinent spielt, zeigte sich bereits eindrucksvoll mit dem Amtsantritt Modis. Dieser lud alle Staats- und Regierungschefs der SAARC-Staaten[54] zu seiner Amtseinführung am 26. Mai 2014 ein und führte sogleich mit allen bilaterale Gespräche, inklusive Pakistans Premierminister Nawaz Sharif. Einige Tage nach seiner Amtsübernahme erklärte Modi am 1. Juni 2014:

> We have never thought beyond the country's frontiers. We are a big country, we are an old country, and we are a big power. We should make the world realise it. Once we do it, the world will not shy away from giving us due respect and status.[55]

Im Juni besuchte Modi Bhutan als erste seiner außenpolitischen Stationen, und im August reiste er nach Nepal, womit er seit 17 Jahren der erste indische Premierminister werden sollte, der dem Land einen Besuch abstattete. Er bot eine Milliarde Dollar als Kreditlinie für wirtschaftliche Beziehungen, Infrastrukturentwicklungen und Energieprojekte an. Modi betonte die engen Bindungen und Ähnlichkeiten zwischen den Ländern und sprach bewundernd über den friedlichen Wandel zur Demokratie, den Bhutan erlebt hatte. Er kommentierte dies mit den Worten: „The stronger India will be, the better it is for Bhutan and other SAARC nations."[56] Nach Modis Besuch wählte die neue indische Außenministerin Sushma Swaraj ebenfalls die unmittelbaren indischen Nachbarn (Bangladesch und Nepal) als erste Stationen für ihre offiziellen Antrittsbesuche.

Ein zentrales Ergebnis der Gespräche zwischen Modi und Sharif war, dass verbindliche Gespräche auf Staatssekretärsebene vereinbart wurden.[57] Allerdings wurden diese nur wenige Tage vor dem geplanten Stattfinden wieder abgesagt, da sich der Pakistanische High Commissioner in Indien, Ab-dul Basit, im August mit Separatistenführern aus Kaschmir getroffen hatte.[58] Derartige Gespräche hatten bereits in der Vergangenheit stattgefunden und waren von der Kongresspartei stets stillschweigend toleriert worden. Modi konnte eine derartige Haltung nicht gutgeheißen und so kam es unweigerlich zum ersten außenpolitischen Eklat.

Am 9. Juni 2014 eröffnete der indische Präsident Pranab Mukherjee das neue Parlament und betonte in den Ausführungen zu den außenpolitischen Zielsetzungen, dass die Modi-Regierung sich „energisch" mit den indischen Nachbarn auseinandersetzen würde.[59] Das erste Land außerhalb Südasiens, dem Modi einen Besuch abstattete, war Japan, ein Land, mit dem er bereits in seiner Zeit als Chief Minister von Gujarat wirtschaftlich eng zusammengearbeitet hatte. Sein Besuch mündete im

sogenannten *special global strategic partnership*, welches sowohl eine wirtschaftliche als auch eine militärische Dimension hat. Japan versprach, bis zu 35
Milliarden Dollar in Indien zu investieren (unter anderem in den Bau von sogenannten *bullet trains*) und seine Direktinvestitionen in Indien zu verdoppeln. Das
militärische Verhältnis beider Staaten wurde dadurch gestärkt, dass beide Länder
darin übereinkamen, zwischen den Außen- und Verteidigungsministern beider
Länder „Zwei-plus-zwei"-Treffen zu institutionalisieren, regelmäßig gemeinsame
Manöver auf See abzuhalten und die japanische Teilnahme an den indisch-amerikanischen Manövern fortzuführen. Modi betonte bei seinem Besuch mehrfach,
dass es zwischen Indien und Japan geteilte Werte – insbesondere demokratische
– gäbe.

Neben Japan wurde China ein wichtiger Fokus der ersten außenpolitischen Entscheidungen Modis. Am 9. Juni 2014 traf Modi den chinesischen Außenminister und betonte die Existenz alter zivilisatorischer Kontakte zwischen den beiden
Ländern[60] als festes Fundament der chinesisch-indischen Beziehungen. Ungelöste
Grenzprobleme ebenso wie chinesische Grenzübertritte in Ladakh wurden er-
örtert. Dabei war es für Modi wichtig, die geplante Japanreise um einige Tage zu
verschieben, um den chinesischen Präsidenten Xi Jinping am Rande des BRICS-
Gipfels am 15 Juli 2014 treffen zu können. Am 17. September 2014 – Modis 64.
Geburtstag – besuchte der chinesische Präsident Xi Jinping Modis Heimatstatt
Ahmedabad in Gujarat. Während des Besuchs wurden die andauernden Grenz-
übertritte in bis dato ungewohnt deutlicher Weise thematisiert, was zeigte, dass
Modi sich vor kritischen öffentlichen Diskussionen nicht scheut. Modi nahm das
Treffen zum Anlass, für chinesische Investitionen in die Modernisierung der in-
dischen Infrastruktur, insbesondere in Bezug auf das Schienenwesen, Kraftwerke
und Industrieparks zu werben. Zwischen 2004 und 2014 hatte China circa 400
Millionen Dollar investiert. Der chinesische Präsident versprach, in den nächsten
Jahren diese Summe auf bis zu 20 Milliarden Dollar zu erhöhen, vor allem in der
Produktion und Infrastruktur.[61]

Die ASEAN-Region ist ein weiterer wichtiger Bestandteil des neuen außenpolitischen Fokus von Modi. Die Außenministerin Sushma Swaraj besuchte zunächst
Myanmar und dann Vietnam. In Nay Pyi Taw nahm sie am East Asia Summit,
dem ASEAN Regional Forum und dem India-ASEAN Außenministertreffen teil.
In diesem Zusammenhang betonte Swaraj die neue Politik des *act east* als Nachfolgerin der sogenannten *Look East*-Politik.[62] Am 15. September 2014 erwarb Indien sieben neue Öl- und Gasfelder von Vietnam im Südchinesischen Meer und
versprach, bei der Modernisierung der vietnamesischen Verteidigungsindustrie zu
helfen.[63] Diese Handlungen zeigen, dass Indien eine mögliche Konfrontation mit
China nicht scheut, welches das Südchinesische Meer als Teil seines Einflussbe-

reichs betrachtet und mit der indischen Unterstützung Vietnams nun einen potenziell starken Gegenspieler hat. Auch das Verhältnis zu den USA wird von Modi stark gefördert: Am 30. September 2014 wurde Modi von Barack Obama im Weißen Haus empfangen. Anlässlich des Treffens verständigten sich Indien und die USA darauf, die bestehende Verteidigungskooperation um weitere zehn Jahre zu verlängern und Handel und Investitionen mit dem indischen Verteidigungssektor zu verstärken.[64]

Ein weiterer wichtiger Schritt in der neuen Außenpolitik Modis war seine Teilnahme am BRICS-Gipfel, auf dem beschlossen wurde, eine *New Development Bank* (NDB) mit einer Bilanzsumme von 100 Milliarden Dollar zu gründen.[65] Im Bereich des globalen wirtschaftlichen Multilateralismus nahm Indien eine unnachgiebige Haltung in der *World Trade Organization* (WTO) bezüglich des *trade facilitation agreement* ein, das von der indischen Regierung aufgrund ihrer Sorgen über eine gefährdete Ernährungssicherheit in Indien als Folge dieses Abkommen blockiert wurde.

Konklusionen

Als vorläufiges Ergebnis lässt sich festhalten, dass die neue BJP-Regierung innerhalb weniger Monate eine große Zahl an neuen außenpolitischen Abkommen und Verträgen geschlossen hat und sich sehr viel stärker als ihre Vorgängerregierung(en) um die Länder Südasiens bemüht. In welche Richtung aber steuert die indische Außenpolitik in der Ära Modi?

Wirtschaftlich, politisch und strategisch hat Indien durch Modis proaktive Außenpolitik neue Möglichkeiten, sich in der nahen Zukunft seiner seit Langem angestrebten Position als internationale Großmacht schneller anzunähern, als dies noch bis vor Kurzem zu erwarten gewesen wäre. Allerding steht Indien im Bereich seiner sozio-ökonomischen Entwicklung weiterhin vor ungelösten Herausforderungen, die auch die Außenpolitik maßgeblich beeinflussen werden.[66] Zu diesen Herausforderungen gehört unter anderem, die wirtschaftliche Wachstumsrate des Landes aufrechtzuerhalten bzw. zu steigern, Energiesicherheit im Angesicht eines stetig wachsenden Energiebedarfs sicherzustellen und die zahlreichen inneren Sicherheitsprobleme zu lösen. Gleichzeitig muss Indien in einer weiterhin fragilen, von Konflikten geprägten Region Südasiens mit seinen Nachbarn eng zusammenarbeiten, um zu gewährleisten, dass auch die anderen Länder Südasiens dauerhaft politische und wirtschaftliche Stabilität erlangen.

Insbesondere bleiben aber zunächst vier ungelöste außenpolitische Fragen, auf welche die indische Regierung dauerhaft Antworten wird finden müssen. *Erstens*:

Wie wird Indien mit dem unaufhaltsamen Aufstieg Chinas, seinem großen asiatischen Rivalen, umgehen, vor allem in militärischer Hinsicht? *Zweitens*: Welche Möglichkeiten gibt es, das problematische Verhältnis zu Pakistan zu regeln, selbst ohne eine Lösung für die Kaschmirfrage gefunden zu haben? *Drittens*: Wie kann Indien sein Verhältnis zu den USA weiterentwickeln, insbesondere in wirtschaftlicher Hinsicht? Und schließlich *viertens*: Wird die BJP ihre nationalistische *hindutva*-Politik, wie im BJP-Wahlmanifesto vorgestellt, dauerhaft auf die indische Außenpolitik übertragen können und mit welchen Folgen?

Anmerkungen

1 Nehru (2006: 280-281).
2 Bharatiya Janata Party (2014: 1).
3 Kuber (2014).
4 Wagner (2005). Vgl. hierzu auch den Beitrag von *Hirt* im vorliegenden Band.
5 Siehe zum Konzept der Selbsthilfe z. B. Waltz (1979).
6 Zu den Hauptprinzipien und den verschiedenen Ausprägungen des Realismus siehe z. B. Mearsheimer (2001); Wohlforth (2008).
7 Zu den ideellen Ursprüngen indischer Außenpolitik siehe Brecher (1968); Michael (2013: 21-30).
8 Siehe zum Beispiel Kavic (1967); Malone (2011: 130-136).
9 Gemäss der Präambel der indischen Verfassung ist das Land eine "sovereign socialist secular democratic republic".
10 *Licence raj* bedeutet in diesem Kontext die „Herrschaft der Lizenz" und ist eine Anspielung auf den beinah zweihundertjährigen *British raj*. Siehe auch Malone (2011: 76-80).
11 McMahon (1994).
12 Donaldson (1974).
13 Garver (2001).
14 Bandyopadhyaya (1970).
15 Tickner (1986).
16 Rana (1976).
17 Ogden (2014: 13).
18 Nehru (1963).
19 Ganguly (1991).
20 Cohen (1990).
21 Dasgupta (2002).
22 Rubinoff (1971).
23 Ranganathan (2007); Michael (2013: 32-35).
24 Cohen (1990).
25 Ganguly (1989).
26 Sidhu/Yuan (2001).
27 Kanti Bajpai bezeichnet diese Zeit als „modified structuralism". Siehe Bajpai (1998).

28　Thomas (1978).
29　Ganguly (1990).
30　Michael (2014).
31　Bhagwati/Desai (1970).
32　Bhagwati (2007).
33　Ganguly (1983: 30-33).
34　Ganguly (1983: 30-33).
35　Cohen (1990).
36　Kux (1993).
37　Ganguly (1991: 37-38); Joshi/Little (1994: 180-191).
38　Aggarwal/Mukherji (2008).
39　Bhagwati/Srinivasan (1993).
40　Kumaraswamy (2003).
41　Blarel (2010: 155-174); Pant (2012: 131-150)
42　Baru (2006).
43　Ganguly (2004).
44　Ganguly (1997); Swami (2007).
45　Perkovich (1999).
46　Ganguly (1999).
47　Ganguly/Mistry (2006: 375-378).
48　Swami (1999); Singh (2001).
49　Chari/Cheema/Cohen (2007).
50　Bharatiya Janata Party (2014: 1).
51　Bharatiya Janata Party (2014: 39-40).
52　„Die Welt ist eine Gemeinschaft".
53　Kuber (2014).
54　Vgl. hierzu auch den Beitrag von *Unterlöhner* in diesem Band.
55　Siasat Daily (2014).
56　Jacob (2014).
57　Barry/Raj (2014).
58　Haidar (2014a).
59　Agarwal (2014).
60　Agarwal (2014).
61　The Hindu (2014a).
62　Madan (2014).
63　Haidar (2014b).
64　Chaudhuri (2014); The Hindu (2014b); Varadarajan (2014).
65　Acharya (2014).
66　Ganguly/Pardesi (2007). Vgl. hierzu auch die Beiträge von *Hirt* und *Kentischer* in diesem Band.

Ist Indien Regionalmacht, Großmacht oder Weltmacht? Stationen indischer Außenpolitik

Jonas Hirt

Einleitung

Ist Indien eine Weltmacht? Die Analyse von Publikationen, vor allem solcher, die in den letzten zehn Jahren erschienen sind, erweckt den Eindruck, dass Indien diesen Status bereits erreicht hat. Indien als Weltmacht taucht insbesondere immer häufiger als Titel von indienbezogenen Veröffentlichungen auf.[1] Ebenfalls ist immer häufiger zu lesen, dass Indien in naher Zukunft stetig wachsenden Einfluss ausüben wird, nicht nur in politischer und ökonomischer, sondern auch in kultureller Hinsicht.[2] Eine genauere Betrachtung dieser Veröffentlichungen ergibt allerdings ein eher diffuses Bild. Was eigentlich eine Regionalmacht, Großmacht oder Weltmacht ist, bleibt häufig im Unklaren. *Regionalmächte* beispielsweise können in ihrem geografischen Umfeld ihre militärische, politische und wirtschaftliche Stärke einsetzen, um die Politik der anderen Staaten in ihrem Sinne zu beeinflussen.[3] Eine *Großmacht* zu sein, bedeutet mehr als nur militärische und ökonomische Stärke. Dieser Status manifestiert sich auch durch Exklusivrechte in internationalen Organisationen, wie zum Beispiel das Vetorecht im UN-Sicherheitsrat. Dies lässt sich neben der ökonomischen und der militärischen als politische Stärke bezeichnen.[4] Innerhalb der Großmächte ragten die USA und die Sowjetunion während des Kalten Krieges als *Weltmächte* hervor. Als Kriterium der Unterscheidung von einer Großmacht dient eine universelle Ideologie, durch die der eigene Block überzeugt wurde, sich der Großmacht anzuschließen.[5] Eine klare Trennung oder Definition der zentralen Begriffe findet in aktuelleren Publikationen zu Indien meist jedoch nicht statt. Zudem wird oftmals lediglich auf die Landmasse und Bevölkerung Indiens, auf das wirtschaftliche Wachstum seit Mitte der 1990er Jahre verwiesen sowie auf den Besitz von Atomwaffen seit 1998. Doch reicht dies aus, um tatsächlich den Status einer Großmacht oder gar einer Weltmacht zu erlangen?

Generell lässt sich festhalten, dass in Publikationen zu Indien bisweilen ein idealisiertes und wenig systematisches Indienbild gezeichnet wird.[6] Einen systematischen Ansatz bietet hingegen der Politikwissenschaftler und Indienexperte Christian Wagner in seiner Analyse über Indien als „verhinderte" Großmacht.[7] In einer Monografie aus dem Jahr 2014 betrachtet der Politikwissenschaftler Chris Ogden die Großmachtambitionen Indiens. Dies geschieht ähnlich wie bei Wagner anhand analytischer Kategorien.[8] Beide zeigen, dass vor allem die Beziehungen zu den anderen Großmächten, aber auch die indischen Beziehungen zu den Nachbarstaaten von großer Bedeutung sind. Der Politikwissenschaftler Herbert Wulf legt dar, wie sich die indische Außenpolitik seit der Unabhängigkeit zwischen den beiden Polen Idealismus und Realismus bewegt hat.[9] Neben diesen wissenschaftlichen Analysen gibt es aber auch Aussagen bekannter Politikerinnen und Politiker, die eine dezidierte Perspektive einnehmen. Bei einem Indienbesuch 2009 konstatierte Hillary Clinton: „I consider India not just a regional power, but a global power."[10] Eine ähnliche Einschätzung vermittelt die deutsche Presse, zum Beispiel „Die Zeit". Hier wird das Treffen Barack Obamas mit Narendra Modi als ein Treffen zweier Weltmächte beschrieben.[11] Diese erste kurze Bestandsaufnahme ergibt also ein recht widersprüchliches Bild. Diese Widersprüche sollen hier näher betrachtet werden.

Im Folgenden werden deshalb zunächst entscheidende Stationen der indischen Außenpolitik im Zeitverlauf dargestellt. Dies soll zu einem besseren Verständnis des zweiten Teils dieses Beitrags führen, der sich auf die Beantwortung der oben gestellten Frage konzentriert. Deren Einordnung beruht auf den zuvor erläuterten Unterschieden zwischen einer Weltmacht, einer Großmacht und einer Regionalmacht.[12]

Entscheidende Stationen indischer Außenpolitik

Die indische Außenpolitik wird häufig in verschiedene Phasen[13] eingeteilt. Als Grundlage zur Beantwortung der Frage im zweiten Teil des Beitrags, ob Indien tatsächlich eine Weltmacht ist, wird im Folgenden zunächst differenziert, ob die Außenpolitik Indiens in der jeweiligen Phase als eher idealistisch oder realistisch geprägt bezeichnet werden kann.

Stationen idealistischer Außenpolitik:
Jawaharlal Nehru und Inder Gujral

Die Grundannahmen einer idealistischen Auffassung von Außenpolitik werden häufig mit dem US-Präsidenten Wilson und dessen 14-Punkte-Programm verknüpft: Die bestehende Anarchie lässt sich durch Kooperation überwinden, damit wird ein System kollektiver Sicherheit geschaffen. Ein idealistisches Menschenbild gründet auf der Aufklärung, somit wird der Mensch als vernunftbegabt verstanden, der friedlich mit seinen Mitmenschen zusammenleben möchte.[14] Hieraus lassen sich eine Ablehnung von Gewalt und Diskriminierung sowie die Betonung des Souveränitätsprinzips der einzelnen Staaten ableiten. Eine idealistische indische Außenpolitik, deren Grundlagen unter anderem in Gandhis Ideen der Gewaltlosigkeit und Toleranz liegen,[15] wird zumeist mit dem Namen von Jawaharlal Nehru gleichgesetzt. Doch wie idealistisch war Nehrus Außenpolitik in den Jahren von 1947 bis 1964 wirklich?

Eine unabhängige Außenpolitik zu betreiben, war für Nehru eines seiner wichtigsten Ziele: „The objective of always retaining India's full foreign policy autonomy was the most fundamental aspect of Nehru's foreign policy."[16] Ob diese Autonomie erhalten werden konnte, war zum Zeitpunkt der Staatsgründung allerdings noch nicht sicher. Dementsprechend sollte die Blockfreiheit die Souveränität und Sicherheit Indiens gewährleisten, indem sich Indien weder dem westlichen noch dem östlichen Block anschloss. Die Blockfreiheit besitzt aus dieser Perspektive einen Charakter, den man dem Realismus zuordnen kann.[17] Nehrus Kritik an der Blockbildung verdeutlicht jedoch ihren idealistischen Charakter: Blockbildung führte nach Ansicht Nehrus zum Ausbruch der beiden Weltkriege.[18] Zudem wollte Nehru mit dieser Bewegung und als unabhängiges Land einen Beitrag zum Weltfrieden leisten.[19] Als ebenso idealistisch lassen sich die fünf Grundsätze der friedlichen Koexistenz klassifizieren. Diese wurden im *Panchsheel*-Vertrag zwischen Indien und China 1954 fixiert: „gegenseitige Achtung der territorialen Integrität und Souveränität, Nicht-Aggression, Nicht-Einmischung in innere Angelegenheiten, Gleichheit und gegenseitiger Nutzen und friedliche Koexistenz".[20] Diese Prinzipien dienten als Blaupause für die Beziehungen zu anderen Staaten.

Der chinesische Angriff im Jahr 1962 traf Indiens Armee und Regierung unvorbereitet und stellte die Prinzipien der idealistischen Außenpolitik der Regierung Nehrus in Frage. Chinas Handeln bedeutete den Bruch der Prinzipien des Vertrags von *Panchsheel*. Die Kampfhandlungen endeten durch einen einseitigen Waffenstillstand Chinas, dem sich auch Indien anschloss.

Die Außenpolitik der Regierung lässt sich jedoch nicht ausschließlich als idealistisch charakterisieren, da darin auch realistische Prinzipien zu identifizieren sind. Deutlich wird dies in Nehrus Einschätzung des Verhältnisses der beiden Pole Idealismus und Realismus: „Idealism alone will not do [...]. Idealism is the realism of tomorrow."[21] Im Hinblick auf den Kalten Krieg schaffte es die Regierung Nehru, Indiens Modell der Blockfreiheit als eine Alternative zu den beiden Machtblöcken zu etablieren. In Anbetracht des chinesisch-indischen Krieges kann diese Politik allerdings nicht als vollständiger Erfolg gelten und muss im Kontext des zweiten Teils des obigen Zitats gesehen werden, welcher das längerfristige Denken Nehrus illustriert. Nehru verfolgte einen Mittelweg zwischen den beiden Polen. Dies deckt sich mit der Einschätzung von Wagner: „Es wäre sicherlich zu kurz gegriffen, Nehru aufgrund seiner Betonung von Werten wie Frieden, Antirassismus und Zusammenarbeit als außenpolitischen Idealisten abzutun."[22]

Die Kritik an den Machtblöcken hinderte Nehru nicht daran, eigene Großmachtambitionen zu verfolgen, um diesen Status in der Zukunft zu erreichen. Dieses Streben war seit der Unabhängigkeit ohnehin ein Ziel jeder indischen Regierung.[23] Die Administration Nehrus versuchte auf globaler Ebene ihre Interessen mit idealistischen Ansichten zu vertreten, in der eigenen Region handelte sie aber durchaus nach realistischen Prämissen. Dafür steht unter anderem der militärische Einmarsch in die portugiesische Enklave Goa im Jahr 1961.

Als zweiter Vertreter einer idealistischen Außenpolitik wird hier Inder Kumar Gujral näher betrachtet. Im Jahr 1996 verkündete er, damals noch als Außenminister, die später als Gujral-Doktrin bezeichnete Strategie. Darin „knüpfte er an die moralischen Ansprüche der frühen Außenpolitik an".[24] Eine Betrachtung der zentralen Punkte der Rede lässt eine direkte Verbindung zum *Panchsheel*-Vertrag erkennen. So solle kein südasiatischer Staat zulassen, dass sein Territorium gegen einen anderen Staat in der Region eingesetzt werde. Zudem soll es keine Einmischung in die inneren Angelegenheiten eines anderen Staates geben. Alle südasiatischen Staaten müssen die territoriale Integrität der anderen achten. Zuletzt seien Streitfälle bilateral und friedlich durch Verhandlungen zu lösen.[25] Gujrals Strategie sah vor, das indische Ansehen in der Region durch Kooperation, die auf vor allem auf Vertrauen setzte, zu verbessern. Betont wird zudem, dass die teils bis heute bestehenden Probleme der Region, wie Terrorismus oder Klimawandel, eine internationale Kooperation erfordern. Indien zeichnete sich hierbei durch die Bereitschaft aus, einseitige Zugeständnisse gegenüber den Nachbarn zu machen: das Prinzip der Non-Reziprozität. In der Tradition der Außenpolitik des indischen Premiers P. V. Narasimha Rao (dieser regierte von 1991-1996) versuchte Gujral nicht nur aus idealistischen Gründen, sondern auch aus wirtschaftlichen Interessen die Beziehungen zu den Nachbarstaaten zu verbessern. Dies gelang nur teilweise: Der Konflikt mit Pakistan um Kaschmir blieb ungelöst. Im Jahr 1999 bestand während des Kargil-Kriegs zumindest theoretisch die Gefahr, dass eine weitere Eskalation des Konflikts einen Atomkrieg hätte provozieren können.[26] Zudem wird teils kritisiert, dass Indien zwar versucht habe, die Beziehungen zu verbessern, dies aber ohne eine fundierte außenpolitischen Strategie, sondern vielmehr unter pragmatischen Aspekten: So besäßen indische Regierungen keine längerfristige Strategie zur Bearbeitung der Konflikte innerhalb der Region, um ein stabiles regionales Umfeld zu erzeugen.[27]

Der Versuch, die Beziehungen zu den Nachbarstaaten zu verbessern, kann als Strategie zur Rechtfertigung des eigenen Großmachtanspruchs interpretiert werden. Dies basiert auf der Vorstellung, dass stabile Beziehungen zu den Staaten in der unmittelbaren Nachbarschaft eine Voraussetzung dafür sind, Großmachtansprüche auf internationaler Ebene zu artikulieren.[28] Die Regierung Gujrals gab den regionalen Führungsanspruch somit nicht auf, die Konfrontation mit den Nachbarn sollte aber durch Kooperation ersetzt werden.[29]

Die Verbindung zur Politik Nehrus wird zudem an einem anderen Punkt deutlich: Gujrals Außenpolitik orientierte sich am Konzept der Blockfreien Bewegung. Aufgrund der radikal veränderten politischen Gegebenheiten gegenüber der Zeit Nehrus musste die Bewegung jedoch entsprechend neu gestaltet werden.[30] In der Realität zeigte sich jedoch, dass nationale Interessen höher wogen als die Formulierung gemeinsamer Standpunkte innerhalb der Bewegung. Daran änderte auch die Etablierung der G-15-Gruppe nichts.[31]

Stationen realistischer Außenpolitik: Indira Gandhi und die BJP

Nachdem zunächst das Konzept einer idealistischen Außenpolitik erläutert und zwei ihrer zentralen Vertreter vorgestellt wurden, werden im Folgenden realistische Stationen analysiert. Realistische Denkschulen der internationalen Beziehungen betonen aufgrund des anarchischen Charakters des internationalen Systems die Wichtigkeit von Macht, vor allem militärischer und wirtschaftlicher Macht. Als klassisches Beispiel lässt sich dafür die Außenpolitik von Nehrus Tochter Indira Gandhi nennen.

Die militärische Intervention in Bangladesch im Jahr 1971 zeigte nicht nur Gandhis Willen, in Konflikten das Militär zur Wahrung der indischen Interessen einzusetzen,[32] sondern auch den Versuch, Einfluss auf die Innenpolitik des neu geschaffenen Staates Bangladesch zu nehmen. Die Politik Indira Gandhis verfolgte das Ziel, Indien als regionale Großmacht zu etablieren. Regionale Konflikte sollten ohne die beiden Weltmächte gelöst werden und Indien als Sprecher der Dritten Welt auf globaler Ebene agieren.[33]

Im Jahr 1971 unterzeichnete Indien mit der Sowjetunion einen sogenannten Freundschaftsvertrag, welcher den Charakter einer Militärallianz hatte.[34] Dies bedeutete eine zumindest partielle Abkehr von der Blockfreiheit. Die Gründe für das Zustandekommen dieses Bündnisses lassen sich sämtlich dem Theoriekonzept des Realismus zuordnen: So näherten sich die USA zusehends Pakistan und China an. Gleichzeitig waren die chinesisch-sowjetischen Beziehungen angespannt. Diese beiden internationalen Entwicklungen ließen eine Allianz mit der Sowjetunion als zweckrationale Handlung und das Bündnis als *balancing*-Strategie gegenüber den USA erscheinen.

Weiteres Kennzeichen einer realistischen Außenpolitik war der Beginn der Entwicklung von Nuklearwaffen und der erste indische Atomtest 1974. Allerdings war zu diesem Zeitpunkt noch offen, ob Indien eine Atommacht werden würde.[35] Da der Nicht-Verbreitungsvertrag aus dem Jahr 1968 von Indien nie unterschrieben wurde, kann allerdings davon ausgegangen werden, dass Indien die Option einer atomaren Bewaffnung niemals ausschloss, auch wenn der erste Test im Jahr 1974 noch offiziell als „peaceful nuclear explosion" bezeichnet wurde.

Gleichzeitig ist jedoch zu berücksichtigen, dass die Außenpolitik Indira Gandhis an den zentralen Prämissen der Regierung ihres Vaters festhielt. Wesentliches Ziel war immer noch die Bewahrung der eigenen außenpolitischen Autonomie. Die Außenpolitik der Regierung Indira Gandhis war dabei allerdings viel stärker vom Realismus geprägt als die Nehrus.[36] So ist eine Orientierung hin zu einer machtorientierten Außenpolitik in der Region festzustellen. Gleichzeitig betonte Indira Gandhi auf globaler Ebene die Solidarität der Dritten Welt und übte Kritik an imperialistischer Politik, obwohl die indische Politik in der Region durchaus auch als imperialistisch bezeichnet werden kann.[37]

Indiens Position als Hegemon in der Region war nur bedingt erfolgreich. So nahm Indien zwar zeitweise aktiv Einfluss auf die Innenpolitik Bangladeschs, doch konnte dieser nicht lange aufrechterhalten werden. Indien wurde zudem als Aggressor und dominanter Hegemon von kleineren Staaten in der Region wahrgenommen.[38] Dies mag erklären, warum Rao und Gujral in den 1990er Jahren bemüht waren, die Beziehungen zu den Nachbarländern zu verbessern. Das Ansehen Indiens in der Region litt durch die „Indira-Doktrin". Der schnelle Sieg gegen Pakistan im Jahr 1971 in Bangladesch bedeutete aber keineswegs einen Vorteil in der Kaschmir-Frage. Diese blieb auch für die nachfolgenden Regierungen bestehen.

Die zweite Station einer realistischen Außenpolitik ist das Jahr 1998. Innerhalb der Regierungszeit der hindu-nationalistischen *Bharatiya Janata Party* (BJP) wurde Indien in jenem Jahr endgültig eine Atommacht. Die realistische Politik der BJP erreichte damit ihren Höhepunkt, weshalb das Jahr 1998 hier als repräsentativ für die realistisch geprägte hindu-nationalistische Außenpolitik betrachtet wird. Für Herbert Wulf ist der Hindu-Nationalismus „die Gegenstrategie zur idealistischen Vision".[39] Die Betonung der Wichtigkeit des Militärs und vor allem nuklearer Bewaffnung bestätigen dies. Aber auch die zunehmende wirtschaftliche Stärke untermauert seither den Anspruch Indiens, eine Großmacht zu sein. Innerhalb der Regierungskoalition setzte sich die BJP dafür ein, dass Indien international den Status einer Großmacht erhält, der dem Land aus der Perspektive der BJP zustehen würde.[40] Im Rahmen dessen nahm die BJP auch internationale Sanktionen aufgrund ihres Nuklearprogramms in Kauf. Der Großmachtanspruch wurde zwar von allen indischen Regierungen vertreten, aber keine tat dies so radikal wie die BJP.[41] Den Status als Großmacht wollte sie, ähnlich wie Indira Gandhi, über militärische Stärke erlangen. Passend dazu wurde die indische Einflusssphäre erweitert: Im südost-asiatischen Raum sieht die BJP Indien als eine politische Ordnungsmacht, nach Westen reicht diese Zone bis hin zu den Golfstaaten.[42]

Empirisch betrachtet muss man die Strategie der BJP aber als gescheitert bewerten. Abgesehen von aggressiver Rhetorik und den Nuklearwaffentests führte sie im Prinzip den außenpolitischen Kurs von Rao weiter und versuchte, die Beziehungen zu den Nachbarländern zu verbessern.[43]

Grenzfälle

In diesem Teil werden die Außenpolitik von Rajiv Gandhi und das *Look-East*-Konzept von Narasimha Rao näher betrachtet. Vordergründig spricht einiges dafür, die Außenpolitik Rajiv Gandhis dem Realismus zuzuordnen.[44] So setzte er, ähnlich wie seine Mutter Indira Gandhi, hinsichtlich Bangladeschs auf eine militärische Intervention im Bürgerkrieg von Sri Lanka. Nach anfänglicher Unterstützung der tamilischen Rebellen einigte sich die indische Regierung mit der Regierung von Sri Lanka und stimmte einer Entwaffnung der Rebellen zu.[45] Genauso intervenierte die Regierung Gandhis 1988 militärisch auf den Malediven. Allerdings bewirkten die außenpolitischen Kurskorrekturen der Regierung Rajiv Gandhis gegenüber den Großmächten eine Verbesserung der Beziehungen zu China ebenso wie zu den Nachbarländern.[46] Mit der *South Asian Association for Regional Cooperation* (SAARC)[47] wurde 1985 zudem ein neues Forum für die regionale Kooperation geschaffen. Der Erfolg war aber begrenzt. So wurden zwar Friedensgespräche mit Pakistan begonnen, aber die indischen Interventionen in Sri Lanka und auf den Malediven behinderten ein Fortschreiten dieses Prozesses, da sie das Bild des bedrohlichen indischen Hegemons verstärkten.[48]

Auf globaler Ebene ähnelte die Außenpolitik während der Amtszeit Rajivs stärker der seines Großvaters Nehru als der Indira Gandhis. Eines der Ziele der indischen Außenpolitik dieser Zeit war es, der Blockfreien Bewegung neue Impulse zu geben und diese zu stärken. Ein Ergebnis hiervon war die Errichtung der G15-Gruppe aus den wichtigsten Staaten der Dritten Welt, um flexibler agieren zu können als die zahlenmäßig große Blockfreie Bewegung.[49]

Als weiterer Grenzfall lässt sich die Außenpolitik Narasimha Raos sehen. Dabei darf der historische Kontext keinesfalls ignoriert werden: Durch das Ende des Ost-West-Konflikts verschwand die Sowjetunion aus dem Konzert der Großmächte. Direkt damit verbunden waren die Angst vor einer Dominanz der USA und die zunehmende Machtfülle des Konkurrenten China. Dementsprechend musste sich Indien in der Außenpolitik umorientieren beziehungsweise eine neue Strategie finden.[50] Als Antwort auf diese Problemlage entstand das *Look-East*-Konzept. Dieses sah vor, neben den wirtschaftlichen und militärischen vor allem die kulturellen Beziehungen in der Region zu verbessern.[51] Wirtschaftliche Kooperation stand allerdings im Mittelpunkt, da Indien 1991 der Staatsbankrott drohte. Im Kontext einer voranschreitenden Globalisierung führte dies zu der Einsicht, dass der Status der Großmacht nur mit wirtschaftlicher Stärke erreicht werden könne.[52] Die Region sollte als Sprungbrett für die globale Ebene benutzt werden, um den Großmachtanspruch zu erlangen. Dazu musste das schlechte Ansehen Indiens in der Region verbessert werden.[53]

Im Gegensatz zur Regierungszeit Gujrals waren unter Rao wirtschaftliche Fragen von höherer Bedeutung, weshalb an dieser Stelle nur Gujral dem Idealismus zugeordnet wird. Unter Rao lässt sich eine stärkere zweckrationale Komponente erkennen, wohingegen für die Regierung Gujrals Normen wie zum Beispiel die Non-Reziprozität eine wichtigere Rolle spielten. Rao betrieb aber im direkten Vergleich mit der Außenpolitik Indira Gandhis oder der BJP keine genuin realistische Außenpolitik.

Großmacht oder Weltmacht?

Zusammenfassend lässt sich zunächst festhalten, dass die indische Außenpolitik *erstens* im Wesentlichen zwischen den Polen Idealismus und Realismus manövriert und sich diese in Phasen abwechseln, sowie *zweitens*, dass bei dieser Bewegung zwischen den Polen ein übergeordnetes Ziel zu identifizieren ist: das Erreichen des Großmachtstatus. Dieser Anspruch zieht sich wie ein roter Faden durch die indische Außenpolitik und soll nun genauer betrachtet werden.

Auf Basis der Definition einer Weltmacht ist zu konstatieren, dass Indien eigentlich keine Weltmacht ist. Zunächst versuchte Indien mit der Blockfreien

Bewegung ein alternatives Ordnungskonzept zu den beiden Weltmächten USA und Sowjetunion herzustellen. Mit dem indisch-chinesischen Krieg war aber die Effektivität dieses Konzepts in Frage zu stellen. Zudem wurde Indien der Status als Weltmacht oder auch als Großmacht seitens der anderen Großmächte nicht zuerkannt.[54] Dieser Status hängt also nicht nur von den Kategorien des Realismus und der eigenen Stärke ab.[55] Chris Ogden zufolge gibt es mehrere Indikatoren, Kategorien und Variablen zur Klassifikation von Großmächten. Zentral ist vor allem die Fähigkeit, die eigene Souveränität und Unabhängigkeit gegenüber den Interessen der anderen Mächte durchzusetzen.[56] Nach Ogden spielt für viele Autoren die gesamte Stärke eines Staates eine wichtige Rolle. Hierzu zählen die militärische Stärke, das wirtschaftliche Potenzial und die Bevölkerungszahl.[57] Diese Kriterien kann man einem realistischem Verständnis einer Großmacht zurechnen. Dementsprechend müsste Indien den Status einer Großmacht längst erreicht haben.[58] Das Wachstum der Volkswirtschaft oder die zahlenmäßig großen Streitkräfte und die Fähigkeit, Nuklearwaffen einzusetzen, genügen jedoch nicht, um als Großmacht anerkannt zu werden. Folglich ist es notwendig, die realistische Perspektive zu erweitern, um darzulegen, warum Indien nicht als Großmacht klassifiziert wird.

Eine Betrachtung der Region steht dabei an erster Stelle. Stabile Verhältnisse auf dieser Ebene können ein gutes Fundament für einen Staat sein, um sich auf seine überregionalen Ambitionen auf der globalen Ebene zu konzentrieren.[59] Laut der Definition einer Regionalmacht sollte Indien also fähig sein, Einfluss auf seine Nachbarn auszuüben. Es ergibt sich jedoch ein ambivalentes Bild. So ist es recht offensichtlich, dass Indien in der Region der stärkste Staat ist, selbst wenn Pakistan dies nur bedingt akzeptiert.[60] Das *Look-East*-Konzept und die Gujral-Doktrin verdeutlichen einerseits, dass die Regierungen Indiens die Bedeutung guter Beziehungen in der Region erkannt haben. Zum anderen zeigen sie aber auch, dass Stärke in Form von Bevölkerungszahl, Wirtschaftskraft und militärischem Potenzial darauf nur bedingt positive Auswirkungen hat. Sehr deutlich wird das bei der Indira-Doktrin, aber auch den militärischen Interventionen unter Rajiv Gandhi in Sri Lanka und den Malediven. Indien erwies seine militärische Überlegenheit gegenüber Pakistan in vier Kriegen.[61] Allein schon die zeitliche Spannweite zeigt aber, dass bessere Beziehungen zwischen den beiden Staaten unter anderem durch das Konfliktgebiet Kaschmir verhindert werden. Trotz seiner militärischen Überlegenheit ist es Indien bisher nicht gelungen, das Gebiet unter seine Kontrolle zu bringen.

Auch die Entwicklung der Nachbarstaaten weist eine Parallele zu derjenigen Indiens auf. Nach dem Erreichen der Unabhängigkeit bestand ihr oberstes Ziel darin, die eigene Nation und deren Unabhängigkeit zu schützen. Anders als für

Indien geht für sie die wahrgenommene Bedrohung aber nicht von einer der Groß-mächte aus, sondern von Indien.[62] Einen regionalen Führungsanspruch gegenüber diesen Ländern durchzusetzen ist für Indien umso schwieriger, als es ohnehin in einer gefährlichen Region liegt. Fünf von sechs Nachbarn nehmen einen hohen Rang in der Rangliste der *failed-states* ein.[63] Hinzu kommt eine widersprüchliche Selbstwahrnehmung, in der sich Indien zwar als dominanter Akteur in der Region, aber zugleich als verletzlich gegenüber den anderen Staaten betrachtet.[64] In der politischen Praxis folgen daraus die (notwendige) Betonung der eigenen Stärke einerseits und die Angst vor den vielen Konfliktpotenzialen in der Region anderer-seits.

Auf globaler Ebene sind primär Indiens Beziehungen zu den etablierten Groß-mächten von zentraler Bedeutung. Die besten Kontakte unterhielt Indien zweifel-los zur Sowjetunion, auch nach deren Zerfall in den 1990er Jahren blieb die Be-ziehung zur Russischen Föderation stabil. Demgegenüber waren die Beziehungen zu den USA lange Zeit problembehaftet. Es scheint geradezu paradox, dass 1998 hier langfristig betrachtet eine Zäsur darstellt, die sich für Indien positiv auswirk-te. Indien trat nie dem Atomwaffensperrvertrag/Vertrag über die Nichtverbreitung von Kernwaffen (NVK) bei. Als Reaktion auf die indischen Atomwaffentests 1998 folgten internationale Sanktionen, sowohl gegen Indien als auch gegen Pakistan, nachdem dieses seinerseits einen Kernwaffentest durchgeführt hatte. Die USA spielten dabei eine wichtige Rolle. So verbesserten sich die Beziehungen Indiens zu den USA nach dem Ende des Kalten Krieges zwar generell; dies gilt jedoch nicht in Bezug auf das indische Nuklearprogramm.[65] Indien ist zwar immer noch nicht Mitglied im NVK, de facto wurde der Besitz von Atomwaffen aber durch das Abkommen zur zivilen Nutzung der Atomenergie unter George Bush 2008 anerkannt.[66] In dessen Amtszeit verbesserten sich die Beziehungen zu Indien deut-lich. So wurde es offizielles Ziel der US-Regierung, „Indien dabei zu helfen, eine Großmacht im 21. Jahrhundert zu werden",[67] ermöglicht auch durch die begin-nende wirtschaftliche Liberalisierung in den 1990er Jahren. Indien wurde damit für ausländische Investoren interessant und gewann so an Aufmerksamkeit und an Einfluss, nachdem das sozialistische Wirtschaftssystem dies zuvor behindert hatte.[68]

Vielleicht am wichtigsten sind die Beziehungen Indiens zu dem direkten Konkurrenten China, das sich seit der Regierungsperiode von Rajiv Gandhi sta-bilisiert hat. Beide Staaten strebten stets nach mehr Einfluss. Die Politik Chinas scheint diesbezüglich jedoch erfolgreicher zu sein als die Indiens. So hat China einen permanenten Sitz im Sicherheitsrat der Vereinten Nationen inne und be-sitzt damit das Vetorecht. Genau nach diesem Privileg strebte Indien bislang vergebens. Das Fehlen eines solchen permanenten Sitzes im Sicherheitsrat kann aus einer institutionellen Perspektive erklären, warum Indien keine Großmacht ist.

Zur Europäischen Gemeinschaft/Europäischen Union unterhält Indien seit vielen Jahrzehnten gute Kontakte. Bereits im Jahr 1962 nahm Indien diplomatische Kontakte zur damaligen Europäischen Gemeinschaft auf. Nach dem Ende des Kalten Krieges wurden die Beziehungen intensiviert. Dabei steht vor allem die wirtschaftliche Kooperation im Mittelpunkt, aber auch die Vertiefung gemeinsamer Werte wie Demokratie und Pluralismus.[69] Man darf aber nicht übersehen, dass sich Indien und die EU in einer Konkurrenzsituation um mehr Einfluss auf der Welt befinden, und dass sich Indien gegenüber der EU oder den EU-Staaten als überlegen wahrnimmt.[70]

Konklusionen

Insgesamt betrachtet ist Indien aber auf dem Weg, international mehr Einfluss zu erlangen. Seine Beziehungen zu den wichtigsten Großmächten haben sich im gegenwärtigen Jahrzehnt positiv entwickelt.[71] Anhand der verbesserten Beziehungen zu den Nachbarn und den Großmächten zeigt sich, dass die Anerkennung seitens anderer Länder für Indiens Großmachtambitionen eine große Bedeutung einnimmt. Durch eine vom Realismus geprägte Außenpolitik konnte Indien den gewünschten Einfluss auf der globalen Ebene nicht erreichen. Der Versuch Indira Gandhis, in der Region als Großmacht aufzutreten, schadete der indischen Reputation. Auch auf globaler Ebene haben indische Regierungen erkannt, dass konstruktive Kooperation unerlässlich ist. Indien betrieb und betreibt zwar eine militärische Aufrüstung, arbeitet aber auf der globalen Ebene mit mehreren Staaten zusammen. Dies zeigt sich an dem hohen Kontingent bei UN-Friedensmissionen oder auch in der Zusammenarbeit innerhalb der G20-Gruppe.[72]

Die Basis dafür ist der Wunsch Indiens nach einer multipolaren Weltordnung. Auf keinen Fall soll aus dieser Sicht die USA die einzige Supermacht sein.[73] Indien braucht zur Verwirklichung seiner Großmachtbestrebungen die Unterstützung der USA. Und in den USA setzt sich wiederum die Ansicht durch, dass Indien als ein lokales Gegengewicht zum autoritären China dienen kann.[74] Gleichzeitig kooperiert Indien aber mit China im Rahmen der BRICS-Gruppe (Brazil-Russia-India-China-South Africa). Dies versinnbilicht die zukünftige Rolle Indiens. Indien eignet sich als Scharnier zwischen den entwickelten Ländern und den Entwicklungsländern und kann somit als Vermittler für deren jeweilige Interessen fungieren.[75]

Bezüglich bleibender Probleme in der Außenpolitik lässt sich erstens das un-
sichere Umfeld in der Region identifizieren, was auch die Zusammenarbeit innerhalb der *South Asian Association for Regional Cooperation* (SAARC) limitiert.[76]
Dieses Problem haben indische Regierungen zwar erkannt, dennoch ist es bisher
nicht gelungen, den Konflikt mit Pakistan oder die Grenzfragen mit China endgültig zu lösen, die sich am besten mit den Worten „Konflikt, Konkurrenz und Kooperation"[77] beschreiben lassen. Zweitens wird Indien vorgeworfen, dass es keine
langfristige Strategie verfolge, sondern nur kurzfristig und pragmatisch agiere. So
erscheint die indische Außenpolitik letztlich auch widersprüchlich: Indien setzte
sich für nukleare Abrüstung ein und strebte gleichzeitig den Besitz der Atombom-
be an. Es propagierte auf globaler Ebene die Nicht-Interventionsnorm und betrieb
zum Teil eine aktive Interventionspolitik in der Nachbarschaft. Auf der anderen
Seite kann die Wahrung strategischer Autonomie als eine „große" Strategie gesehen werden. Gemessen daran war Indien erfolgreich.[78] In gewisser Weise gilt
die Ansicht von Christian Wagner immer noch: Indien besitzt das Potenzial, eine
Großmacht zu sein, und auch den Anspruch, aber die Anerkennung der anderen
Großmächte bleibt bislang noch aus.[79] Indien artikuliert auch selbstbewusst seine
globalen Ansprüche, es fehlt aber ein angemessen großer und qualifizierter Di-
plomatenapparat: So hat China allein fünfmal so viele Diplomaten wie Indien,
das lediglich über die gleiche Anzahl an Diplomaten wie der Stadtstaat Singapur
verfügt.[80]

Anmerkungen

1   Müller (2007); Rothermund (2008); Cohen (2001); Ihlau (2006).
2   Rösel/Gottschlich (2008: 171).
3   Wagner (2005: 65).
4   Ebd.: 63.
5   Ebd.: 64.
6   Z. B. bei Rothermund (2008). Nach Rothermund ist der Aufstieg Indiens ein unum-
     kehrbarer Prozess. Zudem gehöre Indien allein schon wegen seiner Größe zu den
     wichtigsten Staaten der Welt. Rothermund (2008: 12: 298).
7   Wagner (2005).
8   Ogden (2014).
9   Wulf (2014).
10   Zit. nach Kitchen (2012: 4).
11   Ross (2015: 8).
12   Die Frage nach der Bezeichnung der Staaten ist in der Wissenschaft umstritten. Im
     Laufe der Zeit hat sich auch die Begrifflichkeit geändert. Der Begriff Ankerländer
     ist mittlerweile verschwunden, ebenso wie Mittelmächte. Emerging Powers ist ein

weiterer Begriff für die aufstrebenden Staaten. Auch neue internationale Gestaltungs-
mächte wird häufig gebraucht. Hier soll sich vor allem an der Unterscheidung Regionalmacht und Großmacht beziehungsweise Weltmacht orientiert werden.

13   Z. B. Michael (2013: 37); Wulf (2014: 55 f.); Ogden (2014: 3 f.); Malone (2011: 47 ff.).
      Vgl. hierzu auch den Beitrag von *Michael* in diesem Band.
14   Krell (2009: 142).
15   Michael (2013: 23).
16   Ebd.: 35.
17   Ebd.
18   Nehru (1961: 2).
19   Wulf (2014: 56).
20   Zitiert in: Wagner (2012: 404).
21   Nehru (1961: 51).
22   Wagner (2005: 83).
23   Nayar/Paul (2013: 127).
24   Wulf (2014: 56).
25   Gujral (1998: 37 f.).
26   Wagner (2012a: 398).
27   Destradi (2010: 189); Prys (2010: 140 f.).
28   Destradi (2013: 98).
29   Wagner (2005: 284).
30   Gujral (1998: 35).
31   Wagner (2005: 312 ff.).
32   Wulf (2014: 57).
33   Wagner (2005: 87 f.).
34   Wulf (2014: 55).
35   Nissel (2013: 125).
36   Wagner (2005: 87).
37   Malone (2011: 50 f.).
38   Wagner (2005: 161).
39   Wulf (2014: 57).
40   Ebd.: 56.
41   Nayar/Paul (2013: 127 f.).
42   Wagner (2005: 261).
43   Wulf (2014: 55 f.).
44   So wie z. B. Herbert Wulf. Genauso ordnet er, wenngleich mit Abstrichen, Rao dem
      Realismus zu. Ebd.: 57.
45   Wagner (2012: 396).
46   Ders. (2005: 89).
47   Vgl. hierzu den Beitrag von *Unterlöhner* in diesem Band.
48   Ebd.
49   Mohan (2013: 29).
50   Ders. (2006: 19).
51   Wulf (2014: 55).
52   Wagner (2005: 257).
53   Ebd.

54   Ebd. 241.
55   Nayar und Paul nennen zehn Hauptfaktoren, davon vier Hard-power-Faktoren: Mi-
       litär, Wirtschaft, technisches Wissen, Bevölkerung und sechs Soft-power-Faktoren:
       Normen, Führungsrolle in internationalen Organisationen, Kultur, Staatskapazität,
       Strategie/Diplomatie und nationale Führung. Nayar/Paul (2013: 131 f.).
56   Ogden (2014: 119).
57   Ebd.
58   Wagner (2005: 329).
59   Prys (2010: 134 f.).
60   Ogden (2014: 181).
61   Der erste Krieg dauerte von Oktober 1947 bis Januar 1949 (erster Kaschmir-Krieg).
       Der zweite von August bis September 1965 (zweiter Kaschmir-Krieg). Der dritte von
       März bis Dezember 1971 (Bangladesch-Krieg). Der vierte von Mai bis Juli 1999
       (Kargil-Krieg).
62   Wagner (2012: 396 f.).
63   Ogden (2014: S. 76).
64   Prys (2010: 139 f.).
65   Wagner (2005: 297 ff.).
66   Ders. (2012b: 161).
67   Khilnani (2010: 11).
68   Mohan (2006: 18 ff.).
69   Ogden (2014: 132 f.).
70   Mohan (2006: 25).
71   Hier gelten die USA, die EU, China und Russland als Großmächte. In einer Studie
       von 1999 rangierte Indien hinter diesen Ländern auf dem achten Rang, s. Nayar/Paul
       (2013: 128). Dort wurde die EU aber nicht als eine Großmacht gesehen. Die Mächte
       vor Indien waren die fünf permanenten Mitglieder des Sicherheitsrats sowie Japan
       und Deutschland als wichtige Wirtschaftsmächte.
72   Wulf (2014: 50).
73   Mohan (2013: 44 f.).
74   Ogden (2014: 141).
75   Janssen (2010: 219); Khilnani (2010).
76   Vgl. hierzu auch den Beitrag von *Unterlöhner* in diesem Band.
77   Wulf (2014: 53).
78   Destradi (2013: 4).
79   Wagner (2005).
80   Wulf (2014: 62); Destradi (2013: 93).

QUERDENKEN: Wie man eine Weltmacht konstruiert: Die Rolle des Think Tanks Deutsche Bank Research

Astrid Kentischer

Einleitung

Indiens Rolle als zukünftige Weltmacht wurde seit dem Jahr 2006 in zahlreichen Publikationen ausführlich diskutiert. Mit Blick auf die wirtschaftliche und politische Lage wie auch auf die historischen und sozioökonomischen Gegebenheiten untersuchten unter anderem Journalisten, Politikwissenschaftler oder Historiker, z. B. Olaf Ihlau, Harald Müller, Wolfgang-Peter Zingel und Dietmar Rothermund, ob die Bezeichnung „Weltmacht" für das Land mit dem zweitgrößten Bevölkerungsanteil der Welt gerechtfertigt sei.[1] Der vorliegende Beitrag setzt sich vor allem mit den Publikationen dieser vier Autoren auseinander. Dabei wird „Weltmacht" hier im Sinne einer global dominierenden Wirtschaftsmacht verwendet. Andere Merkmale, wie z. B. der Status als Atommacht, werden in diesem Beitrag außer Acht gelassen.

Bereits im Jahr 2005 begann gleichzeitig auch die Deutsche Bank vermehrt über ihre Forschungseinrichtung *DB Research* (DBR) durch zahlreiche und vielbeachtete Publikationen für den Standort Indien und vor allem für den Informationstechnologie (IT)- und Offshoring-Sektor zu werben. Davon ausgehend ergeben sich kritische Fragestellungen, die im Mittelpunkt des vorliegenden Beitrags stehen sollen: Haben sich die oben genannten Autoren möglicherweise von einer Werbestrategie der Deutschen Bank beeinflussen lassen, welche die Nachfrage nach dem vielbeworbenen DWS India-Fonds steigern sollte? Oder anders formuliert: Hat die Deutsche Bank aktiv an der Beurteilung Indiens in Forschung und Literatur als einer Weltmacht mitgewirkt?

Warum in Indien investieren?

Zahlen und Fakten der indischen IT-Branche

Die großen IT-Konzerne Wipro und Infosys wurden in den 1980er Jahren gegründet.[2] Die Wahrnehmung Indiens als ein Land, in dem die Informationstechnologie florierte und erstklassige Leistungen erbracht wurden, wird oftmals mit dem sogenannten Y2K-Problem verknüpft: Zum Millenniumswechsel erarbeiteten indische IT-Spezialisten eine Software, welche die weltweiten Probleme bei der Datumsumstellung der Computer lösen konnte.[3] Den Aufstieg der indischen Softwareindustrie sah der Forscher Wolfgang-Peter Zingel insbesondere darin begründet, dass diese nicht so stark von der Politik und Bürokratie beeinflusst oder eingeschränkt wurde – was bis zur Gegenwart ein Kennzeichen der indischen Wirtschaft darstelle.[4] Dies sagt jedoch noch nichts über die tatsächliche Größe und Bedeutung der indischen IT-Branche aus. Dennoch ist es wichtig, sich vor Augen zu führen, dass die Entwicklung nicht erst im neuen Jahrtausend aufkam. Stattdessen begann vor etwa zehn Jahren insbesondere das Werben für die IT-Branche, weshalb dieser Zeitraum hier fokussiert werden soll. In der Bewertung der Deutschen Bank dominierte Indien im Jahr 2005 mit einem Anteil von 44 Prozent als „wichtigster Offshoring-Standort den globalen Handel mit IT-Dienstleistungen (*Information Technology Outsourcing, ITO*) und IT-gestützten Geschäftsprozessen (*Business Process Outsourcing, BPO*)."[5] Begünstigt wurde dieser Boom, so argumentierte die Deutsche Bank, auch durch eine Regierungspolitik, die IT-Exporten gegenüber freundlich eingestellt war.[6] Voraussetzung für einen solchen Erfolg waren des Weiteren ausreichende Fachkräfte. Die Deutsche Bank wies in ihren Publikationen mehrmals auf die große Zahl der zur Verfügung stehenden Spezialisten hin. Neben einer besonders guten Ausbildung an einem der insgesamt sieben *Indian Institutes of Technology* brachten die indischen Fachkräfte dazu günstigere Lohnkosten und oft Englischkenntnisse mit.[7] Im Jahr 2005 waren etwa eine Million Inder direkt im IT-Bereich beschäftigt,[8] während es im Jahr 2014 bereits zwei bis drei Millionen waren.[9] Diese auf den ersten Blick hohe Zahl relativiert sich jedoch schnell, wenn sie der Gesamtbevölkerung Indiens von 1,2 Milliarden Menschen gegenübergestellt wird.

Das umgekehrte Verhältnis von einem niedrigen Beschäftigtenanteil und gleichzeitig hohem Beitrag zum Bruttoinlandsprodukt (BIP) stellte die Deutsche

Bank für den gesamten Sektor fest: Während im Jahr 2005 der Dienstleistungssektor zur Hälfte des BIPs beitrug, waren nur ein Viertel der Arbeitskräfte in diesem Sektor beschäftigt.[10] Darüber hinaus hatte die IT-Branche nur einen Anteil von knapp 5 Prozent am Dienstleistungssektor.[11] Berechnet man den entsprechenden Anteil des BIPs, dann hat die IT-Branche folglich nur etwa 1 Prozent dazu beigetragen. Die Deutsche Bank prognostizierte dem IT-Sektor aufgrund der großen Anzahl an Fachkräften jedoch einen deutlichen Anstieg.[12] An diesem Missverhältnis hat sich in der Zwischenzeit nicht viel geändert: In den Jahren 2013/2014 waren etwa 30 Prozent der Inder im Dienstleistungssektor beschäftigt, der 60 Prozent der Wirtschaftsleistung ausmachte. Die überwiegende Mehrheit war in der Landwirtschaft tätig, die aber nur einen Anteil von 14 Prozent am BIP aufwies.[13] Diese Zahlen sollten berücksichtigt werden, wenn von Indien als wirtschaftlicher Weltmacht oder als Vorreiter in der IT-Branche die Rede ist.

IT-Offshoring

Die Deutsche Bank bezog sich oft auf Offshoring, wenn von der indischen IT-Branche und deren Dienstleistungen die Rede war. Dieser Begriff ist zunächst von Outsourcing abzugrenzen. Beim Outsourcing werden betriebliche Aufgaben an spezialisierte Unternehmen ausgelagert, also extern vergeben und von außen zugekauft. Offshoring bezieht sich auf die geografische Lage und bedeutet die Verlagerung von betrieblichen Aufgaben ins oft kostengünstigere Ausland.[14] Ob diese von eigenen Niederlassungen und Tochterfirmen oder von externen Anbietern durchgeführt werden, ist nicht vorgegeben.[15] Die Verwendung des Begriffs „(IT-) Offshoring" orientiert sich im Folgenden an dieser Definition.

Darüber hinaus kann das IT-Offshoring in verschiedene Zweige unterteilt werden. Eine beachtliche Nachfrage verzeichnete die Deutsche Bank in Indien einerseits bei Software- und IT-basierten Dienstleistungen und andererseits beim BPO.[16] Letzteres kann z. B. die Auslagerung der Kundenbetreuung oder der Buchhaltung an externe Anbieter bedeuten. Insgesamt prognostizierte nicht nur die Deutsche Bank dem IT-Offshoring großes Wachstum und sah Indien im Bereich des *Knowledge Process Outsourcing* (KPO, wissensbasierte IT-Prozesse) bis zum Jahr 2010 sogar als Weltmarktführer.[17] Neben den bereits erwähnten Kostenvorteilen waren nach Dietmar Rothermund auch die überwiegend positiven Erfahrungen, die deutsche Kunden und Investoren bisher gemacht hatten, ein wesentlicher Grund für eine weitere positive Entwicklung.[18] Die Deutsche Bank wies auf einen möglichen Arbeitsplatzverlust in den ausgelagerten Ländern hin, betrachtete das IT-Offshoring aber als „Motor für Veränderung".[19] Wenn sich die Arbeitnehmer anpassen, so das Argument der Deutschen Bank, könne insgesamt ein höherer Wohlstand durch höhere Produktivität erreicht werden.

Ein weiterer Aspekt war der externe Druck, dem Unternehmen ausgesetzt waren, sodass sie den Standort Indien für unverzichtbar hielten. Kunden erwarteten zum Beispiel von einem Unternehmen, dass es kostenbewusst arbeitet und Sparpotenziale ausschöpft. Schließlich wurden die Argumente der Deutschen Bank von anderen Autoren nicht nur bestätigt, sondern auch ergänzt. Lobende Aussagen von Bill Gates oder der Unternehmensberatung McKinsey gab Ihlau wieder[20] und waren der positiven Haltung zu Indien zuträglich. Rothermund hat sich dem angeschlossen. Er verwies auf hohe internationale Standards, die indische Software-Hersteller oft erfüllten.[21]

Indiens Standortvorteile als Investitionsanreize

Den Fokus bei der Beurteilung einer wirtschaftlichen Weltmacht ausschließlich auf die IT-Branche zu richten, ist zu kurzsichtig. Deswegen folgen hier weitere Vorteile, die sowohl von der Deutschen Bank als auch von den anderen Autoren erörtert wurden und zugunsten Indiens sprechen sollten. Indien konnte insgesamt mit sehr guten Aussichten für das Wirtschaftswachstum punkten. Für den Zeitraum von 2006 bis 2020 prognostizierte die Deutsche Bank dem Land ein BIP-Wachstum von etwa 5,5 Prozent pro Jahr.[22] Damit führte Indien die Liste der 34 Volkswirtschaften an, welche von der Deutschen Bank mit Hilfe ihres sogenannten „Formel-G Models" hinsichtlich der langfristigen Wachstumsprognosen bewertet wurden. Daneben hat die Deutsche Bank zwei alternative Wachstumsszenarien für Indien beschrieben, die im besten Fall knapp 9 Prozent, im schlechtesten Fall 4 Prozent jährliches Wirtschaftswachstum bedeutet hätten.[23] Das Negativszenario wurde von der Deutschen Bank aber als am unwahrscheinlichsten eingestuft. Dieser Optimismus war in der Finanzbranche verbreitet. So korrigierte Goldman Sachs die ursprüngliche Prognose auf 8 Prozent jährliches Wachstum bis 2020 nach oben[24] und die Investmentbank Lehman Brothers traute Indien sogar bis zu 10 Prozent Wachstum zu.[25]

Im Allgemeinen wirkte sich die Fortsetzung des wirtschaftlichen Reformkurses, der im Jahr 1991 begonnen hatte, positiv auf die indische Entwicklung aus. Indien hat sich gegenüber dem Weltmarkt geöffnet und insbesondere die Deregulierung hat viele Investoren angezogen. Gelockerte Regeln für ausländische und private Beteiligungen und Bürokratieerleichterungen haben ihren Beitrag dazu geleistet.[26] Die Belebung der deutsch-indischen Handelsbeziehungen im Jahr 2004 hat die Deutsche Bank ebenso dazu veranlasst, zu Direktinvestitionen in

Indien zu ermuntern und auf den großen Nachholbedarf Deutschlands zu verweisen.[27]

Für Indien sprach weiter die sogenannte „demografische Dividende", womit die Deutsche Bank wie auch das Auswärtige Amt auf die große Zahl an jungen, leistungsfähigen Fachkräften anspielten. Diese sollten das mittel- bis längerfristige Wachstum sichern.[28] Außerdem sah die Deutsche Bank aufgrund höherer Pro-Kopf-Einkommen eine Mittelschicht heranwachsen, die durch ihre Kaufkraft wiederum die Wirtschaft am Laufen halten konnte.[29] Ihlau bezifferte sie auf 250 Millionen Inder. Er wandte aber ebenfalls ein, dass die Mittelschicht nach europäischen Maßstäben nur noch 70 Millionen umfassen würde.[30]

Eine wichtige Voraussetzung für Wirtschaftswachstum ist nach Ansicht der Deutschen Bank auch Indiens stabile Demokratie.[31] Dieser Aspekt zeigt sich besonders im Bereich Infrastruktur, welche in Indien bis heute nur unzureichend ausgebaut ist. Durch den hohen Nachholbedarf verortete die Deutsche Bank dort großes Investitionspotenzial.[32] Gleichzeitig waren ihr die Bedingungen für solche langfristigen Projekte („politische Kontinuität und Stabilität"[33]) bewusst. Bedenken bezüglich des Investorenvertrauens gab es zwar, da im Jahre 2008 eine zersplitterte Koalition regierte.[34] Müller und Rauch attestierten dem demokratischen System Indiens jedoch eine gute Anpassungsfähigkeit und relativierten so die Bedenken.[35] Müller sah außerdem eine Chance in der Rückständigkeit: Durch Investitionen in die Infrastruktur könne ein neuer Boom ausgelöst werden.[36]

Aus Sicht der Deutschen Bank beinhaltete das Argument, Indien sei eine stabile Demokratie (und immerhin die größte Demokratie der Welt) weitere Vorteile Indiens, z. B. Rechtssicherheit, die ein etabliertes und bindendes institutionelles Rahmenwerk schafft.[37] Im Vergleich zu Chinas Wirtschaft konnte die indische mit einem freieren Informationsfluss und einer höheren internationalen Konkurrenzfähigkeit punkten.[38] Somit sprechen die hier aufgeführten Argumente für eine positive Bewertung von Indiens Leistungen und Fähigkeiten auch jenseits seiner IT-Branche.

Ist Indien also doch keine Weltmacht?

Barrieren auf dem Weg an die Spitze

Als erstes Problem ist die unterdurchschnittliche Infrastruktur zu nennen, die wiederholt bemängelt wurde. Exemplarisch hierfür sei folgendes Zitat aus der Studie der DB Research:

Die physische Infrastruktur Indiens lässt immer noch sehr zu wünschen übrig. Sowohl die schlechten Verkehrswege als auch die regelmäßigen Stromausfälle behindern die weitere Expansion der Wirtschaft.[39]

Diese Situation hat sich in der Folge nicht wesentlich verändert. Im Jahr 2014 bezeichnete GTAI (Germany Trade and Invest) die indische Infrastruktur als marode
und führte dies als Schwäche auf.[40] Ein Grund für die geringen Fortschritte ihres
Ausbaus sind nach wie vor bürokratische Hindernisse. Genehmigungs- und Verga-
beverfahren verzögern sich und sind häufig intransparent – ein Kritikpunkt, der im
Jahr 2005 von der Deutschen Bank Research und im Jahr 2014 von GTAI geäußert
wurde.[41] In den regulatorischen Bereich fallen auch die starren und komplizierten
Arbeitsgesetze, die für die Arbeitgeber eine Belastung darstellen. Darüber hinaus
attestierte die Deutsche Bank den indischen Institutionen Verbesserungspotenzial
im Hinblick auf eine effizientere Funktionsweise.[42] Dies betraf auch die unterschiedlichen Befugnisse und Zuständigkeiten von Zentralregierung, Bundesstaaten und kommunalen Regierungen.[43]

Der Deutschen Bank zufolge behinderten die angespannte öffentliche Haus-
haltslage, die Korruption und die zersplitterte Koalitionsregierung unter Führung
der Kongresspartei – die bis Mai 2014 an der Macht war[44] – Indiens Entwicklung.[45]
Mit einer relativ hohen Körperschaftssteuer, verglichen mit anderen asiatischen
Ländern, bestehe für indische Regionen ohne Sonderwirtschaftszonen außerdem
die Gefahr, Wettbewerbsvorteile einzubüßen.[46]

Wendet man den Blick wieder auf die IT-Branche, so lässt auch diese Probleme erkennen, die den Mythos einer blühenden oder sogar weltweit führenden
IT-Industrie infrage stellen. Markant ist dabei das schon angesprochene Missverhältnis zwischen dem Anteil des Dienstleistungssektors am BIP (circa 50 Prozent)
und der Zahl der Beschäftigten. Bis heute sind nur etwa 25 bis 30 Prozent der
Inder überhaupt im Dienstleistungssektor angestellt. Der Großteil versucht, sich
ein Leben mit der Landwirtschaft zu sichern. Die Qualität der IT-Dienstleister
zweifelte z. B. Ihlau nicht an, gab jedoch zu bedenken, dass die Computerbranche
nicht in der Lage sei, die existierende Massenarbeitslosigkeit zu beseitigen. Allein
bis 2010 waren nach seinen Angaben 60 Millionen neue Jobs für die ungelern-
ten Arbeitskräfte erforderlich[47] – also für diejenigen, die nicht als IT-Spezialisten
gelten. Ähnlich argumentierte auch Zingel. Die Zahl der zwei bis drei Millionen
indischen IT-Angestellten relativiere sich angesichts der jährlich benötigten neuen
Arbeitsplätze von zehn Millionen.[48] Auch das Verhältnis zur Gesamtbevölkerung
Indiens ist verschwindend gering: Drei Millionen entsprechen bei 1,2 Milliarden
Menschen gerade einmal einem Anteil von 0,25 Prozent an der Gesamtbevölkerung. Diese „nackten Zahlen" alleine kratzen schon am indischen IT-Mythos.

Außerdem ist nicht die Anzahl der jährlichen Absolventen ausschlaggebend, sondern das Niveau ihrer Fachausbildung. Die Deutsche Bank sprach von 10 bis 20 Prozent der Ingenieure, die den Anforderungen der großen Konzerne gerecht wurden.[49] Nur wenige Absätze später wurde jedoch klar, was offensichtlich das wichtigere Argument für die Deutsche Bank war: Indien verfüge neben anderen Schwellenländern „über viele englischsprachige, gut ausgebildete und hoch motivierte Arbeitskräfte".[50] Neun Jahre nach der Deutschen Bank bemängelte der indische Journalist und Autor Dinesh C. Sharma, der sich u. a. mit der Entwicklung der indischen IT-Branche beschäftigte, immer noch die Qualität der Ausbildung. Erstens seien die wenigsten Ingenieure in der Lage, direkt nach dem Abschluss in ihren Beruf einzusteigen. Zweitens gelinge dem Großteil der Absolventen die erforderliche Umsetzung der erlernten Theorie in die Praxis nicht und drittens büße Indien mit nachlassenden Englischkenntnissen einen wichtigen Vorteil ein. Um in der IT-Branche daher global wettbewerbsfähig zu bleiben, erachtete Sharma die Entwicklung von eigenen Innovationen und Produkten für notwendig. Eine entsprechend fundierte Ausbildung gehe dem jedoch voraus.

Ein solch starkes Gefälle findet sich nicht nur im tertiären Bildungsbereich, sondern beginnt bereits bei den Grundschulen. Diese Herausforderung gilt es nach wie vor zu bewältigen.[51] Dazu kamen eine Reihe weiterer Probleme im Inneren, die gegen einen Weltmachtstatus Indiens sprachen und von denen hier einige angerissen werden. Müller und Rauch wiesen auf große regionale Unterschiede sowohl in der Bildung als auch in Infrastruktur und Wirtschaft hin, ländliche und urbane Gebiete stünden sich oft gegensätzlich gegenüber.[52] In den Dörfern seien, wie Rothermund erläuterte, hohe Analphabeten- und Armutsraten verbreitet, die Anbindung ans Transportnetz sei nicht oder nur unzureichend vorhanden.[53] Die besten Straßenverbindungen bestehen dagegen im „Goldenen Rechteck"[54] zwischen Delhi, Kolkata, Chennai und Mumbai; große Unternehmen haben ihren Sitz ebenfalls in Metropolen wie Bangalore (z. B. Infosys und Wipro) oder Hyderabad. Die kaufkräftige Mittelschicht von 300 Millionen Indern ist in Bezug zur Gesamtbevölkerung weiterhin eine Minderheit[55] und solange Armut und mangelhafte Bildung vorherrschten, dürften auch an der demografischen Dividende Zweifel gehegt werden.

Die aktuelle wirtschaftliche Situation und die Entwicklung der Indien-Fonds

Die Deutsche Bank benannte mit „Bevölkerungswachstum, Anlageinvestitionen, Humankapital und Handelsoffenheit"[56] ihre vier wichtigsten Einflussfaktoren, um

Indien einzustufen. Der Blick auf die aktuelle wirtschaftliche Lage hilft, ein Urteil darüber abzugeben, ob die Herausforderungen in den vergangenen Jahren bewältigt werden konnten.

Die hohen Erwartungen an Indien haben sich nicht im Sinne der Prognosen erfüllt. Zwar ist die Wirtschaft weiterhin gewachsen, doch seit 2011 konnte das BIP nur ein niedrigeres Wachstum verzeichnen (siehe *Abbildung 1*). Erinnert man sich an die optimistischen Einschätzungen der Banken von bis zu 10 Prozent, hätte das BIP-Wachstum dementsprechend fast doppelt so hoch ausfallen müssen.

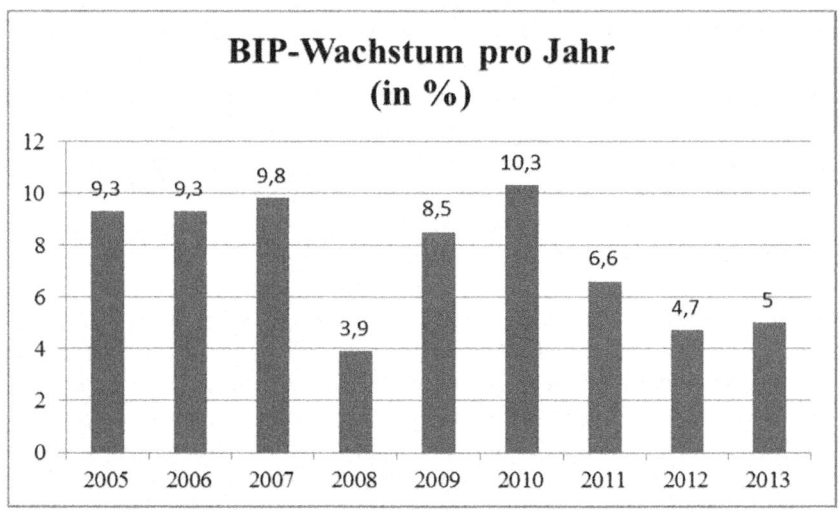

Abbildung 1 Indiens BIP-Wachstum pro Jahr.
Quelle: Eigene Darstellung, nach The World Bank Group: GDP growth (annual %). [http://data.worldbank.org/indicator/NY.GDP.MKTP.KD.ZG/countries?page=1]. Letzter Zugriff am 16.02.15.

Auch die Anteile der verschiedenen Sektoren am BIP haben sich im Finanzjahr 2013/2014 nicht wesentlich verändert, da Landwirtschaft und Industrie zusammen nach wie vor nur etwa ein Drittel zur Wirtschaftsleistung beigetragen haben.[57] Der Dienstleistungssektor hat dementsprechend einen Anteil von zwei Dritteln am BIP und konnte gemäß Auswärtigem Amt mit 6,2 Prozent den größten Zuwachs verzeichnen.[58] Die Gründe für das schwache oder schwächer als erwartete Wachstum sind vor allem innerhalb Indiens zu finden. Infrastrukturprojekte geraten wegen verzögerter Landakquisition und bürokratischer Verfahren ins Stocken und das Investitionsklima ist sowohl im öffentlichen als auch im privaten Bereich getrübt.[59] Problematisch sind außerdem die hohe Inflation und die Staatsverschuldung. Das Haushaltsdefizit konnte zuletzt nur mit Hilfe von Zahlungsaufschüben auf unter 5 Prozent gebracht werden.[60] Dennoch herrscht vorsichtiger Optimismus und deutsche Unternehmen sehen Indien auf lange Sicht „[...] weiterhin als einen der wichtigsten Wachstumsmärkte weltweit".[61] Die langfristige Perspektive ist in diesem Fall besonders hervorzuheben, da trotz diverser enttäuschter Erwartungen immer noch von Wachstum die Rede ist und nicht von einer rückläufigen Entwicklung. Für das aktuelle Jahr sieht GTAI Marktpotenzial in der IT-Branche und bescheinigt ein „relativ hohes Wachstum".[62]

Darüber hinaus ist die Entwicklung der Indien-Fonds interessant. In den hier verwendeten Publikationen der Deutschen Bank wurden sie nie ausdrücklich erwähnt. *Abbildung 2* zeigt, dass der DWS India Fonds seit 2005 gestiegen ist, jedoch im Jahr 2009 stark an Wert verloren hat. Seit Mitte des Jahres 2013 bewegt sich der Fonds nach weiteren kleineren Tiefs wieder nach oben:

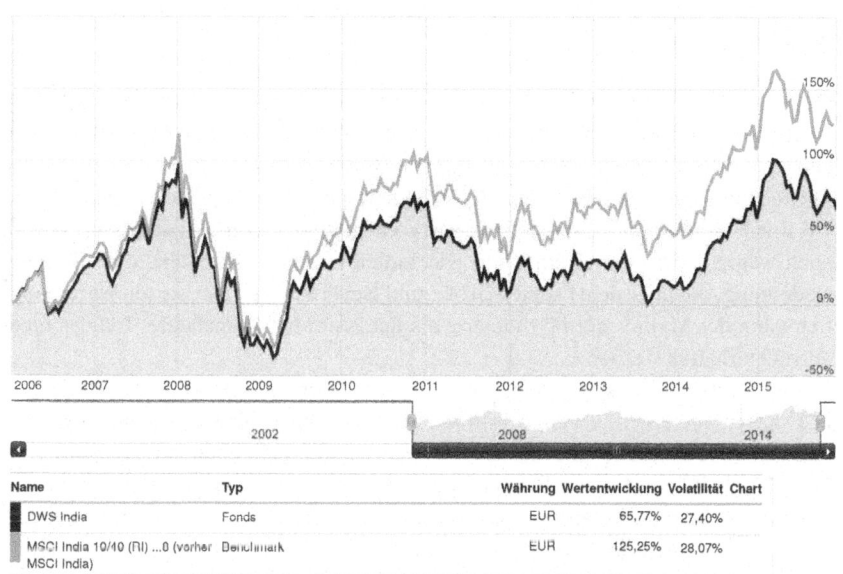

Abbildung 2 Wertentwicklung des DWS India Fonds
Quelle: Deutsche Asset und Wealth Management International GmbH: DWS India. [https://www.dws.de/Produkte/Fonds/606/]. Letzter Zugriff am 16.02.15.

Eine ähnliche Entwicklung ist auch bei anderen indischen Aktienfonds wie *Amundi Equity Infrastructure* oder *Comgest Growth India* zu beobachten.[63] Diese wurden im vergangenen Jahr als aussichtsreich bewertet, was möglicherweise auf die dringend benötigten Investitionen in die Infrastruktur zurückzuführen ist. Daneben sind oft der Industrie-, Energie-, Finanz- und Konsumgütersektor im Portfolio der Fonds vertreten, aber auch der IT-Sektor.[64] Das Fondsvermögen des DWS India Fonds besteht zu knapp 20 Prozent aus Aktien der IT-Branche und den größten Aktienanteil hat mit 9,4 Prozent der Softwarehersteller Infosys.[65] Angesichts dieser Verteilung ist die Werbung der Deutschen Bank für die indische IT-Branche aus ökonomischer Sicht nachvollziehbar.

Allerdings fiel bei der Recherche für diesen Beitrag auf, dass die neuesten Veröffentlichungen von DBR, die unter dem Suchwort „Indien" erscheinen, kaum noch Kommentare und Dossiers im Stile des „indischen Tigers" beinhalten, wie es von 2005 bis 2007 der Fall war. Der Hype über Indiens Aufstieg als Weltmacht hat daher auch bei der Deutschen Bank nachgelassen.

Konklusionen

Die zentrale Erkenntnis dieses Beitrags lautet, dass Indien keine wirtschaftliche Weltmacht ist. Bevor Indien den Status einer Weltmacht erlangen wird, müssen zunächst die großen innenpolitischen Herausforderungen bewältigt werden. Einige indische IT-Unternehmen, wie zum Beispiel Wipro, liefern im Weltmaßstab hochwertige Produkte und Dienstleistungen, sonst hätten sie im globalen Wettbewerb auch weniger Erfolg. Für ein Land wie Indien hat die IT-Branche aber nicht die Bedeutung, die angesichts seiner Größe und Bevölkerung zu erwarten wäre. Folglich kann der Mythos der IT-Industrie als der zentralen Branche des Landes nicht aufrechterhalten werden.

Die Deutsche Bank hat durch ihre Publikationen und ihre Werbung für Indien in Deutschland einen gewissen Einfluss auf das Bild ausgeübt, das von dem Land und seiner IT-Branche entstanden ist. Dieser Einfluss hat auch vor Wissenschaftlern nicht halt gemacht, wie beispielsweise die Berufung Ihlaus auf eine Studie von DB Research zeigt.[66] Darüber hinaus trägt die gesamte Finanzbranche einen Anteil an der Vorstellung der „Weltmacht Indien". Es würde jedoch zu kurz greifen, die Konstruktion der „Weltmacht Indien" allein in der Verantwortung der Deutschen Bank zu sehen. Denn gerade bei Finanzinstituten muss man sich dessen bewusst sein, dass Veröffentlichungen abhängiger Forschungseinrichtungen wie DB Research nicht in erster Linie auf eine wissenschaftliche Analyse zielen, sondern oft als Teil einer Werbestrategie andere Zwecke verfolgen. Gleichwohl hat die Deutsche Bank gewisse Probleme in Indien explizit erwähnt. Dass sie eine positive Entwicklung dennoch für wahrscheinlicher gehalten und ihren Optimismus dementsprechend kommuniziert hat, leitet sich sicherlich aus ihren Geschäftsinteressen ab.

Als Fazit bleibt eine durchaus paradoxe Situation: Auf der einen Seite stehen die massiven Probleme Indiens, die in zahlreichen wissenschaftlichen Publikationen erörtert werden, auf der anderen Seite konstruieren einige dennoch das Bild der Weltmacht Indien. Diese Einschätzungen waren zumindest teilweise zu optimistisch.

Anmerkungen

1   Vgl. hierzu auch den Beitrag von *Hirt* in diesem Band.
2   Ihlau (2006: 15 ff.).
3   Ihlau (2006: 24).
4   Zingel (2014).
5   Deutsche Bank Research (2005b). Fast die wortgleiche Formulierung findet man in Ihlau (2006: 24).
6   Deutsche Bank Research (2005a: 13).
7   Deutsche Bank Research (2005b: 4 ff.), (2005a: 5).
8   Deutsche Bank Research (2005b: 5).
9   Zingel (2014).
10 Deutsche Bank Research (2005a: 8).
11 Ebd.
12 Ebd.
13 Auswärtiges Amt (2014).
14 Vertical Media GmbH (2014). Anzumerken ist, dass das Lexikon der Gründerszene hier die Auslagerung von IT-Dienstleistungen nach Indien als Beispiel für Offshoring anführt.
15 Für genauere Unterscheidungen Deutsche Bank Research (2005b: 3).
16 Ebd.
17 Deutsche Bank Research (2005c: 7); Rothermund (2008: 138 f.).
18 Deutsche Bank Research (2005c: 9 f.).
19 Deutsche Bank Research (2007: 12).
20 Ihlau (2006: 24).
21 Rothermund (2008: 137).
22 Deutsche Bank Research (2006: 7).
23 Deutsche Bank Research (2005a: 9 ff.).
24 Goldman Sachs (2007. 11).
25 Lehman Brothers (2007: 90).
26 Deutsche Bank Research (2008: 8 f.).
27 Deutsche Bank Research (2005c: 4 ff.).
28 Ebd.: 10 f.

29   Ebd.:10 f.
30   Ihlau (2008: 5).
31   Deutsche Bank Research (2008: 6).
32   Deutsche Bank Research (2005a: 6 f.).
33   Deutsche Bank Research (2008: 6).
34   Ebd.
35   Müller & Rauch (2008: 12).
36   Müller (2006: 92).
37   Deutsche Bank Research (2005a).
38   Müller (2006: 45).
39   Deutsche Bank Research (2005b: 11).
40   Germany Trade and Invest (2014b: 2).
41   Deutsche Bank Research (2005c: 12); Germany Trade and Invest (2014a).
42   Deutsche Bank Research (2005a: 8).
43   Deutsche Bank Research (2008a: 9f.).
44   Vgl. hierzu auch den Beitrag von *Grässle* in diesem Band.
45   Ebd.: 6 ff.
46   Deutsche Bank Research (2005c: 12 f.).
47   Ihlau (2008: 5).
48   Zingel (2014).
49   Deutsche Bank Research (2005b: 10).
50   Ebd.
51   Müller & Rauch (2008:11).
52   Ebd.: 12; Deutsche Bank Research (2005a: 5).
53   Rothermund (2008:145 f.).
54   Ebd.: 192.
55   Germany Trade and Invest (2014b: 2).
56   Deutsche Bank Research (2005a:. 9).
      Auswärtiges Amt (2014): Landwirtschaft 14 Prozent, Industriesektor 19 Prozent BIP-
      Anteil.
58   Ebd.
59   Germany Trade and Invest (2014a).
60   Ebd.
61   Ebd.
62   Germany Trade and Invest (2014b: 1).
63   Finanzen.net (2014).
64   Ebd.
65   Deutsche Asset und Wealth Management International GmbH.
66   Ihlau (2008: 3).

Die SAARC und die regionale Integration in Südasien: Eine Bestandsaufnahme und die zentrale Rolle des indisch-pakistanischen Konflikts

Fedor Unterlöhner

Einleitung

Seit Mitte des 20. Jahrhunderts erfährt die regionale Integration im Rahmen der internationalen Beziehungen eine wachsende Relevanz. Politische Kooperation über Staatsgrenzen hinweg kann die sozioökonomischen Entwicklungen einer Region nachhaltig positiv prägen, Frieden und Sicherheit fördern und das Zusammenwachsen einer sich immer mehr globalisierenden Welt beschleunigen – ihre bloße institutionelle Existenz ist jedoch keine Garantie für die Effektivität regionaler Zusammenarbeit, wie an dem Beispiel der *South Asian Association for Regional Cooperation* (SAARC) ersichtlich wird. Die intergouvernemental organisierte SAARC ist zwar vor 30 Jahren gegründet worden, vermag es jedoch bis heute nicht, für eine wirksame Institutionalisierung regionaler Kooperation in Südasien zu sorgen.

Das Ziel dieses Beitrags ist die Analyse regionaler Integrationsprozesse auf dem indischen Subkontinent sowie die Suche nach Gründen für den dort vorherrschenden Entwicklungsstillstand und fehlenden Fortschritt regionaler Kooperation. Die Fragestellung orientiert sich dabei an der These, dass der regionale Integrationsprozess in Südasien neben anderen Faktoren besonders durch zwischenstaatliche Konflikte verhindert wird und in seiner Entwicklung gewissermaßen stagniert. Lassen sich also Konflikte zwischen Mitgliedsstaaten der SAARC als ausschlaggebender Grund für die Blockadesituation identifizieren und falls ja, ist dabei der indisch-pakistanische Konflikt von zentraler Bedeutung?

Historischer Abriss des indisch-pakistanischen Konflikts

Der indisch-pakistanische Konflikt um die umstrittenen Gebiete Jammu und Kaschmir gilt als einer der beständigsten regionalen Konflikte und umfasst neben territorialen Streitigkeiten unter anderem Spannungen aufgrund von grenzüberschreitenden Terrorismusaktivitäten und der Verteilung natürlicher Ressourcen.[1] Seit Beginn des Konflikts 1947 mit der Gründung Indiens und Pakistans nach dem Ende der Kolonialherrschaft Großbritanniens fochten beide Staaten insgesamt vier Kriege aus (1947-48, 1965, 1971 und 1999) und standen mehrmals – zuletzt 2002 – vor erneuten kriegerischen Auseinandersetzungen.[2]

Mit dem Rückzug Großbritanniens aus Indien wurden auf dem indischen Subkontinent zwei Staaten anhand von religiösen Trennlinien gegründet: Pakistan als Staat für die Muslime einschließlich der damals dazugehörenden Provinz Ostpakistan (ab 1971 der unabhängige Staat Bangladesch) und die Republik Indien mit hinduistischer Bevölkerungsmehrheit. Auslöser der zwischenstaatlichen Spannungen war der beiderseitige Anspruch auf den damals formell unabhängigen Fürstenstaat Jammu und Kaschmir, den sowohl Indien als auch Pakistan als Teil ihrer legitimen Einflusssphäre ansahen.[3] Im Jahr 1947 führte dort ein von Pakistan unterstützter Aufstand gegen den amtierenden Maharaja Hari Singh zu dessen Hilfegesuch an die indische Regierung, der Entsendung indischer Truppen und so zum ersten Krieg beider Staaten um die Kaschmir-Region. Gegen Kriegsende kontrollierte Indien schließlich zwei und Pakistan ein Drittel des umkämpften Gebiets. Die Resolution Nr. 47 des UN-Sicherheitsrates im Jahr 1948 mit der Aufforderung an beide Staaten, sämtliche Truppen aus dem Gebiet abzuziehen und ein Referendum über die Zugehörigkeit abzuhalten, ist bis heute nicht befolgt worden.[4]

Internationale Relevanz und Sorge bereitet dieser anhaltende Konflikt vor allem durch die atomare Aufrüstung seit den 1970er Jahren. Mit Indien im Jahr 1974 und Pakistan im Jahr 1998 erlangten zwei Länder außerhalb des Atomwaffensperrvertrags die Fähigkeit, Kernwaffen zu produzieren und einzusetzen[5] und verstärkten so das Bedrohungspotenzial des Konflikts in erheblichem Maße. Zudem lässt sich bis heute ein gegenseitiges Aufrüsten und der stetige Anstieg von Militär- und Rüstungsausgaben beobachten: Im Jahr 2013 verzeichnete Indien 47,4 und Pakistan 7,6 Mrd. US-Dollar an Militär- und Rüstungsausgaben.[6]

Der indisch-pakistanische Konflikt wird in der Regel mit Hilfe der Theorie der „beständigen Rivalitäten" (*enduring rivalries*) erklärt. Diese beschreibt einen Konflikt zwischen zwei oder mehr Staaten, der seit mehr als zwei Jahrzehnten mehrere zwischenstaatliche Kriege verursacht hat und von einer anhaltenden, fundamentalen und langfristigen Unvereinbarkeit der Ziele beider Staaten geprägt ist.[7] Samar Hasan spricht von einer ursprünglich gemeinsamen, historisch bedingten, Identität beider Gesellschaften, die jedoch durch den Konflikt unterdrückt und vorerst begraben wurde, und vergleicht diesen in seiner Beständigkeit mit dem Nahostkonflikt.[8]

Die folgenden Abschnitte beschreiben die Entwicklung des Regionalismus in Südasien, analysieren die SAARC unter historischen Gesichtspunkten und untersuchen schließlich die für die stagnierende regionale Integration verantwortlichen und relevanten Gründe. Der Fokus der Analyse liegt hierbei auf dem indisch-pakistanischen Konflikt als zentralem Hindernis regionaler Kooperationsbemühungen. Mit Blick auf die Entwicklung der SAARC in der Vergangenheit und bezüglich ihres langfristigen Entwicklungspotenzials lässt sich dieser Konflikt als eine zentrale Ursache für die Probleme der Regionalorganisation identifizieren.

Südasien und Regionalismus: die SAARC

Gründung und Entwicklung

Initiativen zur Förderung regionaler Kooperation hat es in Südasien seit den späten 1940er Jahren und dem Beginn der postkolonialen Ära immer wieder gegeben, wenn auch nur mit mäßigem Erfolg. Auf der *18-Nation Conference on Indonesia* forderte der erste indische Premierminister Jawaharlal Nehru im Jahr 1949 die asiatischen Staaten zu stärkerer Zusammenarbeit und zur Verfolgung gemeinsamer Ziele auf.[9] Die sogenannte „zweite Regionalismus-Welle" auf dem indischen Subkontinent (die erste ist zeitlich vor der Unabhängigkeit der betroffenen Staaten einzuordnen) war in den Jahren 1949 bis 1961 von Konferenzen und Treffen zwischen süd- und südostasiatischen Staaten geprägt, die jedoch nie zur Einrichtung permanenter regionaler Institutionen führten oder die regionale Zusammenarbeit langfristig fördern konnten.[10] Erst durch die Initiative des damaligen Präsidenten Bangladeschs Ziaur Rahman zur Gründung einer Regionalorganisation erfuhr die südasiatische Debatte bezüglich stärkerer interregionaler Kooperation im Jahr 1979 wieder größere Popularität.[11]

Dem Vorstoß Rahmans folgten ab dem Jahr 1981 vier intergouvernementale Treffen auf Außenministeriumsebene zwischen den Staaten Indien, Pakistan, Bangladesch, Sri Lanka, Malediven, Nepal und Bhutan, um mögliche Leitlinien und Kooperationsfelder der zu gründenden Regionalorganisation auszuhandeln.[12] Mit dem ersten Gipfeltreffen im Dezember 1985 in Dhaka (Bangladesch) wurde die

SAARC schließlich nach viereinhalb Verhandlungsjahren von den sieben genannten Gründungsmitgliedern als erste bedeutende und vielversprechende Regionalorganisation Südasiens ins Leben gerufen.[13] Mit Afghanistan trat im Jahr 2007 das achte Mitglied bei.[14]

Die Prinzipien künftiger Zusammenarbeit werden in der Erklärung des Dhaka-Gipfels deutlich und sind auch Teil der SAARC-Charta. Neben allgemein formulierten Zielen, wie der Förderung des Wohlstands und Wirtschaftswachstums, der Verbesserung der Lebensqualität, dem sozialen Fortschritt und der kulturellen Entwicklung, legte man besonderen Wert auf die souveräne Gleichheit der Mitgliedsstaaten, die territoriale Integrität, die politische Unabhängigkeit und die Nichteinmischung in innerstaatliche Angelegenheiten. Die regionale Kooperation sollte nicht als Ersatz für bilaterale oder multilaterale Zusammenarbeit dienen, sondern diese lediglich ergänzen, politische Entscheidungen sollten einstimmig zu fällen sein und bilaterale bzw. strittige Themen ausgeklammert werden.[15] Der Politikwissenschaftler Rao bewertet den Politikansatz der SAARC dementsprechend als „graduelle und intergouvernementale Methode, um regionale Integration zu betreiben".[16] Die nationalen Regierungen verfügen in diesem Fall über die Gestaltungshoheit und die nationalen Interessen eines jeden Mitgliedsstaats genießen höhere Priorität als die Förderung des regionalen Wohlstands und der Kooperation.

Daraus ergibt sich hinsichtlich der Struktur und Organisation der SAARC eine klare Gewichtung zugunsten der Exekutive der Mitgliedsstaaten. Das oberste Entscheidungsgremium verkörpern die Gipfeltreffen der Staats- und Regierungschefs, welche nach Artikel 3 der Charta mindestens einmal im Jahr stattzufinden haben.[17] Bisher fanden insgesamt 18 dieser Gipfeltreffen statt, das 19. wird voraussichtlich 2016 in Islamabad abgehalten. Des Weiteren existiert ein Außenministerrat mit der zentralen Aufgabe, die politischen Leitlinien der Regionalorganisation festzulegen, deren Entwicklung zu überprüfen und gegebenenfalls neue Themenfelder der Kooperation zu bestimmen oder anderweitige Maßnahmen durchzuführen.[18] Zusätzlich zu diesen beiden Organen gibt es ein Sekretariat samt Generalsekretär in der nepalesischen Hauptstadt Kathmandu, ein ständiges sowie diverse technische Komitees.

Die bei der Gründung im Jahr 1985 vereinbarten Kooperationsfelder umfassen u. a. Landwirtschaft, Bildung und Kultur, Umweltschutz, Gesundheitswesen, Meteorologie, Bekämpfung von Drogenmissbrauch, ländliche Entwicklung, Wissenschaft und Technologie, Telekommunikation, Tourismus und Transportwesen. Bestimmte Zentren der Regionalorganisation (wie das SAARC-Informationszentrum für Landwirtschaft in Dhaka oder das SAARC-Dokumentationszentrum in Neu Delhi) unterstützen dabei die Zusammenarbeit der Mitgliedsstaaten in den jeweiligen Bereichen.[19] Beachtenswert ist hierbei der Fokus auf ausschließlich „weiche" Themen der Kooperation und die bewusste Vernachlässigung umstrittener Angelegenheiten, wie z. B. die Sicherheitspolitik.

Die Förderung des intra-regionalen Handels und Wirtschaftswachstums gewann erst mit der Etablierung des *SAARC Preferential Trading Agreement* (SAPTA)-Handelsregimes im Jahre 1993 an Bedeutung, als sich Indien – die größte Wirtschaftsmacht der Region – vom Leitbild des Wirtschaftsprotektionismus und der staatlichen Planwirtschaft verabschiedete und neoliberale Wirtschaftsreformen durchführte. SAPTA sah eine Reduzierung der intra-regionalen Importzölle um zehn Prozent vor, umfasste letztendlich jedoch nur fünfzehn Prozent der intra-regional gehandelten Güter und hatte so kaum bis gar keine Auswirkungen auf die Handelsstrukturen der Region. Überdies stand Pakistan aufgrund der Feindseligkeiten mit Indien und dem schwelenden zwischenstaatlichen Konflikt selbst diesem kleinen Integrationsschritt skeptisch gegenüber. Der Kriegsausbruch im Jahr 1999 zwischen beiden Staaten machte jede weitere ökonomische Zusammenarbeit unmöglich.[20] Erst mit dem Beginn des *South Asian Free Trade Area* (SAFTA) 2004 gelang ein neuer Anlauf der Handelskooperation mit stärkerem Abbau von Handelshemmnissen. Jedoch ist der Erfolg des Abkommens aufgrund des langfristigen Umsetzungszeitrahmens und der unzureichenden Implementierung, so argumentiert Rao, mehr als zweifelhaft. In seiner Analyse steht die ökonomische Integration der SAARC immer noch am Anfang der potenziellen Entwicklungsmöglichkeiten.[21]

Für eine Bewertung der SAARC bietet sich Rajiv Kumars Einschätzung an: „Die Etablierung der SAARC 1985 war ein Versuch, die Konflikttendenzen der post-kolonialen Ära zurückzudrängen [...] und kann als verfrühter top-down-Ansatz gesehen werden, regionale Kooperation voranzubringen, da der notwendige politische Wille und die Unterstützung faktisch fehlten." Das gegenseitige Misstrauen und inner- bzw. zwischenstaatliche Konflikte in der Region seien für den mangelnden Fortschritt der SAARC in mehr als zwei Jahrzehnten seit der Gründung verantwortlich gewesen.[22]

Gründe der stagnierenden regionalen Integration

Seit Beginn der Dekolonisation in Südasien sind die politischen Systeme in den einzelnen Nationen unbeständig und immer wieder destabilisierenden Prozessen ausgesetzt. Betrachtet man die ethnischen, kommunalen und religiösen Konflikte sowie die Auseinandersetzungen mit extremistischen Gruppierungen, so zeigt sich deutlich, dass auch die demokratischen Staaten der Region von politischer Unruhe geprägt sind. Sechs der acht Mitgliedsstaaten (Indien, Pakistan, Bangladesch, Pakistan, Sri Lanka und Nepal) haben mit solchen Konflikten zu kämpfen, teilweise schon seit Jahrzehnten.[23] Gleichzeitig ist die politische Landschaft des indischen Subkontinents schon immer für rivalisierende und wiederkehrende politische Experimente bekannt gewesen – Regimewechsel geschehen häufig und oftmals gewaltsam, schwache Regierungen wechseln sich bisweilen ab mit einer Militärdiktatur (wie in Pakistan oder Bangladesch).[24]

Diese Faktoren sind für die systemische Instabilität der gesamten Region verantwortlich und behindern eine effektive Zusammenarbeit zwischen den Staaten, da sich die politischen Eliten auf die Innenpolitik ihres Landes konzentrieren und regionale Kooperationskanäle vernachlässigen. Zudem kann bei diesen innerstaatlichen Konflikten stets ein sogenannter *spill-over*-Effekt auftreten, der besonders in Grenzregionen (bspw. Aktivitäten der Taliban an der afghanisch-pakistanischen Grenze) zu weiterer Destabilisierung führen kann.[25]

Es existieren verschiedene regionale Organisationen, in denen einer der Mitgliedsstaaten eine hegemoniale Rolle einnimmt und die Integrationsprozesse entscheidend mitprägt – zu nennen ist hier beispielsweise Brasilien innerhalb der *Union Südamerikanischer Staaten* (UNASUR), Indonesien im Rahmen des *Verbands Südostasiatischer Nationen* (ASEAN) oder auch laut manchen Sichtweisen Deutschlands zentrale Rolle in der Europäischen Union. Indiens zentrale Lage und sein geografisches, demografisches wie auch ökonomisches Übergewicht sind jedoch ohne Zweifel außergewöhnlich: Gemessen an den Gesamtzahlen der SAARC verfügt Indien über mehr als sechzig Prozent der Landmasse, 78 Prozent der Bevölkerung[26] und fast achtzig Prozent des Bruttoinlandsprodukts.[27] Zudem leiden die kleineren Staaten im Vergleich unter einer weniger diversifizierten Wirtschaft und einem weniger entwickelten Industriesektor.[28] Zu erwähnen ist auch, dass bis auf Pakistan alle Staaten der SAARC lediglich an ein anderes Mitgliedsland grenzen und zwar an Indien, während der indische Staat an alle anderen außer Afghanistan und die Malediven grenzt.[29]

Diese politische Übermacht erschwert die regionale Kooperation und verursacht bei den übrigen Ländern dementsprechend die starke Sorge vor einer vereinnahmenden indischen Dominanz. Thomas Thornton betrachtet die Hegemonie Indiens als eines der strukturellen Probleme der SAARC und sieht darin die schwierigste Hürde für deren Erfolg. Insbesondere Pakistan werde aufgrund des gemeinsamen Konflikts und seiner relativen politischen Stärke Indien niemals die Rolle des Hegemons zugestehen.[30] Gleichzeitig ist Indiens Einfluss entscheidend für die Entwicklung der SAARC und ihren Erfolg. Bis in die 1990er Jahre stand man der regionalen Zusammenarbeit äußerst skeptisch gegenüber und bevorzugte bilaterale Beziehungen mit seinen Nachbarstaaten, um seine Verhandlungsmacht maximieren zu können. Erst mit dem Ende des Kalten Krieges, der Öffnung der eigenen Volkswirtschaft und einer neu definierten Außenpolitik stieg Indiens Interesse an der SAARC und der multilateralen Kooperation mit seinen Nachbarstaaten.[31] Ihr Fortschritt ist also unabdingbar mit der Bereitschaft des Hegemons verbunden, Engagement in der regionalen Integration zu zeigen, was die institutionelle Stabilität der Organisation nicht unbedingt fördert und deren Fortschritt erschwert.

Die Entwicklungsländer des indischen Subkontinents setzten über lange Zeit merkantilistische Maßnahmen zum Schutz ihrer Volkswirtschaften ein und griffen dabei teilweise auch auf planwirtschaftliche Instrumente zurück (insbesondere Indien). Mit dem Ziel, die inländische Produktion und Industrialisierung zu fördern, verfolgten bis auf Sri Lanka die meisten von ihnen seit den 1970er Jahren eine Politik der Importsubstitution, indem sie u. a. Zölle und Einfuhrobergrenzen für ausländische Importe festlegten, ihre Volkswirtschaften massiven Regulierungen unterwarfen und vom globalen Handel isolierten. Diese Maßnahmen und die Dominanz des öffentlichen Sektors in der Wirtschaft führten erstens zur Hemmung privatwirtschaftlicher Aktivitäten, zweitens zur Vernachlässigung des Exports und in der Folge schließlich zur Bedeutungslosigkeit des intra-regionalen Handels.[32]

Ökonomische Krisen und der Druck durch multilaterale Institutionen wie der Weltbank und des Internationalen Währungsfonds (IWF) führten in den 1990er Jahren schließlich zu einer schrittweisen Öffnung und Liberalisierung der südasiatischen Märkte. Bis heute jedoch halten die Staaten der Region an vielen protektionistischen Maßnahmen fest und behindern so vor allem den regionalen Verkehr von Waren und Dienstleistungen massiv. 2008 betrug das weltweite Handelsvolumen der SAARC-Staaten insgesamt knapp über 600 Mrd. US-Dollar, der Anteil des intra-regionalen Handels machte davon gerade einmal 6,9 Prozent aus und sank sogar noch in den Folgejahren.[33] Wie im vorherigen Abschnitt über die Entwicklung der SAARC angeklungen ist, entwickelt sich das Freihandelsabkommen SAFTA nur langsam und wird insbesondere durch den Wirtschaftsprotektionismus der einzelnen Mitgliedsstaaten ausgebremst.

Welche Folgen lassen sich daraus für die regionalen Integrationsprozesse ableiten? Kooperationen auf ökonomischer Ebene bieten laut Vertretern des Funktionalismus und Institutionalismus zunächst einmal eine aussichtsreiche Möglichkeit, Vertrauen zwischen den Partnern zu schaffen und die regionale Zusammenarbeit zu intensivieren. Funktionalisten betonen darüber hinaus die Chance von *spillover*-Effekten auf weitere Politikfelder. Die SAARC und ihre Mitglieder vermögen es bis heute nicht, den wichtigsten Schritt der regionalen Integration zum Abschluss zu bringen und ein politisches Fundament für weitere zukünftige Zusammenarbeit zu schaffen – in erster Linie, da Südasien trotz aller Bemühungen immer noch als die am wenigsten integrierte Wirtschaftsregion der Welt gilt.[34]

Zwischenstaatliche Konflikte gefährden regionale Integration in beträchtlichem Ausmaß. Dies lässt das Beispiel der SAARC deutlich erkennen. Südasien ist eine Weltregion mit zahlreichen, teils historisch bedingten bilateralen Konflikten, die nicht nur die Sicherheitsarchitektur der gesamten Region immer wieder stark gefährden, sondern auch die sozioökonomische Entwicklung der einzelnen Staaten beeinträchtigen und speziell die regionalen Integrationsbemühungen lähmen. Der Politikwissenschaftler Bhupinder Braar spricht dabei von einer zweifachen Krise, in der sich die SAARC befindet. Auf der einen Seite eine andauernde Stagnation hinsichtlich der ökonomischen Kooperation und auf der anderen die Konfrontation mit regelmäßig wiederkehrenden politischen und militärischen Konflikten. Demnach ist die heutige Atmosphäre in Südasien stark durch Grenzkonflikte und territorialen Nationalismus aufgeladen.[35] Zu bedenken ist, dass die zwischenstaatlichen Konflikte nicht nur eine der Ursachen für die gegenwärtige Blockadesituation der SAARC sind, sondern zu Beginn der 1980er Jahre vor allem ein Auslöser für ihre Gründung waren. So traten Nepal, Bangladesch, Sri Lanka und Pakistan der Organisation nicht zuletzt auch deshalb bei, um bei territorialen und anderen Streitpunkten ihre Verhandlungsposition gegenüber Indien verbessern zu können.[36]

Neben dem indisch-pakistanischen Grenzkonflikt um die Region Kaschmir, Kargil und den Siachen-Gletscher (s. u.) streiten auch Pakistan und Afghanistan um die Festlegung ihrer gemeinsamen Grenze. Indien und Pakistan werfen sich gegenseitig die Unterstützung grenzübergreifender Terrorismusaktivitäten vor und streiten sich außerdem wegen des Baus des Baglihar-Damms in Kaschmir. Bangladesch und Indien haben einen Konflikt wegen der Ressourcenaufteilung des Flusses Ganges und der illegalen Immigration von Bengalen über die Staatsgrenze nach Indien. Auch Pakistans und Afghanistans sowie Nepals und Bhutans Beziehungen sind aufgrund von illegaler Immigration belastet.[37] Bemerkenswert ist hierbei, dass Indien in die meisten zwischenstaatlichen Konflikte involviert ist.

Die chronischen Spannungen, das andauernde Misstrauen zwischen Indien und Pakistan und die immer wieder aufkommenden Differenzen zwischen Indien und seinen anderen Nachbarn Bangladesch, Sri Lanka und Nepal können als ausschlaggebende Faktoren für das Scheitern der SAARC erfasst werden. Indien trägt dabei aufgrund seiner vielen Konfliktbeteiligungen eine ungleich höhere Verantwortung an der komplizierten Sicherheitslage in der Region.[38] Gleichzeitig fehlt es der SAARC aufgrund ihrer intergouvernementalen Struktur an effektiven Instrumenten, bilaterale Konflikte in der Region anzugehen bzw. zu entschärfen, und sie kann bisweilen nur als inoffizielle Plattform für den Dialog und das Wiederherstellen von Vertrauen dienen.[39]

Der indisch-pakistanische Konflikt als zentrale Ursache

Der andauernde Konflikt zwischen Indien und Pakistan um Territorien und Grenzziehungen sowie die terroristischen Aktivitäten auf beiden Seiten der Staatsgrenze haben über Jahrzehnte eine Konfliktideologie in den Gesellschaften beider Länder manifestiert. Diese strahlt nicht nur innen- wie außenpolitisch auf die Konflikt-parteien aus, sondern hat gleichermaßen extrem negative Auswirkungen auf das Sicherheitsgefüge der gesamten Region Südasien. Der Politikwissenschaftler Kis-hore Dash erklärt die Rivalität beider Kontrahenten als eine Feindschaft, die durch eine historisch bedingte Hindu-Muslim-Konkurrenz, die bittere Erinnerung an die postkoloniale Trennung und die Erfahrungen durch vier Kriege geprägt ist.[40]

Welche Auswirkungen hat dies auf die Effektivität der SAARC? Ein Beispiel unterstreicht die beträchtliche Relevanz des indisch-pakistanischen Konflikts für den Fortschritt der Regionalorganisation: Nach einem islamistischen Anschlag auf das indische Parlament 2001 wurde die indische Armee an der indisch-pakista-nischen Grenze mobilisiert und in Alarmbereitschaft versetzt, was auf der pakis-tanischen Seite zur gleichen Reaktion führte und einen kriegsähnlichen Zustand zwischen beiden Ländern hervorrief. Die Konsequenz der angespannten Lage war die Absage des zwölften Gipfeltreffens der SAARC und dessen zweijährige Ver-zögerung. Erst durch einen Waffenstillstand und eine Normalisierung der bilatera-len Beziehungen konnte die diplomatische Blockade entschärft und das politische Klima in der SAARC verbessert werden. Beim SAARC-Gipfel 2004 in Islamabad wurde die verbesserte Beziehung beider Staaten dann für den so wichtigen Ab-schluss des Freihandelsabkommens SAFTA genutzt.[41]

Es erscheint schlüssig, dass die Spannungen zwischen Indien und Pakistan die wesentliche Ursache für die fehlende Funktionsfähigkeit der SAARC darstel-len. Durch einen Zustand, der weder als Krieg noch Frieden bezeichnet werden kann, steckt die gesamte Region in einer politischen Sackgasse und wird daran gehindert, sich die regionale Kooperation zum Zwecke der sozioökonomischen Entwicklung zunutze zu machen und Vertrauen zwischen den nationalen Gesell-schaften zu schaffen, welches für eine politische Zusammenarbeit unerlässlich ist. Dass sich dabei auch noch zwei Atommächte gegenüberstehen, die nicht Teil des Nichtverbreitungsvertrags sind, birgt nicht kalkulierbare Risiken für das Sicher-heitsgefüge Südasiens.[42]

Konklusionen

Regionale Integration ist ein Prozess, der eine stetige Interaktion zwischen staat-lichen und zivilgesellschaftlichen Akteuren voraussetzt und ohne einen gewissen Grad an politischem Vertrauen wenig Aussicht auf Erfolg hat. Es erscheint ein-leuchtend, dass dieser Prozess in einer konfliktreichen Region, die von massiven sicherheitspolitischen Spannungen geprägt ist, nur eingeschränkt zu verwirklichen ist und ab einem gewissen Punkt in einen Entwicklungsstillstand münden wird. Südasien ist solch eine konfliktreiche Region, die noch dazu von einem unausgeglichenen Staatengebilde geprägt ist: Indien als flächen- und bevölkerungsreichstes Land gegenüber deutlich kleineren und ökonomisch wie politisch schwächeren Staaten, darunter der historisch gewachsene Kontrahent Pakistan, mit dem seit mehr als sechs Jahrzehnten ein bilateraler Konflikt herrscht, der in der Vergangenheit bereits zu vier Kriegen geführt hat und dessen Beilegung nicht abzusehen ist.

Zahlreiche Gründe sprechen dafür, den Regionalismus in Südasien für vorerst gescheitert anzusehen. Dazu gehören die teils gravierende politische Instabilität in den Mitgliedsstaaten der SAARC, die die politische Zusammenarbeit über Landesgrenzen hinweg immer wieder verkompliziert; die erwähnte fehlende Balance zwischen den Partnern, die das Handeln nach nationalem Interesse begünstigt, dem regionalen Interesse jedoch schadet; ein wirtschaftspolitisches Handeln der staatlichen Akteure, das die wirtschaftliche Entwicklung der Region hemmt und dem Regionalismus ein wichtiges Werkzeug vorenthält (nämlich laut funktionalistischer Theorie den Nutzen ökonomischer Integration) und schließlich natürlich die vielen zwischenstaatlichen Konflikte unter den regionalen Partnern und zentral der indisch-pakistanische Konflikt, die dazu führen, dass sicherheitspolitische Interessen einem möglichen (langfristigen) Gewinn durch politische Kooperation stets vorgezogen werden. Ein weiterer Faktor, der in diesem Beitrag nicht behandelt worden ist, sind möglicherweise auch die schwach ausgeprägten Verbindungen zwischen zivilgesellschaftlichen Akteuren der südasiatischen Staaten.

Wie sich die SAARC in Zukunft entwickeln wird, ist ungewiss. Klar scheint jedoch, dass ihre Entwicklung maßgeblich vom weiteren Verlauf des indisch-pakistanischen Konflikts abhängig sein wird. Bevor sich also diese bisher unlösbaren Spannungen zwischen den beiden Gegenspielern nicht nachhaltig verbessern werden, wird die Entwicklung der SAARC höchstwahrscheinlich weiter stagnieren und die regionale Integration in Südasien in ihrer Blockade verharren.

Anmerkungen

1   Paul (2005: 3).
2   Ganguly (2008). Vgl. hierzu auch den Beitrag von *Michael* in diesem Band.
3   Ebd.
4   Sitaraman (2012).
5   Khan (2009: 61).
6   SIPRI (2014).
7   Paul (2005: 3 f.).
8   Hasan (2005: 74).

9	Rao (2012: 38).
10	Michael (2013: 48 f.).
11	Ebd.: 58 f.
12	Mazhar et al. (2011: 736).
13	Mazhar (2010: 128).
14	Mazhar et al. (2011: 741).
15	Dash (2008: 89 f.).
16	Rao (2012: 40).
17	Ali (2014: 245).
18	Charter of the South Asian Association for Regional Cooperation (SAARC), Article III and IV.
19	Mukherjee (2014: 375).
20	Rao (2012: 45 f.).
21	Ebd.: 46 f.
22	Kumar (2011: 29).
23	Ebd.
24	Rao (2012: 47).
25	Deshpande (2011: 1955).
26	SAARC Statistical Yearbook (2012).
27	World Bank Gross Domestic Product Ranking (2013).
28	Kumar (2011: 30).
29	Bhatia (2011: 153 ff.).
30	Thornton (1991: 136).
31	Rao (2012: 48).
32	Dash (2008: 154 f.).
33	Kumar (2011: 32 f.).
34	Rao (2012: 50).
35	Braar (2003: 31).
36	Ahmed/Bhatnagar (2008: 74 f.).
37	Ebd.
38	Mazhar et al. (2011: 739).
39	Ahmed/Bhatnagar (2008: 76 f.).
40	Dash (2008: 58).
41	Rao (2012: 47).
42	Ali (2014: 249).

Mohandas Gandhi zwischen Glorifizierung und Fundamentalkritik

Der springende Punkt ist: Gandhis Doktrin der Gewaltlosigkeit ruht auf einem Fundament von dauernder, brutaler, extremer Gewalt – denn das ist das Kastensystem. Es kann ohne die Androhung und Anwendung von Gewalt nicht aufrechterhalten werden. Selbst heute noch laufen Dalits, die den Status quo infrage zu stellen wagen, Gefahr, einem regelrechten Ritualmord zum Opfer zu fallen. Es gab Massenproteste gegen die grauenhafte Gruppenvergewaltigung und Ermordung einer jungen Frau in einem Bus in Delhi im Dezember 2012. Im selben Jahr wurden 1500 Dalit-Frauen von Männern aus höheren Kasten vergewaltigt, und 650 Dalits wurden ermordet. Das gelangt kaum in die Nachrichten. (Arundhati Roy, in: Die Zeit, 9.10.2014)

Mythos versus Wirklichkeit: Mohandas Gandhi im Lichte der Kritik von Arundhati Roy

Christopher Rüchardt

Einleitung

Mohandas Karamchand Gandhi war und ist für viele Persönlichkeiten aus Politik und Religion ein Vorbild. Dies galt z. B. für den amerikanischen Friedensnobelpreisträger Martin Luther King Jr. King setzte sich für die Gleichberechtigung von Schwarzen und Weißen in den USA ein. Dem von Gandhi entwickelten Prinzip des gewaltlosen Widerstands folgend, organisierte er in den 1950er und 1960er Jahren zahlreiche Protestaktionen gegen die Unterdrückung der Afro-Amerikaner. Beispiele sind der Busboykott in der Stadt Montgomery sowie der Marsch auf Washington am 28. August 1963, an dem sich eine Viertelmillion Menschen beteiligte.[1] Ein weiteres Beispiel für einen weltberühmten Gandhi-Anhänger ist der Dalai Lama. Er erhielt 1989 den Friedensnobelpreis – genau 25 Jahre nach Martin Luther King Jr. – für seine gewaltfreie Kampagne zur Befreiung Tibets. In seiner Dankesrede widmete der Dalai Lama den Preis ausdrücklich seinem Vorbild Gandhi.[2]

Von diesen berühmten Bewunderern hebt sich die fundamental kritische Haltung der international bekannten indischen Schriftstellerin Arundhati Roy radikal ab. In einem Essay „The Doctor and the Saint" stellte sie sich unmissverständlich auf die Seite von Gandhis berühmtem Gegenspieler Bhimrao Ramji Ambedkar.[3] Ihre Streitschrift wurde als Vorwort in einer Neuauflage von Ambedkars wegweisender Schrift „The Annihilation of the Caste" im Jahre 2014 veröffentlicht.

Roys Hauptkritikpunkte lauten, Gandhi sei in Wahrheit ein reaktionärer Politiker gewesen, weil er das Kastenwesen nicht abschaffen wollte. Außerdem wird ihm indirekt „Rassismus" vorgeworfen. Am 14.12.2014 wurde in der ARD-Sendung „titel, thesen, temperamente" ein Beitrag über Gandhi ausgestrahlt, in dem Roy ausführlich zu Wort kam. Der Titel des Fernsehbeitrags war sehr aussagekräftig: „Das Ende eines Mythos? Das andere Gesicht des weltweiten Idols für Gewaltfreiheit Mahatma Gandhi". Roy stellte darin die Behauptung in den Raum, dass es an der Zeit sei, den Mythos Gandhi grundlegend zu überdenken.

Dieser Beitrag möchte sich mit den von Roy formulierten Kritikpunkten auseinandersetzen und versucht, diese kritisch zu reflektieren.

Die Kastengesellschaft

Der Begriff „Kaste" hat seinen Ursprung im portugiesischen Wort *casta*.[4] Dieses wurde erstmals in der Mitte des 15. Jahrhunderts im Hinblick auf die indische Sozialordnung gebraucht.[5] Der europäischen Bezeichnung entspricht der Sanskritbegriff *jati*. Darunter versteht man eine soziale Gruppe, in die der Einzelne hineingeboren wird. Deren Verbreitungsgebiet hängt von der Regionalsprache bzw. dem regionalen Herrschaftssystem ab.[6] Alle Mitglieder einer Kaste üben denselben Beruf aus. Eheschließungen sind nur innerhalb der jeweiligen *jati* möglich. Charakteristisch ist außerdem die Gewohnheit, dass ausschließlich Personen mit gleicher Kastenzugehörigkeit zusammen essen.[7] Der Grund dafür liegt in der Angst vor Verunreinigung durch den Kontakt mit Personen aus weniger angesehenen Kasten. Dies verdeutlicht die Abhängigkeit der Stellung einer Kaste in der hinduistischen Gesellschaft vom Grad ihrer Reinheit oder Unreinheit.[8] Es gibt zahlreiche Kriterien, deren Missachtung Unreinheit verursacht. Dies ist etwa der Fall, wenn sich jemand nicht an die von den Priestern vorgelebten Werte hält. Als unrein gelten auch Menschen, die gegen aus alter Zeit überlieferte Normen verstoßen.[9] Aber auch die Abstammung ist in diesem Zusammenhang wichtig. Nachkommen von unreinen Menschen gelten ebenfalls als unrein.[10] Außerdem muss noch beachtet werden, dass die Kriterien zur Bestimmung von Unreinheit regional differieren.[11]

Eine Kaste besteht aus mehreren Unterkasten.[12] Im Gegensatz zu der vor allem imaginären Gemeinschaft einer Kaste bildet eine Subkaste den Rahmen, in dem das tägliche Leben stattfindet. Innerhalb dieser suchen sich die Männer ihre Ehefrau. Ein jedes Segment verfügt über einen eigenen Rat, welcher die Einhaltung der kastenspezifischen Verhaltensvorschriften überwacht.[13] Des Weiteren ist ein sozialer Aufstieg der Unterkaste, meistens aber nur von Teilen derselben, im

Rhythmus des Generationenwechsels möglich. Eine Veränderung der politischen, ökonomischen oder kulturellen Rahmenbedingungen kann einen Zuwachs oder Verlust an Einkommen und Macht verursachen. Dieser Wandel beeinflusst wiederum den der Kaste zugeschriebenen Reinheitsgrad. Damit kann ein Wechsel der beruflichen Tätigkeit einhergehen.[14] Im Falle eines Bedeutungszuwachses spaltet sich eine Gruppe von ihrer bisherigen Subkaste ab. Diese kann in Zukunft entweder als eigene Unterkaste existieren oder mit einer anderen Unterkaste kooperieren. Im letzteren Fall werden die beiden Segmente dann langfristig zu einer neuen Subkaste fusionieren.[15]

Die gemeinsame Basis aller regionalen Kastensysteme ist das *varna*-Modell. Dabei handelt es sich um ein für ganz Indien gültiges Ordnungssystem,[16] das die Priester zur Legitimation ihrer Hegemonie benutzen.[17] Demnach besteht die hinduistische Gesellschaft aus vier *varnas* bzw. Ständen. An der Spitze der Gesellschaft stehen die, Brahmanen genannten, Priester, deren Lebensziel das Streben nach Erlösung ist. Daraufhin folgen die als *kshatriyas* bezeichneten Krieger, die für die Bewahrung von Recht und Ordnung verantwortlich sind. Die Gruppe der *vaishya* setzt sich aus Bauern und Händlern zusammen. Alle Mitglieder der besagten Gruppen werden als Zweimalgeborene bezeichnet,[18] „[...] die aufgrund ihres Zugangs zu exklusiven brahmanischen Betreuungs-, Beratungs- und Opferleistungen eine zweite rituelle Geburt und soziale Initiation erfahren".[19] Auf die Gruppe der Bauern und Händlern folgen die sogenannten *shudras*. Dabei handelt es sich um Handwerker. Außerhalb des *varna*-Modells stehen die *panchamas* genannten „Unberührbaren", die indischen Ureinwohner und Fremde.[20] Erstere mussten einst in Häusern am Dorfrand, separiert von den anderen Dorfbewohnern leben. Tempel und andere öffentliche Orte durften sie nicht aufsuchen. Die Benutzung der öffentlichen Brunnen wurde ihnen verwehrt. Ihren Kindern verweigerte man den Zutritt zur Dorfschule.[21]

Satyagraha

Erstaunlicherweise spielt in Gandhis philosophischem Konzept das Kastenwesen keine offensichtliche Rolle. Er verlangte von den nach Gott suchenden Menschen, sich zum Wohle aller Menschen einzusetzen. In Kontakt mit Menschen aus anderen Kasten zu treten ist ausdrücklich erwünscht,[22] was der Idee des Kastenwesens widerspricht. Gandhi nannte seine Philosophie *satyagraha*, was so viel wie „Festhalten an der Wahrheit" bedeutet. Die zentrale Grundannahme seiner Vorstellung ist, dass Gott mit Wahrheit gleichzusetzen ist. Alles Leben auf Erden wird von diesem erschaffen und durchdrungen. Folglich bilden Menschheit und

Natur eine auf Gott basierende Einheit. Die darauf aufbauende Philosophie lässt sich in die drei Bereiche Gottessuche, Gewaltfreiheit und Selbstbeherrschung gliedern.[23]

Unter Gottessuche versteht Gandhi die Suche der Menschen nach der Wahrheit. Auf diese Weise versuchen diese, sich Gott zu nähern und aus dem ewigen Kreislauf der Wiedergeburt erlöst zu werden.[24] Eine ernsthafte Suche setzt unter anderem die Verpflichtung zu Wahrhaftigkeit, Gewaltlosigkeit, Armut und Bescheidenheit voraus.[25] Ferner muss der Suchende aktiv Nächstenliebe leben. Er ist zum selbstlosen Dienst zum Wohle seiner unmittelbaren Umgebung, insbesondere der Ärmsten, verpflichtet. Jedem muss er die gleiche Liebe wie sich selbst zuteilwerden lassen.[26] Die Wahrheit wird dem Suchenden durch sein Gewissen offenbart. Dabei handelt es sich aber nur um eine relative Wahrheit, da die in einem sterblichen Körper gefangene Seele nicht zur Erkenntnis der absoluten Wahrheit fähig ist.[27] Dies wiederum macht eine kritische Reflexion der eigenen Erkenntnis notwendig. Gegebenenfalls muss die persönliche Haltung modifiziert werden.[28] Von den einmal als richtig befundenen Prinzipien soll nicht abgewichen werden. Konträre Meinungen anderer Menschen im Hinblick auf die eigene Haltung gilt es zu tolerieren, insofern diese sich an die für die Wahrheitssuche notwendigen Verpflichtungen gehalten haben. Deren Erkenntnisse stellen für Gandhi eine andere Facette der absoluten Wahrheit dar.[29]

Es ist offensichtlich, dass Toleranz nicht mit Gewalt vereinbar ist. Ferner sind Gewaltanwendungen verwerflich, da sie eine unvoreingenommene Sicht auf die Wahrheit verhindern. Außerdem missachtet ein Gewalttätiger die Prämisse der Einheit allen Lebens. Jeder Mensch, der nach der Philosophie von Gandhi lebt, ist zur Gewaltfreiheit verpflichtet.[30] Gewaltfreiheit darf aber nicht mit Gewaltlosigkeit gleichgesetzt werden. Gewaltlosigkeit liegt vor, wenn eine Person auf die Anwendung körperlicher Gewalt verzichtet, da sie dazu nicht in der Lage ist. Gewaltfreiheit hingegen erreichen nur Menschen, die freiwillig und bewusst von ihrer Fähigkeit zur Gewalt keinen Gebrauch machen.[31] Gewaltfreiheit, im Sanskrit *ahimsa*, bedeutet:[32] „avoiding injury to anything on earth in thought, word and deed".[33] Positiv formuliert, steht Gewaltfreiheit für Güte, Barmherzigkeit und Mitleid. Die Güte des *satyagrahi* geht so weit, dass er auch seine gewalttätigen Kontrahenten liebt. Das einzige Mittel, sich einem Gegner zu widersetzen und für die eigene Überzeugung einzustehen, besteht in der Verweigerung einer Zusammenarbeit.[34] Die daraus resultierenden Leiden, wie zum Beispiel Körperverletzung, Freiheitsentzug oder materielle Verluste nimmt der „gewaltfreie Kämpfer" bereitwillig auf sich. Er hofft durch sein Leiden, den Kontrahenten von der Ernsthaftigkeit der eigenen Position zu überzeugen und diesen zur kritischen Reflexion seiner eigenen Haltung anzuregen. Außerdem wird, indem der *satyagrahi* auf jegliche

Gewaltanwendung verzichtet, der Gegner veranlasst, seinerseits auf eine gewaltsame Konfliktlösung zu verzichten.[35]

Um Gewaltfreiheit praktizieren und somit Leid ertragen zu können, ist umfassende Selbstläuterung notwendig. Ein geläuterter Mensch zeichnet sich dadurch aus, dass er sich als Teil der Einheit des Lebens begreift und die eigene Persönlichkeit aufgegeben hat. Letzteres kann durch Enthaltsamkeit, Askese, Gleichgültigkeit gegenüber den eigenen Gefühlen und Bedürfnissen sowie den selbstlosen Dienst am Nächsten erreicht werden. Gandhi bevorzugte für sich den Dienst an den Mitmenschen. Gelingt es letztlich einem Individuum, den eigenen Egoismus zu überwinden, so hat es Selbstbeherrschung gewonnen. Dieser Zustand ist wiederum für Gandhi gleichbedeutend mit persönlicher Freiheit. Je mehr Inder persönliche Freiheit erlangen, desto größer wird seiner Meinung nach auch die Autonomie für Indien.[36]

Die Vorwürfe von Arundhati Roy

Satyagraha bleibt bei der kritischen Bewertung von Gandhis Leben und Wirken durch die Schriftstellerin Arundhati Roy weitestgehend unberücksichtigt. Einer ihrer Vorwürfe besteht darin, dass Gandhi die Industrie und den Bau von Staudämmen unterstützte, obwohl er der Industrialisierung gegenüber skeptisch eingestellt war.[37] Als Beweis dient Roy der Bau des Mulshi-Dammes durch die Firma Tata. In einem Brief wies Gandhi die wegen des Dammbaus umzusiedelnden Dorfbewohner an, ihren Widerstand aufzugeben.[38]

Ferner wirft sie Gandhi vor, während seiner Zeit in Südafrika sich ausschließlich für die Interessen der indischen Kaufleute eingesetzt zu haben.[39] Von der größten Gruppe der indischen Minderheit in Südafrika, den aus niedrigen Kasten rekrutierten Arbeitern, soll er sich distanziert haben. Als Beleg führt die Autorin einen Auszug aus einem offenen Brief an, in dem Gandhi unter anderem die geringe Moral und Bildung der Arbeiter bemängelte. Darüber hinaus leugnete er in einem Zeitungsinterview vom 13. Januar 1897 die außergewöhnlich schlechte Behandlung der indischen Arbeitnehmer in Südafrika.[40] Eine Zusammenarbeit zwischen Kontraktarbeitern und Gandhi sei erst 1913, wenige Jahre vor dem Ende seines Aufenthalts in Südafrika, zustande gekommen.[41]

Gandhi soll aber nicht nur indischen Kontraktarbeiter, sondern auch schwarze Afrikaner verachtet haben. Roy unterstellt Gandhi eine geradezu rassistische[42] Abneigung gegen Schwarze.[43] Einen Beweis für ihre These sieht sie unter anderem in einer Geschichte zu Beginn seiner Tätigkeit in Südafrika. Damals fuhr er erster Klasse mit der Eisenbahn. Ein weißer Mitreisender störte sich an seiner

Anwesenheit. Der Schaffner verlangte daraufhin von Gandhi, in das Gepäckwa-
gen-Abteil zu wechseln. Gandhi weigerte sich und verwies auf seine für die erste
Klasse gekaufte Fahrkarte. Letztlich wurde er in Pietermaritzburg zum Verlassen
des Zuges gezwungen.[44] Roy empört sich darüber, dass Gandhi nicht die Rassentrennung kritisierte, sondern es ihm missfiel, dass Inder genauso wie Schwarze
behandelt wurden. Ihre These sieht sie auch durch ein Ereignis um die Filiale
der Post in Durban bestätigt. Dort gab es damals einen Eingang, den nur Weiße
verwenden durften, und einen, der von Schwarzen und Indern verwendet wurde.
Gandhi akzeptierte diesen Zustand nicht und forderte einen eigenen Zugang für
Inder.[45] Ferner beruft sich Roy auf Gandhis Schriften, die er über seine Zeit in
südafrikanischen Gefängnissen verfasste. Die meisten dieser Schriften sind im
Gefängnis entstanden.[46] Über die Schwarzen schrieb er: „Kaffirs[47] as a rule are
uncivilised – the convicts even more so. They are troublesome, very dirty and live
almost like animals."[48] Von der britischen Kolonialherrschaft verlangte er, Inder
nicht zusammen mit schwarzen Afrikanern gefangen zu halten. Außerdem sollten
seine inhaftierten Landsleute eigene Decken, speziell für sie zubereitete Mahlzei-
ten und separate Waschräume erhalten.[49]

Laut Roy habe Gandhis Einstellung zur Rassentrennung seine Haltung zum
Kastenwesen vorgezeichnet.[50] Diese gesellschaftliche Ordnung charakterisiert die
indische Schriftstellerin als eine aus abgeschlossenen Gesellschaftsschichten bestehende Pyramide.[51] Beruf und sozialer Status sind dem Einzelnen von Geburt an
vorgegeben und unveränderlich.[52] An der Spitze der Hierarchie stehen die Brahmanen. Je weiter unten man in der Pyramide eingeordnet sei, desto weniger Rechte
genießt und als umso unreiner gilt man. Jede Kaste kontrolliert die ihr unmittelbar
untergeordnete soziale Schicht. Mittel zur Bewahrung dieser Ordnung sind laut
Roy soziale und physische Gewalt[53] sowie der Wiedergeburtsglauben. Aus Angst,
im nächsten Leben in einem niedrigeren Status wiedergeboren zu werden, werden
sich die am unteren Ende der sozialen Pyramide platzierten „Unberührbaren" in
ihr Schicksal fügen.[54] In einem Zeitungsinterview vertritt Roy die Ansicht, dass
Gandhi dieses System der ungleichen Verteilung von Rechten bewahren wollte. Er
plädierte lediglich für eine Abschaffung der hierarchisch gestaffelten Verteilung
von Ansehen und Prestige.[55] Ein Beleg ist für sie sein Buch „Hind Swaraj" aus
dem Jahr 1909, in dem er über das indische Dorf philosophiert. Obwohl er stets
behauptete, von Kindesbeinen an die Kategorie „Unberührbarkeit" abgelehnt zu
haben, widmet er sich in dem Buch diesem Thema nicht.[56] Im Jahr 1932 sollte
eine neue Verfassung für ein sich selbst verwaltendes Indien erarbeitet werden.
Es musste deshalb ein Wahlrecht für die indische Bevölkerung geschaffen werden.[57] Gandhi verwehrte sich, so kritisiert Roy, gegen die Forderung nach einem
eigenen Elektorat für die „Unberührbaren". Er wollte also nicht, dass ausschließ-

lich diese Bevölkerungsgruppe über die Besetzung einer festgelegten Anzahl von Parlamentssitzen bestimmte.[58] Sein Widerstand in Form eines Hungerstreiks war schließlich erfolgreich. Man einigte sich im sogenannten *Poona*-Pakt darauf, eine bestimmte Anzahl von Parlamentssitzen „Unberührbaren" vorzubehalten. Auf diese Mandate konnten sich nur „Unberührbare" bewerben. Bei der Bestimmung der Mandatsträger waren aber nicht nur die „Unberührbaren", sondern alle Hindus stimmberechtigt. In der Wählerschaft befanden sich aber die „Unberührbaren" gegenüber den restlichen Hindus in der Minderheit. Folglich hatte der Kandidat aus den Reihen der „Unberührbaren" die besten Chancen, gewählt zu werden, der die Interessen der anderen Hindus berücksichtigte.[59] Der *Poona*-Pakt missfiel dem Verhandlungsführer der „Unberührbaren" namens Ambedkar. Laut Roy sicherte dieser Kompromiss die Unterdrückung der „Unberührbaren" auf Jahre hinaus. Keine den anderen Hindus nicht genehme Kandidaten konnten in die Legislative gewählt werden.[60]

Unmittelbar auf diese Abmachung intensivierte Gandhi seine Bemühungen zur Beseitigung der „Unberührbarkeit". Beispielsweise reiste er durch ganz Indien und plädierte überall, wohin er kam, gegen die „Unberührbarkeit". Damit soll er vor allem versucht haben, seine Popularität unter den „Unberührbaren" zu steigern.[61] Das abschließende Urteil von Roy lautet deshalb:

So while the Doctor [Ambedkar, Anm. des Verf.] was searching for a more lasting cure, the Saint journeyed across India distributing a placebo.[62]

Diskussion der Argumente von Arundhati Roy

Es besteht kein Zweifel daran, dass Gandhi gegenüber der Industrialisierung skeptisch eingestellt war. Er befürchtete, dass die zunehmende Mechanisierung eine erhöhte Arbeitslosigkeit verursachen könnte. Außerdem lehnte er die mit der Industrialisierung einhergehende Akkumulation von Kapital in den Händen Weniger ab. Jedoch befürwortete er den Einsatz von Maschinen, sofern dies im dörflichen Rahmen und zum Wohle der Menschen geschehe.[63] In seinem Handeln verstieß er nie gegen diese Grundsätze. Das Beispiel des Mulshi-Dammes, mit dem Roy eigentlich das Gegenteil zeigen möchte, stützt diese These.[64] Die Betroffenen begannen 1921 eine Kampagne des gewaltfreien Widerstands gegen das Projekt. Im selben Jahr publizierte Gandhi einen Artikel, in dem er den Bauherrn auffordert, das Bauvorhaben zu stoppen. Er wirft Tata vor, die Entwicklung von Indien auf Kosten der armen Landbevölkerung zu betreiben. Dem Land sei aber mehr gedient, so Gandhi, wenn die Wünsche der Betroffenen respektiert würden.[65] Der von Roy zur Untermauerung ihrer These angeführte Brief wurde 1924 von Gandhi verfasst. Zu diesem Zeitpunkt war der Bau des Staudamms bereits weit fortgeschritten.[66] Zwar plädierte er dafür, den Widerstand gegen den Damm aufzugeben. Roy übersieht jedoch, dass Gandhi sein Plädoyer damit begründete, dass sich die große Mehrheit der betroffenen Landbevölkerung bereits mit Tata über eine Entschädigung geeinigt hatte.[67] Somit muss sich Roy den Vorwurf gefallen lassen, Quellen selektiv zu lesen.[68]

Als ebenso unhaltbar erweist sich bei näherer Betrachtung ihre These, Gandhi habe sich in Südafrika vor allem für die Interessen der indischen Kaufleute eingesetzt und Distanz zu den Kontraktarbeitern gewahrt.[69] 1894 gründete Gandhi zusammen mit einigen indischen Geschäftsleuten den *Natal Indian Congress*. Ein jährlicher Mitgliedsbeitrag von drei Pfund dürfte dafür gesorgt haben, dass dies eine elitäre Veranstaltung blieb.[70] Umso erstaunlicher ist das Ziel dieser Vereinigung, sich für die Verbesserung der Lebens- und Arbeitsbedingungen der indischen Arbeiter einzusetzen.[71] In Petitionen im Jahr 1894 und 1895 kritisierte Gandhi deren Behandlung durch ihre Arbeitgeber. Er sprach sich in der letzten Petition sogar gegen das System der Kontraktarbeit im Allgemeinen aus.[72] Als praktizierender Rechtsanwalt übernahm er auch die Vertretung von Kontraktarbeitern. Ein Beispiel ist der Inder Balasundaram, der von seinem Arbeitgeber heftig geschlagen worden war und ihn anzeigen wollte. Er wandte sich an Gandhi, der einen Kompromiss aushandeln konnte. Balasundaram durfte seine Arbeitsstelle wechseln.[73] Seine Hilfsbereitschaft ging noch weiter. Im März 1904 brach eine Pestepidemie in einer Goldgrube nahe Johannesburg aus. Dort waren auch ein paar Inder beschäftigt, von denen sich dreiundzwanzig mit der Krankheit infizierten. Gandhi setzte sein Leben aufs Spiel und pflegte zusammen mit den Angestellten seiner Kanzlei die Todkranken. Gandhi scheute sich nicht gegenüber der Presse, die Stadtverwaltung für die Epidemie verantwortlich zu machen.[74]

Seine Zeit in Südafrika wurde mehrfach von Reisen nach Indien unterbrochen. Die erste unternahm er 1896 und nutzte sie dazu, um über den Umgang mit den indischen Kontraktarbeitern in der afrikanischen Kolonie zu berichten. Dabei soll er noch untertrieben haben. Diese Reden wurden unter den Weißen in Natal bekannt.[75] Als Gandhi im Dezember 1896 mit dem Schiff in Durban ankam und an Land ging, wurde er von einer gewalttätigen Menge empfangen. Nur mit Glück überlebte er diesen Zwischenfall.[76] Möglicherweise hat dieser Zwischenfall ihn dazu veranlasst, in dem am 13. Januar 1897 publizierten Interview die Arbeitsbedingungen seiner Landsleute zu beschönigen – und genau aus diesem Brief leitet Roy ihre Fundamentalkritik ab.

Nun bleibt noch die Frage zu klären, warum Gandhi sich in der Petition, mit der Roy ihre These stützt, abwertend gegenüber Kontraktarbeitern äußert, aber gleichzeitig deren schlechte Arbeitsbedingungen beklagt. Die Briten neigten dazu, die Inder pauschal herabzusetzen. Dies konnten die Händler, für die Gandhi auch als Rechtsanwalt tätig war, nicht gutheißen. Allein die Betonung der sozialen Unterschiede innerhalb der indischen Minderheit konnte eine pauschale Abwertung erschweren.[77]

Ein weiterer Vorwurf lautet, dass Gandhi schwarze Afrikaner verabscheut habe bzw. ein Rassist gewesen sei. Einen Beweis stellt für Roy das auf die indische Minderheit beschränkte Streben Gandhis nach Gleichberechtigung dar. Ihre Beobachtung ist richtig, aber diesem Verhalten liegen andere Ursachen zugrunde. Damals ließen sich immer mehr Inder in Südafrika nieder und gelangten zu einem bescheidenen Wohlstand. Die indischen Händler machten ihren europäischen Kollegen zunehmend Konkurrenz. Unter anderem deshalb schufen die Kolonialherren zahlreiche Gesetze zum Nachteil der Inder.[78] Beispiele sind die Schaffung einer jährlichen Kopfsteuer von 25 Pfund für die nach Ablauf ihres Kontrakts in Südafrika bleibenden indischen Arbeiter und eine Registrierungspflicht für Inder.[79] Die Schwarzen waren von diesen Gesetzen nicht betroffen. Folglich dürfte ihr Interesse an einer Zusammenarbeit mit Gandhi gering gewesen sein. Außerdem ist es fraglich, ob die Afrikaner Gandhi als Anführer akzeptiert hätten. Seine Persönlichkeit und seine Methoden sprachen die Schwarzen nicht an.[80] Außerdem hatten die eigenen Führungspersönlichkeiten kein Vertrauen in die Disziplin ihrer Leute.[81] Des Weiteren ist im Falle einer Kooperation von Schwarzen und Indern im Kampf um Gleichberechtigung anzunehmen, dass die Kolonialherren Gandhi des Landes verwiesen hätten.[82]

In diesem Kontext sollte man nicht vergessen, wie einige Weiße in Durban 1896 auf Gandhis in Indien vorgetragene Kritik an den Arbeitsverhältnissen der Kontraktarbeiter reagierten.[83] Dies legt die Vermutung nahe, dass Gandhi eine Zusammenarbeit mit den Schwarzen das Leben gekostet hätte. Die zweite Stütze von Roys Argumentation bilden die Schriften Gandhis über seine Zeit im Gefängnis, in denen er sich zweifellos herablassend über Afrikaner geäußert hat. Im Gefängnis musste er sich mit schwerkriminellen Schwarzen eine Zelle teilen. Deren abstoßendes Verhalten dürfte Gandhi zu den rassistischen Äußerungen verleitet haben. Anderenfalls wäre sein, von einem Unbeteiligten überliefertes, Verhalten gegenüber einem somalischen Gefängnisaufseher nicht erklärbar. Dieser wurde von einem Skorpion in die Hand gebissen. Da kein sauberes Messers zur Hand war, mit dem die Wunde aufgeschnitten und das Gift hätte entfernt werden können, saugte Gandhi das Gift mit seinen Lippen aus der Wunde.[84] Roys These widerspricht auch sein Verhalten während des Aufstands der schwarzen Zulus. In dieser

Zeit diente er zusammen mit anderen Indern auf britischer Seite als Sanitäter. In dieser Funktion pflegte er vor allem verwundete Zulus.[85] Es ist anzunehmen, dass er sich um den Dienst gar nicht beworben hätte, wenn er ein Rassist gewesen wäre. Darüber hinaus ist Rassismus mit der von Gandhi in Südafrika entwickelten Philosophie nicht vereinbar. Wie oben dargestellt, glaubte Gandhi, dass die Menschheit eine Einheit mit einer gemeinsamen Seele sei.[86] Außerdem streben nach Gandhi alle Menschen nach Wahrheit, welche der Einzelne nur erreichen kann, wenn er dem Wohlergehen aller dient.[87] Diese beiden Prämissen machen Verachtung und Diskriminierung von Menschen aufgrund ihrer Herkunft unmöglich. Endgültig unglaubwürdig wird Roys Fundamentalkritik, wenn man folgende Aussage Gandhis aus dem Jahr 1908 liest:

> If we look into the future, is it not a heritage we have to leave to posterity, that all the different races commingle and produce a civilization that perhaps the world has not yet seen?[88]

Somit kann Rassismus nicht Gandhis angeblich positive Einstellung bezüglich des Kastenwesens verursacht haben. Auf diese Gesellschaftsordnung trifft die Vorstellung einer aus abgeschotteten Schichten bestehenden sozialen Pyramide nicht zu. Ein sozialer Auf- bzw. Abstieg von Personen und sogar der Wechsel des Berufs sind möglich. Darüber hinaus spielt für die Aufrechterhaltung des Kastensystems die Idee der Wiedergeburt keine Rolle.[89] Diese wichtigen Aspekte fehlen im Bild der indischen Schriftstellerin. Außerdem war Gandhi kein Unterstützer des Kastenwesens. Stattdessen wollte er eine Modifikation des *varna*-Modells realisieren. Im Unterschied zum ursprünglichen *varna*-Modell sollte es neben den vier Ständen keine Gruppe von „Unberührbaren" geben.[90] Zunächst lehnte Gandhi kastenübergreifende Ehen und Essen ab. Im Laufe der Zeit gab er diese Position aber auf. Am Ende seines Lebens ließ er in seinem *ashram*[91] nur noch Ehen zu, wenn einer der zukünftigen Ehepartner ein „Unberührbarer" war.[92] Erstaunlicherweise nimmt Roy in ihrem Essay zu diesem Thema eine gegenüber ihrem Interview in „Die Zeit" vom 17. Oktober 2014 andere Haltung ein. Sie behauptet zu Unrecht, Gandhi habe das Kastenwesen mindestens bis 1921 befürwortet.[93] Charakteristisch für das Kastensystem ist laut Roy, dass jede Kaste die ihr untergeordnete kontrolliert bzw. unterdrückt.[94] Wenn Gandhi ein Befürworter des Kastenwesens gewesen wäre, hätte er sich folglich als Kastenhindu für die Unterdrückung der „Unberührbaren" einsetzen müssen bzw. mindestens nichts dagegen unternehmen dürfen. Zur Untermauerung ihrer These führt Roy Gandhis Buch „Hind Swaraj" an. Nach wie vor wird darüber spekuliert, warum die Themen Kastenwesen und „Unberührbarkeit" in dem Buch nicht thematisiert werden. Eine Vermutung besagt, dass eine Erwähnung der „Unberührbarkeit" dem Versuch, ein positives Bild der indischen Zivilisation zu zeichnen, abträglich gewesen wäre.[95] Im Gegensatz dazu stehen Gandhis Taten. Während seiner Zeit in Südafrika[96] bewohnte er mit seiner Familie ein Haus, in dem es keine Toiletten gab. Stattdessen nutzte man Nachttöpfe.[97] Es war in Indien üblich, einen „Unberührbaren" mit deren Leerung zu beauftragen. Gandhi weigerte sich in Südafrika, einen „Unberührbaren" mit dieser Tätigkeit zu beauftragen.[98] Gandhi und seine Frau verrichteten diese unreine Aufgabe selber. Hin und wieder kam es vor, dass ein Beschäftigter von Gandhis Rechtsanwaltskanzlei dort übernachtete. Einer der Angestellten war ein zum Christentum konvertierter „Unberührbarer". Als Gandhis Frau ihren Ehemann davon abhalten wollte, dessen Nachttopf zu reinigen, wurde sie von ihm beinahe aus dem Haus geworfen.[99] Aber nicht nur zu Hause, sondern auch in der Öffentlichkeit bekämpfte er die „Unberührbarkeit". So rügte er z. B. die inhaftierten Hindus, die sich weigerten, neben „Unberührbaren" zu schlafen oder von diesen berührtes Essen zu verspeisen.[100]

Als er schließlich im Jahr 1915 nach Indien zurückkehrte, gründete er in der Nähe von Ahmedabad einen Ashram – heute heißt die Stadt Gandhinagar und wurde zur Hauptstadt des Bundesstaats Gujarat. In seinen Ashram nahm er eine Familie der „Unberührbaren" auf.[101] Der ganzen Familie wurde vollkommene Gleichberechtigung mit allen anderen Ashram-Bewohnern zugestanden.[102] Dies verärgerte einige seine Unterstützer, die daraufhin ihre finanziellen Zuwendungen einstellten. Davon ließ sich Gandhi nicht beeindrucken und plante sogar, in das Viertel der „Unberührbaren" in Ahmedabad umzuziehen.[103] „Unberührbarkeit" ist schlichtweg mit Gandhis Philosophie unvereinbar. In einem Brief betont er die Einheit der Menschheit, woraus er folgert, dass „Unberührbarkeit" nicht legitim sei.[104]

Die zahlreichen Beispiele für Gandhis Einsatz gegen „Unberührbarkeit" erschweren die Vorstellung, dass er bei der Ausarbeitung eines Wahlrechts für Indien nicht im Interesse der „Unberührbaren" gehandelt habe. Am 13. November 1931 verkündigte Gandhi seine Ablehnung einer eigenständigen Wählerschaft der „Unberührbaren". Er argumentierte mit der Furcht vor einer Verfestigung der „Unberührbarkeit". Seiner Meinung nach zementiere ein eigenes Elektorat den vorherrschenden gesellschaftlichen Status der „Unberührbaren" und erschwere deren Integration in die hinduistische Gesellschaft. Das zwangsläufige Resultat sei eine Spaltung des Hinduismus, worunter wiederum die Nationalbewegung leiden werde.[105]

Der große Gewinner dieser Regelung seien die Briten gewesen. Das Streben nach Unabhängigkeit von einer Kolonialmacht wird umso schwieriger, je mehr unterschiedliche Gruppen in der Kolonie leben. Unabhängigkeit kann nur erlangt werden, wenn alle Gruppen zusammenarbeiten. Dies war den Briten bereits im Jahr 1909 bewusst. Damals wurde eine eigene Wählerschaft für die muslimische Minderheit geschaffen. Der zu diesem Zeitpunkt amtierende Vizekönig Lord Minto frohlockte darüber, dass durch diesen Schritt ein Viertel der Bevölkerung von der Nationalbewegung ferngehalten werden könnte.[106] Auch sollte nicht das zweite, von Gandhi mit dem Hungerstreik verfolgte, Ziel übersehen werden. In einer vor Beginn dieser Aktion veröffentlichten Presseerklärung schreibt er:

> If the Hindu mass mind is not yet prepared to banish untouchability root and branch, it must sacrifice me without the slightest hesitation.[107]

Daraufhin erlaubten die Kastenhindus den „Unberührbaren" in zahlreichen Städten, die Tempel zu betreten. Diese durften nun auch öffentliche Brunnen und Straßen benutzen.[108] Roy thematisiert in ihrem Aufsatz erstaunlicherweise nicht Gandhis zweites Ziel, geht aber auf dessen Wirkung ein. Freiwillige Veränderungen, wie zum Beispiel die Öffnung der Tempel, hält sie für temporäre Beschwichtigungen.[109] Bezüglich der Dauerhaftigkeit solcher Fortschritte war Gandhi wahrscheinlich ebenfalls skeptisch. Er verfasste nämlich eine öffentliche Erklärung, die von den Vorsitzenden aller bedeutsamen hinduistischen Parteien unterzeichnet wurde.[110] Damit verpflichteten sich diese, den „Unberührbaren" dieselben Rechte einzuräumen wie den anderen Hindus. Diese Zugeständnisse sollten spätestens vom ersten Parlament eines unabhängigen Indiens in den Rang eines Gesetzes erhoben werden. Ferner versprachen sie sich gegen alle zum Nachteil der „Unberührbaren" existierenden Gewohnheiten auszusprechen.[111] Die sich daran anschließende Kampagne Gandhis gegen die „Unberührbarkeit" war nicht, wie von Roy behauptet, wirkungslos. Ansonsten wäre das Verhalten der Befürworter von „Unberührbarkeit" nicht erklärbar. Diese versuchten, Gandhis Veranstaltungen zu stören. In Poona wurde sogar ein Bombenanschlag auf Gandhi verübt, der aber misslang.[112]

Konklusionen

Abschließend ist festzuhalten, dass die Vorwürfe von Roy nicht zutreffen. Gandhi hat keineswegs die Industrie unterstützt und sich in Südafrika nur für die Interessen der Kaufleute verwendet. Weder hegte er Abneigungen gegenüber Schwarzen noch hat er das Kastenwesen in der damals existierenden Form befürwortet. Gandhi engagierte sich gegen die Unterdrückung der „Unberührbaren", womit er vielen seiner Zeitgenossen weit voraus war. Letzteres gilt auch für seine Philosophie. Seine Vorstellung von der Einheit aller Menschen sowie die Forderung nach selbstlosem Dienst zum Wohle aller Menschen stehen im Gegensatz zu Rassismus und Kastenwesen.

Zu Recht ist Gandhi vielen politischen Persönlichkeiten ein Vorbild. Jedoch ist seine Glorifizierung nicht gerechtfertigt und auch von ihm selbst immer abgelehnt worden. Auf den Gebrauch des ihm unfreiwillig verliehenen Ehrennamens *mahatma* legte er keinen Wert.[113] Gandhis Fehlbarkeit wird unter anderem in seinen, während der Gefängnisaufenthalte in Südafrika entstandenen, Schriften deutlich. Der große Wert von Roys Essay liegt darin, dass sie uns darauf hinweist. In diesem Bemühen schießt sie aber mit ihren Vorwürfen über das Ziel hinaus. Außerdem neigt sie dazu, Quellen oder Auszüge aus Quellen, die mit ihrer Argumentation schwerlich vereinbar sind, schlichtweg nicht zu berücksichtigen. Außer Zweifel steht jedoch, dass ihr Essay die Grundlage für eine fruchtbare Diskussion über Leben und Wirken Gandhis sein kann.

Anmerkungen

1   Eberling (2006: 116 ff.).
2   Chhaya (2008: 152 ff.).
3   Roß (2014: 1 ff.).
4   Vgl. hierzu den Beitrag von *Steinhilber* in diesem Band.
5   Dumont (1966: 39).
6   Jürgenmeyer & Rösel (2009: 208).
7   Ebd.: 208.
8   Ebd.: 208 f.
9   Ebd.: 209.
10 Ebd.
11 Dies. (1998: 27).
12 Dumont (1966: 79).
13 Jürgenmeyer & Rösel (1998: 27).
14 Dies. (2009: 209 f.).
15 Ebd.: 210.
16 Ebd.
17 Ebd.: 214.
18 Ebd.: 211.
19 Jürgenmeyer & Rösel (1998: 30).
20 Ebd.: 31.
21 Kakar (2006: 34).
22 Jürgenmeyer (1998: 14).
23 Ebd.: 12 f.
24 Ebd.: 13.
25 Ebd.

26 Ebd.: 14 f.
27 Blume (1987: 175 f.).
28 Ebd.: 177.
29 Ebd.: 176 f.
30 Ebd.: 180 f.
31 Ebd.: 194.
32 Ebd.: 184 f.
33 Gandhi (1958-1994): The Collected Works of Mahatma Gandhi [CWMG] 67: 393.
34 Blume (1987: 185).
35 Ebd.: 210 f.
36 Ebd.: 207 ff.
37 Roy (2014: 49).
38 Ebd.: 151 f.
39 Ebd.: 78 f.
40 Ebd.: 67 f.
41 Ebd.: 85.
42 Rassismus: Ausgrenzung und Diffamierung von Fremden zum Zweck der eigenen Personifikation, vgl. Geulen (2007: 10).
43 Kleine (2014: 3).
44 Gandhi (2014: 69 f.).
45 Roy (2014: 66 f.).
46 Ebd.: 73 f.
47 Kaffir ist eine Bezeichnung für schwarze Afrikaner, vgl. Ebd.: 155.
48 CWMG 8: 199.
49 Roy (2014: 74).
50 Ebd.: 66.
51 Ebd.: 51.
52 Kleine (2014: 2 f.).
53 Roy (2014: 50 f.).
54 Ebd.: 25.
55 Roß (2014: 3).
56 Ebd.: 84.
57 Ebd.: 120.
58 Ebd.: 124 f.
59 Ebd.: 125 ff.
60 Ebd.: 126 f.
61 Ebd.:. 129 f.
62 Ebd.: 130.
63 Gandhi (1988: 160 f.).
64 Gandhi (2015: 7).
65 CWMG 23: 90 f.
66 Gandhi (2015: 7).
67 CWMG 27: 168.
68 Gandhi (2015: 2).
69 Conrad (2006: 269 f.)
70 Roy (2014: 66).

71 CWMG 1: 179.
72 CWMG 1: 200 ff.
73 Gandhi (2011: 175 ff.).
74 Gandhi (2014: 117 ff.).
75 Ebd.: 95 f.
76 Ebd.: 97 ff.
77 Conrad (2006: 269).
78 Nanda (1985: 28).
79 Eberling (2006: 29 ff.).
80 Nanda (1985: 31).
81 Gandhi (2015: 16).
82 Nanda (1985: 31).
83 Gandhi (2014: 96 ff.).
84 Gandhi (2015: 15 f.).
85 Gandhi (2014: 129 ff.).
86 CWMG 29: 209 f.
87 Gandhi (1988: 145).
88 CWMG 8: 324.
89 Jürgenmeyer & Rösel (2009: 209 f.).
90 CWMG 22: 67f.
91 *Ashram:* Das Zuhause eines heiligen Mannes. Lebt dort allein oder zusammen mit seinen Schülern, Eberling (2006: 48).
92 Fischer (1983: 146 f.).
93 Roy (2014: 41).
94 Ebd.: 51.
95 Gandhi (2015: 12 f.).
96 Gandhi lebte von 1893 bis 1915 in Südafrika. Eberling (2006: 23, 32).
97 Gandhi (2014: 144).
98 Fischer (1983: 37).
99 Gandhi (2014: 144 f.).
100 CWMG 9: 290 f.
101 Gandhi (2014: 188).
102 Ebd.: 190.
103 Ebd.: 189.
104 CWMG 50: 41 f.
105 CWMG 54: 158 f.
106 Ray (1996: 3).
107 CWMG 57: 40.
108 Fischer (1983: 160 f.).
109 Roy (2014: 125).
110 Ray (1996: 5).
111 CWMG 57: 118.
112 Ray (1996: 9 f.).
113 Gandhi (2011: 12).

Gandhi und Ambedkar: Der „Heilige des Status quo" und der Dalit-Professor

Timothy Schlegel

Einleitung

> Mahatma Gandhi sei nicht der friedliebende Held der Gewaltlosigkeit gewesen, für den ihn die Welt halte, sagt sie. Vielmehr sei er „bedingungsloser Verfechter einer der gewalttätigsten Gesellschaftsformen der Welt" gewesen: dem Kastensystem. Mahatma Gandhi, kein Heiliger – sondern einer, der Unterdrückung durch die rigorose Einteilung in Kasten unterstützt hat – oder sogar ein Rassist?[1]

So lauten die Thesen der Sendung „ttt – titel, thesen, temperamente", die am 15.12.2014 in der ARD ausgestrahlt wurde. Unter dem Titel „Ende eines Mythos?" wurde „das andere Gesicht des weltweiten Idols für gewaltfreien Widerstand" gezeigt. Die Thesen, auf die sich die ARD berief, stammen von Arundhati Roy,[2] die sich in ihrem Essay „The Doctor and the Saint" kritisch mit dem Denken, Leben und Wirken Gandhis auseinandersetzt. Ihre Kritik steht in starkem Kontrast zu den verbreiteten Vorstellungen von der Person, der Wirkung und dem Denken Gandhis. Ihr Essay erschien als Vorwort zu „Annihilation of Caste",[3] verfasst von dem Sozialreformer, Politiker und späteren Justizminister B. R Ambedkar. Die zweite Edition des Buches, welches die Vorlage für die im Jahr 2014 erschienene Fassung bildet, erschien im Jahr 1937. Roy führt in ihrem Essay die aktuelle Situation der unteren Kasten und vor allem der *dalits*[4] auf das politische Wirken und Denken Gandhis zurück, indem sie in Gandhi den direkten politischen Gegner Ambedkars ausmacht. Gandhi sei kein Revolutionär gewesen, sondern ein Mann des Establishments, eine als Heiliger inszenierte Figur, welche die Interessen der Industriellen und der konservativen Hindus vertrat, ein politischer Opportunist und Handlanger britisch-imperialer Interessen. So habe er nicht nur die Diskriminierung durch die indische Kastengesellschaft verteidigt, sondern sei auch ein Rassist gewesen.[5] Die von Roy formulierte Kritik trifft Gandhis Menschenbild im Kern. Nach Blume[6] ist Gandhis Menschenbild die wesentliche Grundlage, um seine *satyagraha*-Philosophie zu verstehen. Dabei steht die Frage nach Gandhis Verständnis der indischen Kastengesellschaft am Schnittpunkt zwischen seinem Menschenbild und seinem Gesellschaftsideal. Dieser Beitrag konzentriert sich auf die von Roy formulierte Kritik an Gandhis Haltung zur Kastengesellschaft, da eine Neubewertung Gandhis in dieser Frage die anthropologischen und soziologischen Grundannahmen der *satyagraha*-Philosophie einschneidend betreffen würde:[7]

He [Gandhi, Anm. des Verf.] is the Saint of the Status quo.[8]

Diese Aussage Roys fasst ihre zentralen Kritikpunkte zusammen. Das Erkenntnisinteresse dieses Beitrags besteht darin, Roys Kritikpunkte zu überprüfen, um deren Aussage bewerten zu können. Da sich die Herangehensweise dieser Arbeit von Roys Argumentation stark unterscheidet, beinhaltet sie zunächst eine Methodenreflexion.

Methodischer Zugang: Gandhi als sozialwissenschaftliche Herausforderung

Gandhi war „kein akademischer Denker, kein Wissenschaftler und kein Philosoph".[9] Diese Feststellung begründet Blume mit einem Zitat Gandhis aus dem Jahr 1946:

Ich bin nicht geschaffen für akademische Schriften. Mein Feld ist Handeln. Was ich nach meiner Ansicht für meine Pflicht halte und was mir gerade in den Weg kommt, das tue ich. All mein Handeln wird vom Geist des Dienens befeuert. Wer dazu befähigt ist, *ahimsa* zum Rang einer systematischen Wissenschaft zu erheben, möge das tun – sofern sie sich wirklich zu solcher Behandlung hergibt.[10]

Gandhi beschrieb sich selbst gerne als pragmatischen Idealisten. So steht Gandhis von einem tiefen Idealismus geprägte Weltanschauung einem sehr pragmatischen Handeln in sozialen und politischen Angelegenheiten gegenüber.[11] Aus dem Spannungsverhältnis zwischen „Gandhis metaphysisch-idealistischen Zielen und Werten und deren pragmatischer, schrittweiser Verwirklichung"[12] gingen oft scheinbare Widersprüche zwischen seinen Äußerungen hervor, die sich zumeist auf „unmittelbare Probleme und deren Lösungsmöglichkeiten bezogen."[13] Dieser am Handeln orientierten Auffassung des eigenen Wirkens steht die Tatsache gegenüber, dass Gandhi täglich mehr als 500 Wörter zu Papier brachte.[14] Gandhi selbst jedoch bat darum, seine Bücher zusammen mit seinem Leichnam zu verbrennen. Da er in manchen seiner Einschätzungen falsch lag, wie er selbst auch oft später zugab, hatte er die Befürchtung, seine Aussagen könnten missverstanden werden.[15] Gandhi war der Überzeugung, von Wahrheit zu Wahrheit zu wachsen. Er schrieb auf, was er in einem bestimmten Moment als Wahrheit verstand. Um sein Gedächtnis vor unnötigen Anstrengungen zu bewahren, verschwendete er keinen Gedanken daran, ob dies mit einer seiner früheren Aussagen in Übereinstimmung stand oder nicht. Bei einem Vergleich seiner älteren und neueren Schriften konnte er keine Unvereinbarkeit bemerken.[16] Dennoch hält er die Nachwelt dazu an, im Fall eines Widerspruchs seinen neueren Schriften den Vorrang zu geben.[17] Daraus ergeben sich zwei grundlegende Problemstellungen. Erstens räumt Gandhi ein, dass die Aussagen seiner Schriften nicht grundsätzlich unter dem Prinzip der Widerspruchsfreiheit stehen. So hatte er zwar keine Unvereinbarkeit bemerkt, schloss eine solche aber auch nicht aus. Es ging ihm in erster Linie also nicht um die Widerspruchsfreiheit der Summe seiner Aussagen, sondern um den Wahrheitsgehalt der einzelnen Aussagen. Gandhi sah seine Standpunkte immer relativ zur Wahrheit, an die er sich schrittweise annähern wollte.[18] Daher sah er seine neuesten Aussagen stets als diejenigen mit dem größeren Wahrheitsgehalt an.[19] Zweitens verweisen diese Ausführungen auf die vom Gandhi Forscher Bhattacharyya (1969) festgestellte Entwicklung von Gandhis Denken:

> A perusal of his views would reveal that he did not cling to his old views when he found them to be inconsistent with ethics which he considered to be fundamental. That shows that his social ideas, like his ideas on economic and political matters, underwent a process of evolution.[20]

Gandhis Weltanschauung und Denksystem als eine kohärente und in sich geschlossene Theorie zu verstehen, stellt sich somit als problematisch heraus.[21] Zum einen stellt sich die Frage, inwiefern man es mit einem einheitlichen Denksystem im Sinne einer Theorie oder Lehre zu tun hat. Wenn sich Gandhis Denksystem nicht als eine einheitliche Theorie im westlichen Sinne verstehen lässt, ergibt sich daraus zum anderen die Frage, inwieweit unter den genannten Bedingungen eine sozialwissenschaftliche Analyse von Gandhis Gedanken und Konzepten möglich ist und sich das Denken Gandhis für ein sozialwissenschaftliches Erkenntnisinteresse fruchtbar machen lässt. Eine Analyse von Gandhis Denken und Handeln, so Blume,[22] setzt eine Unterscheidung zwischen grundsätzlich gültigen Aussagen und solchen, die auf eine bestimmte aktuelle Situation zugeschnitten sind, voraus. Außerdem stellt sich die Frage, in welchem Verhältnis Gandhis schriftliche Zeugnisse zu seiner tatsächlichen Lebenspraxis im Alltag stehen. Diese Frage stellt sich nicht zuletzt deshalb, weil sich Gandhi ganz explizit dazu äußerte:

> Gandhianisches Denken (Gandhian thougth) kann kaum durch Bücher verbreitet werden. Es wird am besten dadurch propagiert, dass man es lebt. Wenn wir auf die eine Seite eine Million Bücher legen und auf die andere Seite ein lebendes Vorbild, wird der Wert des lebenden Beispiels größer sein. Bücher sind leblos.[23]

Nach Blume ist man sich in der Gandhi-Rezeption im Allgemeinen über die Schwierigkeit, Gandhis Vorstellungen von seiner Lebensweise zu trennen, durchaus bewusst: „Alle respektieren die ganzheitliche Denkweise Gandhis und verkennen nicht dessen große Bedeutung, die gerade darin liegt, dass er lebte, was er gedacht und für richtig empfunden hatte.“[24]

In diesem Beitrag wird Gandhis Denken nicht als eine in sich geschlossene, wissenschaftlich begründete Theorie oder Philosophie verstanden, sondern vielmehr als eine ethische Weltanschauung, die sich auf ein wandelbares Denksystem stützt, das sich durch die Interpretation unterschiedlicher Traditionen herausbildete. In diesem Sinne wird auch der Ansatz von Bhattacharyya übernommen und Gandhis Denken als ein sich fortlaufend entwickelnder Prozess verstanden. Konkret bedeutet das, dass sich Gandhis Aussagen zu einem bestimmten Thema zu unterschiedlichen Zeitpunkten unterscheiden können. Diese eigentlich banale Erkenntnis – die auch auf viele große Denker und Intellektuelle zutrifft – ist wichtig, um keine einseitige Verurteilung Gandhis auf der Basis von aus dem Zusammenhang gerissenen Einzelaussagen zu machen. Soweit dies thematisch notwendig oder aufgrund der Quellenlage möglich ist, sollen Gandhis aus den Schriften gewonnene Aussagen mit seiner Lebenspraxis verglichen werden.

Die Fundamentalkritik von Arundhati Roy: Der Vergleich des „Heiligen" mit Ambedkar

Ein grundlegendes Problem von Roys Essay sind die Vorurteile, die Sie gegenüber Gandhi hegt. Roy ist nach eigenen Angaben mit den Hagiografien Gandhis aufgewachsen und sah ihn deshalb selbst lange Zeit als geborenen Heiligen. Jedoch stieß sie bei ihrer Lektüre von Gandhis Schriften vermehrt und unweigerlich auf Aussagen, die mit ihrer Vorstellung vom „Heiligen Gandhi" nicht vereinbar waren. Statt ihn jedoch als Politiker zu betrachten, suggeriert sie in Teilen ihres Essays,[25] dass Gandhis Worte und Taten, so sie mit seinem Status als Heiligem vereinbar waren, lediglich dazu dienen sollten, ihn als Heiligen zu inszenieren.[26] Durch diese Grundannahme gelingt es ihr, all jene Aussagen Gandhis, die im Widerspruch zu ihrer Interpretation stehen, auszublenden. Roy erwähnt beispielsweise, dass Gandhi gegen eine hierarchische Ordnung der Kasten war.[27] Eine genaue Lektüre ihres Essays zeigt jedoch, dass sie, bis auf wenige Ausnahmen,[28] keine der kastenkritischen Aussagen Gandhis aus den 1930er Jahren oder später in ihre Analyse miteinbezog. So erwähnt sie zwar, dass Gandhi sich manchmal[29] auch anders äußerte, misst diesen Aussagen jedoch aufgrund ihrer These von Gandhis Selbstinszenierung als einem Heiligen keine Bedeutung bei.[30] Zwar beschreibt Roy Gandhi als einen Politiker mit außerordentlichen politischen Instinkten und besonderen Fähigkeiten, jedoch bleibt diese Einschätzung in ihrer Analyse und vor allen in ihren Schlussfolgerungen unberücksichtigt. Würde Roy Gandhi als reinen politischen Akteur betrachten, so müsste sie den politischen und historischen Kontext stärker in ihre Analyse einbeziehen und die politische Selbstinszenierung Gandhis als ein politisches Mittel differenzierter betrachten.[31] So kann bei Gandhi im Rahmen seiner politischen Inszenierung durchaus von einer öffentlichkeitswirksamen Selbstdarstellung gesprochen werden.[32] Andererseits ist auch bekannt, dass er gerade den Titel *mahatma* (große Seele) ablehnte und den Titel *bapu* (Vater) bevorzugte.[33]

In ihrer Beurteilung Gandhis stellt Roy diesen den Konzepten von Ambedkar gegenüber. Für sie sind die beiden nicht voneinander zu trennen, sondern in einer gemeinsamen Geschichte verwoben.[34] Roy ist insofern zuzustimmen, als die Gandhi-Ambedkar-Debatte ein wichtiger Teil der öffentlichen Auseinandersetzung um die Abschaffung der „Unberührbarkeit" und des Kastenwesens in seiner Gesamtheit gewesen ist. Ein Vergleich der beiden Positionen kann also durchaus sinnvoll sein. Allerdings tritt Gandhi bei Roy geradezu als Antagonist oder Widersacher zu Ambedkar in Erscheinung:

> [T]his was by no means just a theoretical debate between two men who held different opinions. Each represented very separate interest group, and their battle unfolded in the heart of India's national movement.[35]

Roy beruft sich in ihrer Kritik an Gandhi wiederholt auf Ambedkar und übernimmt dessen Positionen, um Gandhi (angeblich) zu widerlegen.[36] Roy wärmt damit eine alte Debatte wieder auf, ein systematischer und analytischer Vergleich der beiden Konzepte, wie sie beispielsweise bereits von Jodhka[37] und Palshikar[38] vorgenommen wurden, bleibt jedoch aus.

Bei den Positionen Ambedkars und Gandhis handelt es sich um zwei unterschiedliche politische Konzepte mit unterschiedlichen Begründungsmustern und Zielsetzungen. Es ist daher notwendig, die Gandhi-Ambedkar-Beziehung nicht im Kontext ihrer Persönlichkeiten oder ihrer politischen Strategie, sondern unter den Bedingungen ihrer jeweiligen emanzipatorischen Projekte zu untersuchen,[39] wie dies beispielsweise bei Jodhka[40] zu finden ist. Dieser untersucht die Vorstellungen und Konzepte Gandhis, Nehrus und Ambedkars in Bezug auf das ländliche Indien. Dabei werden neben den drei unterschiedlichen Sozialisationsbedingungen auch die entsprechenden ideologischen Hintergründe berücksichtigt.[41] Palshikar[42] setzt sich in mehreren Artikeln mit dem Verhältnis von Gandhi und Ambedkar auseinander. Aus den Artikeln geht hervor, dass beide Vertreter der Unabhängigkeitsbewegung höchst unterschiedliche Konzepte und Prioritäten besaßen, dabei sei eine der größten Differenzen die Haltung zum Kapitalismus.[43] Unter Berücksichtigung dieser Grundannahmen gelangt Palshikar zu dem Schluss: „The discourse of Gandhi and Ambedkar were not antithetical."[44] Ambedkar wurde in einem ländlichen Dorf als „Unberührbarer" geboren. Da sein Vater Angehöriger des britischen Militärs war, hatte Ambedkar trotz seines sozialen Status die Möglichkeit, eine akademische Ausbildung zu absolvieren. Er studierte Ökonomie und Jura in Bombay, New York und London. Sein politisches Engagement galt in erster Linie den „Unberührbaren". Aufgrund seiner eigenen Herkunft war es sein oberstes Ziel, der sozialen Diskriminierung ein Ende zu setzen. Ambedkars Denken war stark westlich und teilweise auch kommunistisch geprägt. Am 14. Oktober 1956 konvertierte er öffentlich zusammen mit einer halben Million Menschen zum Buddhismus. Für ihn lag die Wurzel des Übels „Unberührbarkeit" im Kastenwesen und im Hinduismus.[45] Aus Ambedkars Haltung ergibt sich die Frage, wie Gandhi das Kastenwesen verstand und welche Haltung er dazu vertrat.

Gandhi und das Kastenwesen: Eine Neuinterpretation

Für Roy steht Gandhi, als geborener *vaishya*, in einer langen Tradition von Reformern aus privilegierten Kasten.[46] Seine Reformen haben, so lautet Roys zentraler Vorwurf, nie auf die Abschaffung des Kastenwesens gezielt, sondern er habe dieses sogar befürwortet.[47] Roy beruft sich dabei auf ein Zitat aus der Zeitschrift *Nava-Jivan*.[48] Der Text, der im Original von Gandhi auf Gujarati geschrieben wurde, wurde von Ambedkar ins Englische übersetzt:

Caste is another name for control. Caste puts limit on enjoyment. Caste does not allow a person to transgress caste limits in pursuit of his enjoyment. That is the meaning of such caste restrictions as inter-dining and inter-marriage [...] These being my views I am opposed to all those who are out to destroy the Caste Systems.[49]

Ferner behauptet Roy, Gandhi habe sich erst im hohen Alter gegen Kastenrestriktionen wie z. B. das Verbot der Heirat zwischen Angehörigen unterschiedlicher Kasten und das Verbot des gemeinsamen Speisens gestellt: „Towards the end of his life (when his views were just views and did not run the risk to transform in political action), he said that he no longer objected to inter-dining and intermarriage between castes."[50] Doch niemals habe er sich gegen das Vier-Kasten-Modell gestellt: „Gandhi never decisively and categorically renounced his belief in chaturvarna, the system of four varnas."[51] Seine Ansichten über das Kastenwesen hatten sich, so Roy, nur dahingehend geändert, dass sich die viertausend separierten Kasten in das *varna*-System integrieren sollten.[52]

Zusammenfassend formulierte Roy folgende Thesen über Gandhis Haltung zum Kastenwesen:

1. Als Angehöriger einer privilegierten Kaste befürwortete er grundsätzlich das Kastenwesen.
2. Seine Reformvorschläge standen in der Tradition von Reformbewegungen der privilegierten Kasten.
3. Sein Denken über das Kastenwesen hat sich nur dahingehend reformiert, die viertausend separierten Kasten in das Vier-*varna*-Modell integrieren zu wollen.
4. Erst im hohen Alter distanzierte sich Gandhi von den Grundpfeilern des Kastenwesens, wie dem Speise- und Heiratsgebot. In seinem politischen Willen äußerte sich das jedoch nie.

Eine kritische Reflexion von Arundhati Roys Kritik an Gandhi

Roys These, Gandhis Reformvorschläge stünden in der Tradition von Reformbewegungen der privilegierten Kasten, entgegnet Kolge[53] in seinem Artikel „The Politican: A Response to Arundhati Roy's The Doctor and The Saint", dass es zwar Überschneidungen von Gandhis Reformen mit denjenigen seiner Vorgänger gab. Die Unterschiede sind, Kolge zufolge, allerdings zu fundamental, um Gandhi in die Tradition der Oberschicht-Reformisten zu stellen.[54] Beide Reformansätze folgten unterschiedlichen Prinzipien. Die meisten Reformbewegungen der Oberschicht folgten dem Prinzip des sozialen Aufstiegs.[55] Hier wurde der Ansatz vertreten, dass die Individuen und Gruppen der „Unberührbaren" die Bräuche und Praktiken der oberen Kasten übernehmen sollten, um sich von ihrer „Unreinheit" zu befreien.[56] Ein solches Aufstiegsprinzip lehnte Gandhi jedoch ab, da es nichts dazu beitrug, das falsche Bewusstsein von Kastendifferenz und Hierarchie sowie das ideologische und moralische Fundament aufzulösen.[57] Gandhis Ansatz beschreibt Kolge hingegen als eine Form des „sozialen Abstiegs". Die Hindus der oberen Kasten sollten ihre Vorurteile gegenüber Reinheit und Unreinheit aufgeben, um sich selbst zu reinigen. Er sprach sich dafür aus, die eigene erhöhte gesellschaftliche Position aufzugeben und sich mit den Angehörigen der unteren Kasten zu solidarisieren:

> [W]e [upper caste Hindus] must come down from the high pedestal we have occupied all these years and take our natural place with them.[58]

Ein weiterer Unterschied ist, dass Gandhi die Deutungshoheit des Brahmanismus zurückwies. Dadurch, so Kolge, attackierte er das Kastenwesen an seinen Wurzeln.[59] Gandhis Haltung und Aussagen in Bezug auf das Kastenwesen lassen sich nicht vor dem Hintergrund des Brahmanismus verstehen, vielmehr gründeten sie auf seiner eigenen Weltanschauung und Traditionsauslegung.

Der zentrale Begriff für Gandhis Verständnis des Kastenwesens ist *varnashramdharma*. Dieser dreiteilige Begriff setzt sich aus den Begriffen *varna*, *ashrama* und *dharma*, zusammen. Nach dem *ashrama*-Konzept unterteilt sich das Leben in vier Lebensstadien, die in Zusammenhang mit vier Lebenszielen stehen.[60] *Dharma* ist ein äußert schillernder Begriff mit einer großen Bandbreite an Bedeutungen. In einem allgemeinen Sinne lässt sich *dharma* als die göttliche Pflicht des Einzelnen verstehen. Dem Begriff *dharma* ist somit eine soziale Komponente inhärent. Das exakte *dharma* für jedes Individuum und jede soziale Gruppe lässt sich aus einer Kombination von *varna* und *ashrama* bestimmen. Das *dharma* regelte weitgehend alle sozialen, wirtschaftlichen und religiösen Fragen. Durch das *varnashramdharma* im traditionellen Sinne wurden die Rollen und Pflichten des Individuums und der sozialen Gruppen vorgeschrieben.[61]

Gandhis Ansichten grenzten sich vom traditionellen Verständnis der *varnashramdharma* ab. Gandhi war der Überzeugung, dass die Begriffe *varna* und *ashrama* ihre ursprüngliche Bedeutung verloren hatten. Seiner Auffassung nach waren die *varnas* früher nicht so strikt voneinander abgegrenzt wie die heutigen Kasten und beinhalteten nur die natürliche arbeitsteilige Zusammensetzung einer Gesellschaft nach den Funktionen der Lehre, der Verteidigung, der Produktion von Wohlstand und der manuellen Dienstleistung. Für Gandhi bedeutete *varna* „die Vorbestimmung der Berufsausübung durch Vererbung".[62] Die Zugehörigkeit

zu einer *varna* bestimmt sich zwar durch Geburt, muss aber durch eine Pflichtaus-
übung bestätigt werden. So enthält *varna* das eigene Lebensgesetz und die damit
verbundenen Pflichten, es enthält aber weder „Rechte noch irgendeine Bedeutung
von Über- und Unterordnung".[63] Gandhis Verständnis des *varnashramdharma*
zufolge sind alle Menschen gleichrangig, es hat daher nichts mit der hierarchischen Ordnung der Kasten gemeinsam. Die *varnas* beinhalteten lediglich die natürliche, arbeitsteilige Zusammensetzung der Gesellschaft. Demnach befriedigt
varnashramdharma die religiösen, sozialen und ökonomischen Bedürfnisse einer
Gemeinschaft, da es den Mitgliedern genügend Zeit zur spirituellen Weiterentwicklung bietet, wirtschaftliche Konkurrenz verhindert und eine weitestgehend
gerechte Verteilung der Güter ermöglicht.[64] Das Prinzip der Berufswahl durch
Vererbung ist der gesellschaftliche Energieerhaltungssatz.[65] Die Pflicht, die jedem
Einzelnen dabei auferlegt wurde, interpretierte Gandhi abweichend zum traditionellen Verständnis:

> [V]or Gott wird die Arbeit des Menschen nach dem Geist beurteilt, in dem sie aus-
> geführt worden ist, nicht nach der Art der Arbeit, wie auch immer diese sein mag.
> Wer auch immer in einem Geist der Hingabe handelt, qualifiziert sich selbst für die
> Erlösung.[66]

Demnach findet der Mensch seine Lebensaufgabe in der unmittelbaren Umgebung. Wer also dem eigenen Wesensgesetz folgt, beginnt für das Wohl seiner Mitmenschen zu sorgen.[67]

Betrachtet man ausschließlich Gandhis Schriften, so sprach er sich tatsächlich
nie für eine Abschaffung des Kastenwesens aus. In diesem Punkt stimmt auch
Kolge Roy zu.[68] Allerdings stellte sich Gandhi gegen eine Hierarchie der Kasten
und das Überlegenheitsbewusstsein einzelner Kasten. In diesem Sinne appellierte
er an die Scham- und Schuldgefühle der privilegierten Hindus.[69] Nach Gandhis
Überzeugung waren alle Kasten gleichrangig. Die traditionelle Interpretation des
varnashramdharma und die daraus resultierende soziale Ungerechtigkeit lehnte er
ab. Wenn er sich also für den Erhalt des Kastenwesens aussprach, so war dies für
ihn nicht gleichbedeutend mit dem Erhalt der Privilegien der oberen Kasten aus.
Stattdessen plädierte er für den Erhalt der *varnas* und die Vererbung des Berufs
als Prinzip zum Erhalt der gesellschaftlichen Ordnung. Dies geht auch deutlich aus
einem seiner Zitate hervor, das Roy an zwei Stellen ihres Essays, jeweils unvollständig, als Grundlage ihrer Argumentation verwendet:

> Caste is another name for control. Caste puts a limit on enjoyment. Caste does not
> allow a person to transgress caste limits in pursuit of his enjoyment. That is the

meaning of such caste restrictions as interdining and intermarriage. To destroy caste
system and adopt Western European social system means that Hindus must give up
the principle of hereditary occupation which is the soul of the caste system. Hereditary principle is an eternal principle. To change it is to create disorder. I have no
use for a Brahmin if I cannot call him a Brahmin for my life. It will be a chaos if
every day a Brahmin is to be changed into a Shudra and a Shudra is to be changed
into a Brahmin. The caste system is the natural order of society. In India it has been
given a religious coating. Other countries not having understood the utility of the
caste system it existed only in a loose condition and consequently those countries
have not derived from caste system the same degree of advantage which India has
derived. These being my views I am opposed to all those who are out to destroy the
Caste System.[70]

Aus diesem Zitat gehen einige der genannten Punkte deutlich hervor. Erstens, dass
die Kaste *(varna)* durch ihre kontrollierende Funktion die Stütze der natürlichen
Gesellschaftsordnung darstellt. Die Vererbung des Berufs ist der zentrale Wesens-
zug des Kastensystems und der große Vorteil des indischen Gesellschaftsmodells
gegenüber dem des Westens, da die Vererbung des Berufs nach Gandhis Auffassung die ökonomische Konkurrenz innerhalb einer Gesellschaft verhindert. Gandhi spricht sich entschieden dagegen aus, das westliche Gesellschaftsmodell zu
übernehmen und somit das Prinzip der Berufsvererbung aufzugeben. Roy erkennt
im Zusammenhang mit diesem Zitat[71] an, dass Gandhi der Überzeugung war, dass
es keine Hierarchie zwischen den Kasten geben sollte und „dass alle Kasten als
gleich angesehen werden"[72] und die „Kastenlosen" *(avarna)* und „Unberührbaren"
(ati-shudras) in das *varna*-System integriert werden sollen. Trotzdem behauptet
sie an anderer Stelle auf Grundlage desselben Zitats, dass Gandhi an alle Einzel-
aspekte des Kastenwesens geglaubt habe.[73]

   Es fällt auf, dass Roy Gandhis anti-hierarchische Haltung im Zusammenhang
mit diesem Zitat erwähnt. Denn diese Haltung kann nicht unmittelbar aus dem
Zitat abgeleitet werden; es existieren andere Aussagen Gandhis, in denen er sich
deutlich gegen eine Hierarchie der Kasten ausspricht. Außerdem widerspricht
sich Roy in diesem Punkt, denn die soziale Hierarchie stellt im traditionellen
varna-Modell eine entscheidende Komponente dar. Wie von Roy selbst zumindest teilweise bestätigt wird, ging es Gandhi nicht nur um die Eingliederung der
„Kastenlosen", sondern eben auch um eine Auflösung der sozialen Hierarchie
und eine Neuauslegung der zeitgenössischen brahmanisch orientierten Ausle-
gung des *varnashramdharma*. Die Behauptung, Gandhi wäre von allen Komponenten des *varna*-Modells überzeugt gewesen, lässt sich demnach nicht aufrechterhalten.

   Im Folgenden sollen die Entwicklungslinien von Gandhis Denken in Bezug auf
das Kastenwesen nachgezeichnet werden. Zunächst wird deutlich, dass Gandhi das

varna-Modell stets als eine Alternative gegenüber der westlichen Klassengesellschaft sah:

> One of correspondents suggest that we should abolish the caste [system] but adopt
> the class system of Europe — meaning thereby, I suppose, that the idea of heredity
> in caste should be rejected.[74]

Bereits im Jahr 1920 betonte er die Wichtigkeit der Berufsvererbung: „I am incli-
ned to think that law of heredity is an eternal law and any attempt to alter that law
must lead us, as it has before led, to utter confusion."[75] Im selben Jahr lässt sich
noch eine Aussage finden, welche die Hierarchie als unvermeidbar bezeichnete
und darauf verwies, dass nicht alle Menschen die religiösen Ziele des Lebens in
gleicher Weise erreichen könnten: „When all castes accept a common (religiously
determined) goal of life, a hierachy is inevitable, because all castes cannot realize
the ideal in equal degree."[76] Mitte der 1920er Jahre distanzierte er sich jedoch von
der Idee, dass eine Hierarchie unvermeidbar sei:

> For me there is no question of superiority or inferiority. A Brahmin who regards
> himself a superior being born to look down upon the other castes is not Brahmin. If
> he is first he is so by right of service.[77]

Im Jahr 1927 betonte er die Gleichwertigkeit der *varnas* noch deutlicher: „In this
[my, Anm. des Verf.] conception of the law of varna, no one is superior to any
other."[78] Diese egalitäre Sicht auf das Kastenwesen gewann zu Beginn der 1930er
Jahre, möglicherweise durchaus inspiriert von Ambedkar, noch weiter an Schärfe.
Im Jahr 1931 distanzierte sich Gandhi eindeutig von der damals typischen Aus-
prägung des Kastenwesens:

> I do not believe in caste in the modern sense. It is an excrescence and a handicap on
> progress. Nor do I believe in inequalities between human beings. We are all absolu-
> tely equal. But equality is of souls not bodies. [...] We have to realize equality in the
> midst of his apparent inequality. Assumption of superiority by any person over any
> other is a sin against God and man. Thus caste, in so far, as it connotes distinctions
> in status, is an evil.[79]

Bis Mitte der 1930er Jahre lassen sich immer wieder Aussagen Gandhis finden,
in denen er das Kastenwesen und seine soziale Ungleichheit ablehnt. Auch Kolges
Verständnis der Reformbewegung als eine Form des sozialen Abstiegs lässt sich
hier in Teilen wiederfinden:

We are all Shudras, i.e. one varna. If this position is accepted then the thing beco-
mes easy. If this does not satisfy our vanity, then we are all Brahmins. Removal
Untouchability does mean root-and-branch destruction of the idea of superiority and
inferiority.[80]

Diese Darstellung von Gandhis gedanklicher oder ideeller Weiterentwicklung
macht deutlich, dass Gandhi zwischen den 1920er und den späten 1930er Jahren
seine Ansichten und Vorstellungen über das Kastenwesen mehrfach änderte und
überdachte. Dabei änderte sich seine Haltung von einer klaren Befürwortung des
Vier-*varna*-Modells hin zu einer klaren Ablehnung der damals typischen Ausprä-
gung des Kastenwesens und der Auffassung, dass alle einer Kaste angehören. Von
einer ursprünglich durch spirituelle Notwendigkeit begründeten Befürwortung
oder Akzeptanz einer sozialen Hierarchie änderte sich seine Haltung hin zu einem
deutlichen egalitären Verständnis sozialer Rangordnung. Dabei hielt Gandhi stets
am Kastenwesen als Form der gesellschaftlichen Ordnung fest und verteidigte diese vor allem gegen die westliche Klassengesellschaft. Zentral war dabei das Prinzip der Berufsvererbung. Dabei war ihm offenbar bewusst, dass dieses Prinzip mit
einer egalitären Gesellschaftsordnung nur schwer zu vereinbaren ist. Verknüpft
mit der Berufsausübung sind nicht zuletzt auch Fragen nach der Verteilung von
Wohlstands- und Bildungspartizipation. Auch dafür wollte Gandhi Antworten finden. Im *varna*-System hat niemand die Freiheit, seinen Beruf zu wählen. Gandhi
sah jedoch keinen Nachteil darin, wenn Angehörige einer Kaste sich das Wissen
oder die Kunst einer anderen Kaste aneigneten. Seinen Lebensunterhalt müsse
aber jeder durch die traditionelle Tätigkeit seiner *varna* verdienen, indem er die
Profession seiner Vorväter ausübt.[81] In diesem Zusammenhang forderte er 1933
eine gleiche Bezahlung für alle:

But today the Brahmin, Kshatriya, Vaishya, Shudra all want to become multi-mil-
lionaires. Hence I maintained that everyone should have equal payment, whether
a barrister or a Shudra. Everyone should dedicate his talent to the service of the
community. If the whole community made scarifies the people would not starve.[82]

Die Forderungen müssen in einem bestimmten historischen Kontext verstanden
werden. Gandhi lehnte die Anhäufung von Vermögen ab. Das Einkommen als
solches ist Gandhis Auffassung nach nur dazu da, den eigenen Lebensunterhalt
zu finanzieren. Jeder soll das bekommen, was er zum Leben braucht, aber nicht
mehr.[83] Aus dieser Analyse wird erneut deutlich, dass Gandhi im Kastenwesen
bestimmte Qualitäten auszumachen glaubte, die gegenüber dem westlichen Gesellschaftsmodell von Vorteil waren. In diesem Sinne lässt sich z. B. sein Fest-

halten am Prinzip der Berufsvererbung einordnen, da man sich dadurch dem „westlichen Klassenkampf" und dem gesellschaftlichen Wettbewerb entziehen könne. Gleichzeitig forderte er gleichen Lohn für alle. Wie auch immer man die Konzepte bewerten mag, eines geht hieraus deutlich hervor: Wenn Gandhi sich zum Kastenwesen äußerte, stand dies im Kontext seiner eigenen Weltanschauung und war spätestens seit 1921 stets nur Teil einer breit angelegten Vorstellung von einer idealen Gesellschaft.

Ein weiterer Vorwurf Roys ist, dass Gandhi sich erst im hohen Alter von den Grundpfeilern des Kastenwesens wie den Heirats- und Speisegeboten distanziert habe. Die Heirats- und Speisegebote sind wichtige Bestandteile des *jati*-Systems. Aus dem bereits angeführten Zitat[84] lässt sich, zumindest für das Jahr 1922, herauslesen, dass Gandhi diese Prinzipien befürwortete. Es sind jedoch genau jene Prinzipien, durch welche die kulturelle Differenz der einzelnen Gruppen entsteht. Diese Differenz wiederum scheint mit Gandhis Konzept des „sozialen Abstiegs", das auf eine Gleichsetzung der einzelnen Gruppen setzt, unvereinbar zu sein. Unter dieser Annahme soll im Folgenden Gandhis Haltung zu den Heirats- und Speisegeboten untersucht werden. Gandhis Interpretation der Heirats- und Speisegebote zeigt eindrücklich die eingangs erwähnte Komplexität seines Denkens. Wie auch bei seiner Haltung zum Kastensystem ist hier eine gedankliche Entwicklung zu erkennen. Im Allgemeinen lassen sich in den 1920er Jahren Aussagen Gandhis finden, die ein Verbot des kastenübergreifenden Heiratens und Speisens befürworten. Exemplarisch für diese Aussagen ist ein weiteres Zitat aus dem „Nava Jivan". Dort schrieb Gandhi: „In India children of brothers do not intermarry. Do they caste to love because they do not intermarry? [Übersetzung von Ambedkar]."[85] Der Sinn solcher Kastenrestriktionen, wie den Heirats- und Speisegeboten, bestand für Gandhi darin, das eigene Vergnügen zu beschränken: „Caste does not allow a person to transgress caste limits in prusuit of his enjoyment. That is the meaning of such caste restrictions as interdining and intermarriage [Übersetzung von Ambedkar]."[86] Deutlicher sprach er sich für diese Restriktionen im Jahr 1921 aus. Ein Verbot des kastenübergreifenden Heiratens und Speisens war für Gandhi entscheidend, damit sich die Seele schnell entwickeln könne. Diese Selbstkasteiung sei jedoch keine Prüfung der *varna*.[87] Schon hier zeigt sich ein Verweis auf die disziplinarische Funktion dieser Restriktionen. In welchem Verhaltnis Gandhi die Gesetzmäßigkeiten der *varnas* und die Restriktionen in Bezug auf das kastenübergreifende Heiraten und Speisen sah, geht aus einer Aussage im Jahr 1931 hervor:

When Hindus were seized with inertia, abuse of varna resulted in unnecessary and harmful restrictions as to intermarriage and interdining. The law of varna has nothing to do with these restrictions. People of different varnas may intermarry and interdine. These restrictions may be necessary in the interest of chastity and hygiene; but Brahmin who marries a Shudra girl or vice versa commits no offence against the law of varna.[88]

Im Jahre 1932 äußerte sich Gandhi zum Verhältnis zwischen den Heirats- und Speisegeboten und der Aufhebung der „Unberührbarkeit". Für Gandhi waren kastenübergreifendes Heiraten und Speisen mit „Unberührbaren" keine integralen Bestandteile, um die „Unberührbarkeit" aufzuheben. Auch betrachtete er es nicht als religiösen Verstoß, wenn man kastenübergreifend heiratete und speiste.[89] Im Jahr 1933 wurde er nochmals zu seinen Aussagen befragt, die er im Jahr 1922 gemacht hatte. Dabei wiederholte er den asketischen Aspekt seiner Haltung:

I still believe that restriction imposed by oneself upon interdining and intermarriage is an act of renunciation of the flesh [and therefore good]. There is one word that perhaps I would change if I was writing the article of 1921 today. Instead of 'prohibition', I should [...] say, 'self-imposed restriction against intermarriage is essential for a rapid evolution of the soul.'[90]

Die Einzelaussagen über die Heirats- und Speisegebote aus den Jahren 1921 bis 1933 bestätigen die Auffassung Blumes, dass Gandhi im Allgemeinen der Überzeugung war, dass die Regeln, die das heutige Verhalten der Kasten betreffen, wie die Speise- und Heiratsvorschriften, nichts mit den *varnas* zu tun haben.[91] Spätestens seit dem Jahr 1931 betrachtete Gandhi die Heirats- und Speisevorschriften als etwas, das strenggenommen nicht mit den *varna* als gesellschaftliches Ordnungsprinzip in Verbindung gebracht werden konnte. Vielmehr betonte er den disziplinarischen Aspekt dieser Vorschriften als Selbstrestriktion der eigenen Begierden. In diesem Sinne stehen die Heiratsvorschriften im unmittelbaren Zusammenhang mit dem Askese-Prinzip, das für Gandhis *satyagraha* von fundamentaler Bedeutung ist.[92] In diesen Zusammenhang muss auch Gandhis Haltung zum kastenübergreifenden Speisen verstanden werden. Gandhi äußerte sich im Jahr 1921 ausdrücklich zu diesem Thema:

That dining together creates friendship is contrary to experience. If this was true there would have been no war in Europe [...] Taking food is as dirty an act as answering the call of nature. The only difference is that after answering call of nature we get peace while after eating food we get discomfort. Just as we perform the act of answering the call of nature in seclusion so also the act of taking food must also be done in seclusion.[93]

Im Laufe seines Lebens experimentierte Gandhi mit mehreren Diäten. Sein Ziel war es, eine möglichst gleichgültige Einstellung gegenüber den sinnlichen Dingen zu erlangen. Zu diesem Zweck sollte jegliche unnötige Reizung des Geschmacksinnes vermieden werden und dem Körper nur gerade so viel Nahrung zugeführt werden, wie er zum Erhalt der körperlichen Leistungsfähigkeit benötigt.[94]

Kaste und „Unberührbarkeit" in Gandhis Lebenspraxis und politischem Wirken

Gandhis Familie folgte seit drei Generationen nicht mehr dem traditionellen Krämereigewerbe ihrer Kaste. Er selbst folgte in seinem Beruf als Jurist in Südafrika zunächst nicht der politischen Laufbahn seines Vaters. Dieser war als Politikberater und Schlichter (*diwan*) am Fürstenhof von Porbandar tätig und später als eine Art Premierminister in den Kleinstaaten Rajkot und Vankaner. Gandhi hatte die Kastenrestriktionen schon in frühen Jahren überwunden. Er speiste sein ganzes Leben lang mit Angehörigen anderer Kasten und anderer Religionen. Er erlaubte seinen Kindern, über die eigene Kaste hinaus zu heiraten. Auch erlaubte er seinen Kindern die freie Berufswahl. Gleichzeitig ging er vielen Tätigkeiten nach, die für Angehörige seiner Kaste eigentlich als „verboten" galten. Wenn man das alltägliche Leben in den Ashrams betrachtet, kommt man ebenfalls zu einem recht eindeutigen Ergebnis. Gemeinsames Speisen war ein Bestandteil in allen von Gandhi gegründeten Ashrams. Gandhi adoptierte eine „Unberührbare", mit der er zusammenlebte, spielte und speiste. Ebenso ließ sich Gandhi von einem Jungen helfen und Essen zubereiten, der als „Unberührbarer" geboren war.[95] Gandhis Lebensweise unterscheidet sich also nicht nur in der persönlichen Biografie, sondern vor allem im Alltag seiner Ashrams fundamental von den Restriktionen des *jati*-Systems – und auch von den Prinzipien des brahmanischen *varna*-Modells.

Man kann Gandhi unterstellen, dass er versuchte, das alte System mit neuem Namen aufrechtzuerhalten. Der Sozialwissenschaftler und Gandhi-Experte Bhattacharyya plädiert jedoch für ein anderes Verständnis von Gandhis Reformdenken:

> It would be more logical to hold that Gandhi pursued a slow but steady approach for the removal of caste distinctions. That was his technique of movement – which fitted in well with his reliance on the individual. He believed that reforms could only begin with individuals. His practical sense might have dictated him to prepare the ground first and then strike the root.[96]

In diesem Sinne stand Gandhis Reformbewegung auch im Einklang mit der *satyagraha*. Im Mittelpunkt der Bemühungen stand dabei stets die Veränderung der Beziehungen zwischen Menschen. Die Struktur einer Gesellschaft verstand Gandhi als dynamisch. *Satyagraha* als politische Strategie der Gesellschaftsveränderung berücksichtigt in ihrer Zielsetzung und Wirkungsweise die Einheit des Lebens und die dynamische Wechselbeziehung zwischen den einzelnen Lebewesen. Diese Herangehensweise an gesellschaftliche Konflikte unterscheidet Gandhis Methode von gewaltsamen Lösungen.[97] Gleichzeitig stand Gandhis Handeln auch in einem ethisch begründeten Zweck-Mittel-Verhältnis. Diese Herangehensweise an politische Angelegenheiten war für das Indien des 20. Jahrhunderts revolutionär. Dieser Hintergrund von Gandhis Politikverständnis, aus dem sich seine Methoden und Prinzipien ableiten, wurde von Roy entweder nicht berücksichtigt oder komplett anders interpretiert.

Im nun Folgenden sollen parallel zu Roys Essay ein Schlaglicht auf einige politische Aktionen Gandhis im Zusammenhang mit dem Kastenwesen, genauer der „Unberührbarkeit", geworfen werden. In den Jahren zwischen 1930 und 1932 wurden in London drei Konferenzen abgehalten, um über die Zukunft Indiens zu beraten. Die „Unberührbarkeit" wurde spätestens mit dem zweiten Runden Tisch im Jahr 1930 Bestandteil der politischen Agenda der indischen Unabhängigkeitsbewegung. Gandhi nahm an dieser Konferenz als Vertreter der Kongresspartei teil. Roy behandelt die politischen Ereignisse, in deren Folge sich die Gandhi-Ambedkar-Debatte entzündete, unter der Überschrift „The Confrontation". Im Zuge der „Round Table Conference" gerieten Gandhi und Ambedkar zunächst in der Frage aneinander, wer der offizielle Vertreter der „Unberührbaren" sei.[98] Ambedkar und Gandhi waren beide darum bemüht, die „Unberührbarkeit" abzuschaffen, vertraten dabei aber unterschiedliche Positionen. Ambedkar betrachtete die „Unberührbarkeit", wie oben angedeutet, als integralen Bestandteil der *varnashramdharma* und forderte daher eine komplette Abschaffung des Katenwesens. Er warf Gandhi vor, die sozio-ökonomische und politische Ausgrenzung der „Unberührbaren" zu wenig zu beachten.[99] Während Gandhi auf sein bereits erläutertes Prinzip des „sozialen Abstiegs" und damit auf das Schuld- und Schamgefühl der Hindus der oberen Kasten setzte, forderte Ambedkar eine Abschaffung der „Unberührbarkeit" und des Kastenwesens per Gesetz.[100]

Vor diesem Hintergrund kam es zwischen den beiden schließlich zu einem politischen Konflikt. Während Gandhi in den Jahren 1931 und 1932 fünfzehn Monate lang im Yervada-Gefängnis inhaftiert war, verschärften sich die politischen Spannungen in Indien. Für die anstehende Parlamentswahl waren separate Wahllisten für Muslime, Sikhs, Christen, Anglo-Inder und die „Unberührbaren" vorgesehen. Die separaten Wahllisten waren im Sinne einer Quotierung als Schutz der Minderheiten gedacht und sahen vor, dass die jeweiligen Gruppen aus ihren Reihen Repräsentanten für reservierte Sitze wählen dürften. Gandhi, der sich bereits zuvor gegen separate Wahllisten für „Unberührbare" ausgesprochen hatte, beharrte auf seiner Position. Im August 1932 begann er einen Hungerstreik gegen eine separate Wahlliste der „Unberührbaren". Ambedkar besuchte Gandhi als Vertreter der „Unberührbaren" im Gefängnis und handelte einen Kompromiss aus. Dieses Abkommen ging als *Yervada*-Pakt oder *Poona*-Pakt am 26. September 1932 in die Geschichte ein. Demnach sollte es keine getrennten Wahllisten für „Unberührbare" geben, allerdings wurden ihnen zusätzliche Sitze zugestanden. Zudem wurde festgelegt, dass niemand durch Geburt als „Unberührbarer" galt und dass ihnen Zugang zu öffentlichen Brunnen, Schulen und Straßen gewährt werden sollte. Daraufhin beendete Gandhi seinen Hungerstreik, der ihn an den Rand des Todes gebracht hatte.

Nach der Unterzeichnung des *Poona*-Pakts begann Gandhi mit einer groß angelegten Kampagne gegen die „Unberührbarkeit." Zunächst setzte er sich für die Öffnung der Tempel ein. Im Jahr 1933 gründete er die Zeitschrift *Harijan*, deren Namen mit „Menschen Gottes" oder „Kinder Gottes" übersetzt werden konnte. *Harijan* war die Bezeichnung, die Gandhi fortan für die „Unberührbaren" selbst verwendete. Außerdem gründete er eine NGO zur Unterstützung der „Unberührbaren" namens *Harijan Sevak Sangh*. Er reiste durch das ganze Land und predigte gegen die „Unberührbarkeit". Im Jahr 1934 trat Gandhi aus der Kongresspartei aus, jedoch blieb er weiter politisch aktiv.[101]

Roy versteht Gandhis Kampagne gegen die „Unberührbarkeit" als eine theaterhafte Wohltätigkeitsveranstaltung, die er spektakulär inszenierte. Dadurch hat er, so Roy, jedoch nur „Salbe auf Jahrhunderte alte Wunden"[102] aufgetragen. Auf Seiten der „Unberührbaren" rief er durch seine Wohltätigkeit Gefühle der Dankbarkeit und Verehrung hervor. Roy stellt die Wirksamkeit von Gandhis Kampagne fundamental in Frage: „[W]hile the Doctor was searching for more lasting cure, the Saint journeyed across India distributing a placebo."[103] Sie verweist zudem darauf, dass Gandhi Ambedkar durch seinen Hungerstreik dazu zwang, den Pakt zu unterzeichnen, da man ihm sonst die Schuld für Gandhis Tod gegeben hätte.[104] Gandhi hat damit, so Roy, gegen die eigene Maxime verstoßen, durch den gewaltfreien Widerstand keinen Zwang auszuüben.[105] In dieser Kampagne spiegelt sich die bereits erörterte Grundhaltung Gandhis zu sozialen Veränderungen. Gandhi setzte – und somit passt dies auch in seine allgemeine Ethik – auf einen langsamen sozialen Wandel und die einsetzende Solidarität – genauer: auf eine Reue der Hindus der oberen Kasten. Der aktive Part wird dabei jedoch von den oberen Kasten übernommen, nicht von den „Unberührbaren" selbst. Roy merkt zu Recht an, dass dadurch die „Unberührbaren" zur Passivität verurteilt wurden.[106]

Die von Gandhi erhoffte Reue der oberen Kasten blieb im Großen und Ganzen jedoch aus, sodass er zumindest implizit Ambedkars radikaler Alternative zusprach: „If this kind of untouchability were an integral part of Sanatan Dharma that religion has no use for me."[107] Letztlich wurde die Diskriminierung der „Unberührbaren" nicht durch die Verabschiedung des *Poona*-Pakts beendet, er war jedoch ein Anfang ihres Endes.

Konklusionen

Die vorangegangenen Ausführungen legen dar, dass sich Gandhis Vorstellung des Kastenwesens in großen Teilen von dem konventionellen brahmanischen *varna*-Modell unterscheidet. Ein Blick auf seine Lebensweise hat gezeigt, dass die Privilegien bestimmter Kasten für ihn und in seinen Ashrams keine Rolle spielten. Spätestens seit Mitte der 1920er Jahre standen Gandhis Aussagen über das Kastensystems im unmittelbaren Zusammenhang mit einem breiter gefassten Gesellschaftsideal, das sich zunehmend nach den Prinzipien der Gleichheit und Gerechtigkeit ausdifferenzierte und das tief in seiner philosophisch-religiösen Weltanschauung verwurzelt war. An der damals gängigen Interpretation und Praxis des *varna*-Modells übte er wiederholt Kritik. Weder kann man von dessen grundsätzlicher Befürwortung sprechen noch führte Gandhi das Leben eines privilegierten Hindu. Zweitens wurde gezeigt, dass sich Gandhis Reformansätze fundamental von denjenigen seiner Vorgänger unterschieden. Mehr noch: Seine Reformbewegung war revolutionär. Drittens wurde gezeigt, dass sich Gandhis Haltung zum Kastenwesen bis ins hohe Alter hinein stetig veränderte. Es ging ihm nicht nur darum, die außenstehenden *jatis* in das *varna*-System zu integrieren, vielmehr ging es ihm um eine grundsätzliche Neuinterpretation der *varnashramdharma*. Die Behauptung, Gandhis Denken zum Thema Kaste habe sich in all seinen Lebensjahren nur in diesem einen Punkt geändert, kann durch die in diesem Beitrag aufgezeigte Entwicklung seines Denkens nicht bestätigt werden. Viertens war Gandhi zum Höhepunkt seiner politischen Auseinandersetzung mit dem Thema des Kastenwesens und der „Unberührbarkeit" bereits 63 Jahre alt. Allerdings begann seine politische Karriere in Indien erst im Alter von 47 Jahren. Im Zuge seiner Kampagne gegen die „Unberührbarkeit" sind keine Ambitionen zur Aufhebung der Heirats- und Speisegebote zu erkennen, jedoch überwand Gandhi bereits in frühen Jahren die Kastenrestriktionen. Auch in seinen Ashrams wurden diese nicht praktiziert. Außerdem wurde festgestellt, dass dem Umgang mit dem gemeinsamen Speisen und der Sexualität in Gandhis *satyagraha* eine selbstdisziplinäre Rolle zukam und spätestens seit den 1930er Jahren nicht im Zusammenhang mit dem *varna*-Gesetz gesehen wurde.

Die Abschaffung der „Unberührbarkeit" spielte für Gandhi eine wichtige Rolle. Er vertrat ein Konzept, für das er bereit gewesen ist, in den Tod zu gehen. Der *Poona*-Pakt, an dem Gandhi ebenso beteiligt war wie Ambedkar, war bis dahin der größte Schritt für die Aufhebung der „Unberührbarkeit", der in Indien jemals getan wurde. Auch wenn Gandhi mit seinem auf die Solidarität der oberen Kasten bauenden, langsamen Reformverständnis falsch gelegen haben mag.

Abschließend ist zu sagen, dass Roys Kritik, setzt man sie in den entsprechenden Kontext, weitestgehend keinen Bestand hat. Gandhi war keinesfalls ein „Heiliger des Status quo". Die in diesem Beitrag erörterten Gedanken und Konzepte Gandhis waren für das Indien des 20. Jahrhunderts revolutionär und seine Reformvorschläge zielten auf Veränderungen und nicht auf die Aufrechterhaltung des Status quo.

Eine Bewertung seines Gesellschaftsideals und seiner daraus resultierenden Politik stellt sich jedoch als äußerst komplex heraus. Da Roy Gandhis Philosophie größtenteils nicht berücksichtigt, erscheinen viele ihrer Aussagen über sein Denken und seine politischen Entscheidungen in einem falschen Kontext. Inwiefern sich durch Gandhis Reformen die Situation der „Unberührbaren" und der Angehörigen der unteren Kasten verbessert haben mag, bedarf ebenfalls einer genaueren Analyse. Da Gandhis Handeln jedoch stark von seiner Weltanschauung und Ethik geleitet wurde, erscheint es ratsam, sich zuerst eingehend mit seiner Philosophie auseinanderzusetzen und sein Konzept einer idealen Gesellschaft zunächst auf philosophischer Ebene zu bewerten. Es scheint also angebracht, Gandhi zunächst als Philosophen und erst im zweiten Schritt als Politiker zu betrachten. An dieser Stelle soll auch Blume widersprochen werden, Gandhi sei kein Philosoph gewesen. Es ist richtig, dass er kein akademischer Philosoph war, Philosophie entwickelt sich jedoch nicht nur im akademischen Kontext.[108] Da Roys Fehlschlüsse hauptsächlich auf ihre eindimensionale Betrachtungsweise zurückzuführen sind, scheint mir eine vielschichtigere Betrachtung Gandhis als sinnvolle Methode, seine Philosophie, sein Handeln und sein Wirken in einer kohärenten Art und Weise zu analysieren.

Anmerkungen

1   Quelle: http://www.daserste.de/information/wissen-kultur/ttt/sendung/hr/2014/sendung_vom_14122014-106.html (letzter Zugriff am 19.03.2015).

2   Roy (2014: 18-141).

3   Ambedkar (2014).
4   Vgl. die Beiträge von *Steinhilber* und *Rack* in diesem Band.
5   Roy (2014: 26-40, 58-66, 77-79, 84, 89).
6   Blume (1987: 17).
7   Ebd.: 122.
8   Roy (2014: 40).
9   Blume (1987: 19).
10   Ebd.
11   Ebd.: 23.
12   Ebd.: 24.
13   Ebd.
14   Ebd.: 25.
15   Gandhi (1958-1994): The Collected Works of Mahatma Gandhi [CWMG] 65: 89.
16   Blume (1987: 24).
17   Ebd.
18   Zu Gandhis Verständnis von Wahrheit siehe Blume (1987: 175 ff.).
19   Ebd.: 24 f.
20   Bhattacharyya (1969: 173).
21   Blume (1987: 122).
22   Ebd.: 24 f.
23   Ebd.: 21.
24   Ebd.: 22.
25   Roy (2014: 40-45, 88-91, 130).
26   Kolge (2014: 146).
27   Roy (2014: 26).
28   Ebd.: 132.
29   Ebd.: 41 f.
30   Kolge (2014: 146).
31   Ebd.: 147.
32   Hyslop (2011: 31 ff.).
33   Hagemann (2008: 73).
34   Roy (2014: 39).
35   Ebd.: 38.
36   Ebd.: 26, 41-52.
37   Jodhka (2002: 3343 ff.).
38   Palshikar (1996: 2070 ff.).
39   Ebd.
40   Jodhka (2002: 3343 ff.).
41   Palshikar (1996: 2070).
42   Ebd.: 2070 ff.; ders. (1997: 1918 f.).
43   Ders. (1996: 2072).
44   Ebd.
45   Roy (2014: 94-99, 110-120, 139-140); Sarkar (2011: 173 ff.); Jodhka (2002: 3350 f.).
     Vgl. auch die Kritik an der häufig vorzufindenden Gleichsetzung von Kastenwesen
     mit Hinduismus in den Beiträgen von *Steinhilber* und *Etspüler/Schröder/Wilke* in
     diesem Band.

46   Roy (2014: 38).
47   Ebd.
48   Ebd.: 41.
49   Zitiert nach Ambedkar (1991: 276).
50   Roy (2014: 41).
51   Ebd.: 42.
52   Ebd.: 41.
53   Kolge (2014).
54   Ebd.: 158 ff.
55   Ebd.: 157.
56   Ebd.
57   Ebd.
58   Ebd.: 158.
59   Ebd.
60   Blume (1987: 47 f.).
61   Ebd.: 47 ff.
62   Ebd.: 87-88.
63   Ebd.: 88.
64   Ebd.
65   Ebd.
66   Ebd. 90
67   Ebd.
68   Kolge (2014: 160).
69   Ebd.: 159.
70   Zitiert nach Ambedkar (1991: 276).
71   Roy (2014: 25 f.).
72   Ebd.: 26.
73   Ebd.: 41.
74   CWMG 19: 84.
75   Ebd.
76   Ebd.: 175.
77   CWMG 26: 289.
78   CWMG 35: 260.
79   CWMG 46: 302.
80   CWMG 51: 199 f.
81   Ambedkar 1991: 277.
82   CWMG 53: 485.
83   CWMG 50: 233.
84   Roy (2014: 41).
85   Zitiert nach Ambedkar (1991: 276).
86   Ebd.
87   CWMG 21: 247.
88   CWMG 66: 213.
89   CWMG 51: 264.
90   CWMG 55: 60 f.
91   Blume (1987: 88).

92 Ebd.: 214 ff.
93 Ambedkar (1991: 276).
94 Blume (1987: 219).
95 Kolge (2014: 156 ff.); Gandhi (1984: 11); Hagemann (2008: 12 f., 26 f., 72 ff.); Eberling (2006: 16 f.).
96 Bhattacharyya (1969: 191).
97 Blume (1987: 239).
98 Sarkar (2011: 182); Hagemann (2008: 114).
99 Sarkar (2011: 182).
100 Sarkar (2011: 182); Roy (120 ff.).
101 Sarkar (2011: 181 ff.); Hagemann (2008: 72 ff.); Eberling (2006: 66 ff.).
102 Roy (2014: 130).
103 Ebd.
104 Ebd.: 126
105 Tatsächlich ist dies ein verbreiteter Vorwurf, zu dem sich Gandhi ausführlich rechtfertigte (vgl. Blume 1987: 273-275).
106 Vgl. Kolge (2014: 157-159); Sarkar (2011: 182-183); Roy (2014: 129-131).
107 Sarkar (2011: 183).
108 Zur Philosophie ohne Wissenschaft siehe Jaspers (1953: 10-17).

Literaturverzeichnis

Abdeo, Vyankatesh (2009): *Wake Up Hindus!! Hindutva*. New Delhi: Vishwa Hindu Parishad.

Acharya, Amitav (2014): Move Over, Big Brother. In: *The Hindu* (21.07.2014), http://www.thehindu.com/opinion/op-ed/move-over-big-brother/article6231205.ece (letzter Zugriff am 22.07.2014).

Afzal, Muhammad Mujeeb (2014): *Bharatiya Janata Party and the Indian Muslims*. Karachi: Oxford University Press.

Agarwal, Vibhuti (2014): India's Modi Holds Talks with Chinese Foreign Minister. In: *Wall Street Journal* (09.06.2014), http://online.wsj.com/articles/indias-modi-holds-talks-with-chinese-foreign-minister-1402333538 (letzter Zugriff am 10.06.2014).

Aggarwal, Vinod & Mukherji, Rahul (2008): Shifts in India's Trade Policy. In: Vinod Aggarwal & Min Gyo Koo (Hrsg.): *Asia's New Institutional Architecture*. Heidelberg: Springer.

Ahmed, Zahid & Bhatnagar, Stuti (2008): Interstate Conflicts and Regionalism in South Asia: Prospects and Challenges. In: *Pakistan Horizon*, Vol. 61, No. 3: 69-87.

Ahmed-Gosh, Huma (2004): Chattels of Society: Domestic Violence in India. In: *Violence against Women*, Vol. 10, No. 1: 94-118.

Ake, Claude (1974): Modernization and Political Instability: A Theoretical Exploration. In: *World Politics*, Vol. 26, No. 3: 576-591.

Ali, Muhammad (2014): A Critical Study of Regionalism in South Asia: Challenges and Perspectives (A Case Study SAARC). In: *The Dialogue*, Vol. 9, No. 3: 239-254.

Ambedkar, Babasaheb (1991): What Congress and Gandhi Have Done to the Untouchables. In: Vasant Moon (Hrsg.): *Dr. Babasaheb Ambedkar's Writings and Speeches*, Vol. 9. Bombay: Education Department, Government of Maharashtra.

Ambedkar, Bhimrao Ramji (2014): *Annihilation of Caste*. London/New York: Random House.

Anand, Dibyesh (2011): *Hindu Nationalism in India and the Politics of Fear*. New York: Palgrave Macmillan.

Anand, Geeta & Fairclough, Gordon (2014): India's Moment. In: *The Wall Street Journal* (16.05.2014), http://www.wsj.com/articles/SB10001424052702303908804579566201103298132 (letzter Zugriff am 06.05.2014).

Auswärtiges Amt (2014): *Indien: Wirtschaft*, http://www.auswaertiges-amt.de/DE/Aussenpolitik/Laender/Laenderinfos/Indien/Wirtschaft_node.html (letzter Zugriff am 25.01.2015).

Bach, Aya (2013): Bildungschancen – nicht für jeden. In: *Deutsche Welle*, http://www.dw.de/ bildungschancen-nicht-f%C3%BCr-jeden/a-16902928 (letzter Zugriff am 29.07.2014).

Bajpai, Kanti (1998): India: Modified Structuralism. In: Muthiah Alagappa (Hrsg.): *Asian Security Practice: Material and Ideational Influences*. Stanford, CA: Stanford University Press: 157-97.

Bandyopadhyaya, Jayantanuja (1970): *The Making of India's Foreign Policy: Determinants, Institutions, Processes, and Personalities*. Bombay: Allied Publishers.

Barry, Ellen & Raj, Suhasini (2014): India and Pakistan in "Common Agenda". In: *The New York Times* (27.05.2014), http://www.nytimes.com/2014/05/28/world/asia/india-pakistan. html (letzter Zugriff am 28.05.2014).

Baru, Sanjaya (2006): India and ASEAN: The Emerging Economic Relationship towards a Bay of Bengal Community. In: Sanjaya Baru, *Strategic Consequences of India's Economic Performance*. New Delhi: Academic Foundation.

Baudler, Georg (2005): *Gewalt in den Weltreligionen*. Darmstadt: Wissenschaftliche Buchgesellschaft.

Berenschot, Ward (2009): Rioting as Maintaining Relations: Hindu-Muslim Violence and Political Mediation in Gujarat, India. In: *Civil Wars*, Vol. 11, No. 4: 414-433.

Berenschot, Ward (2011): *Riot Politics – Hindu-Muslim Violence and the Indian State*. London: C. Hurst and Company.

Betz, Joachim (2007): Gesellschaftliche Strukturen. In: Informationen zur politischen Bildung – *Indien*, Nr. 296: 11-25.

Betz, Joachim et al. (2014): Wahlen in Indien 2014: Mandat für den Wandel. In: *GIGA Focus Asien*, 06/2014. Hamburg: GIGA – German Institute of Global and Area Studies: 1-8.

Bhagwati, Jagdish & Desai, Padma (1970): *India: Planning for Industrialization: Industrialization and Trade Policies since 1951*. London: Oxford University Press.

Bhagwati, Jagdish & Srinivasan T. N. (1993): *India's Economic Reforms*. New Delhi: Associated Chambers of Commerce and Industry of India.

Bhagwati, Jagdish (2007): What Went Wrong? In: Rahul Mukherji (Hrsg.): *India's Economic Transition: The Politics of Reforms*. New Delhi: Oxford University Press: 27-51.

Bharatiya Janata Party (2014): Election Manifesto 2014, http://bjpelectionmanifesto.com/ pdf/manifesto2014.pdf (letzter Zugriff am 10.06.2014).

Bhatia, Rajiv K. (2011): South Asia's Destiny: Conflict or Cooperation? In: *Indian Foreign Affairs Journal*, Vol. 6, No. 2: 152-164.

Bhattacharyya, Buddhadeva (1969): *Evolution of the Political Philosophy of Gandhi*. Calcutta: Calcutta Bookhouse.

Bennett, Linda A., Campillo, Carlos, Chandrashekar, C. R. & Gureje, Oye (1998): Alcoholic Beverage Consumption in India, Mexico and Nigeria. A Cross-Cultural Comparison. In: *Alcohol Health and Research World*, Vol. 22, No. 4: 243-252.

Blarel, Nicols (2012). Indo-Israeli Relations: Emergence of a Strategic Partnership. In: Sumit Ganguly (Hrsg.): *India's Foreign Policy: Retrospect and Prospect*. New Delhi: Oxford University Press: 155-174.

Blume, Michael (1987): *Satyagraha. Wahrheit und Gewaltfreiheit, Yoga und Widerstand bei M. K. Gandhi*. Gladenbach: Hinder + Deelmann.

Bohlken, Anjali T. & Sergenti, Ernest J. (2010): Economic Growth and Ethnic Violence: An Empirical Investigation of Hindu-Muslim Riots in India. In: *Journal of Peace Research*, Vol. 47, No. 5: 589-600.

Bouthoul, Gaston (1972): *Kindermord aus Staatsraison: Der Krieg als bevölkerungspolitischer Ausgleich*. Stuttgart: Deutsche Verlags-Anstalt.

Braar, Bhupinder (2003): SAARC: If Functionalism has failed, will Realism work? In: *South Asian Survey*, Vol. 10, No. 1: 31-41.

Brass, Paul R. (2003): *The Production of Hindu-Muslim Violence in Contemporary India*. Seattle: The University of Washington Press.

Braudel, Fernand (1977): Geschichte und Sozialwissenschaften. Die longue durée. In: Claudia Honegger & Marc Bloch (Hrsg.): *Schrift und Materie der Geschichte. Vorschläge zur systematischen Aneignung historischer Prozesse*. 1. Aufl. Frankfurt am Main: Suhrkamp Verlag: 47-85.

Brown, Judith M. (2011): Gandhi a Nationalist Leader, 1915-1948. In: Judith M. Brown & Anthony Parel (Hrsg.): *The Cambridge Companion to Gandhi*. New York: Cambridge University Press: 51-68.

Brecher, Michael (1968): *India and World Politics: Krishna Menon's View of the World*. London: Oxford University Press.

Buchsteiner, Jochen (2008): Christenverfolgung in Indien. Flächenbrand in Orissa. In: *Frankfurter Allgemeine Zeitung* (03.09.2008).

Casolari, Marzia (2000): Hindutva's Foreign Tie-up in the 1930s. Archival Evidence. In: *Economic and Political Weekly*, Vol. 35, No. 4 (22.01.2000): 218-228.

Census of India – Ministry of Home Affairs (2011): *Census of India 2011*. Registrar General and Census Commissioner, Government of India.

Centre for Study of Society and Securalism (2015): Publication Gallery, http://www.csss-isla.com/publication/publication-gallery/ (letzter Zugriff am 31.07.2015).

Chari, Padmanabha Ranganath, Cheema, Pervaiz Iqbal & Cohen, Stephen P. (2007): *Four Crises and a Peace Process: American Engagement in South Asia*. Washington, DC: The Brookings Institution.

Chatterji, Angana (2008): Orissa: Hindutva's Violent History. In: *Tehelka Magazine*, Vol. 5, No. 36 (13.09.2008).

Chattopadhyaya, Debiprasad (1992): *Phenomenology and Indian Philosophy*. New York: State University of New York Press.

Chaudhuri, Rudra (2014): Putting People Before Politicians. In: *The Hindu* (30.09.2014), http://www.thehindu.com/opinion/op-ed/modi-us-visit-new-york-public-speechescentral-park-madison-square-gardens-putting-people-beforepoliticians/article6458585.ece (letzter Zugriff am 01.10.2014).

Chhaya, Mayank (2008): *Dalai Lama. Mönch – Mystiker – Mensch*. Berlin: Ullstein Verlag.

Chowdhury, Arabinda N., Ramakrishna, Jayashree, Chakraborty, Ajoy K., Weiss & Mitchell, G. (2006): Cultural Context and Impact of Alcohol Use in the Sundarban Delta, West Bengal, India. In: *Social Science and Medicine*, Vol. 63, No. 3: 722-731.

Cohen, Stephen P. (1990): *The Indian Army: Its Contribution to the Development of a Nation*. New York: Oxford University Press.

Cohen, Stephen P. (2001): *India. Emerging Power*. Washington: Brookings Institution Press.

Collier, Paul & Hoeffler, Anke (1998): On Economic Causes of Civil War. In: *Oxford Economic Papers*, Vol. 50, No. 4: 563-573.

Collier, Paul & Hoeffler, Anke (2004): Greed and Grievance in Civil Wars. In: *Oxford Economic Papers*, Vol. 56, No. 4: 563-595.

Conrad, Dieter (2006): *Gandhi und der Begriff des Politischen. Staat, Religion und Gewalt*. München: Wilhelm Fink Verlag.

Dabbs, James M. & Robin Morris (1990): Testosterone, Social Class and Antisocial Behavior in a Sample of 4,462 Men. In: *Psychological Science*, Vol. 1, No. 3: 209-211.

Das, Samson (2009): The Present Church Scenario in Orissa with Special Reference to Kandhmal. In: *International Congregational Journal*, Vol. 8, No. 1: 111-123.

Dasgupta, Chandrashekhar (2002): *War and Diplomacy in Kashmir, 1947-48*. Thousand Oaks, CA: Sage.

Dash, Kishore C. (2008): *Regionalism in South Asia. Negotiating Cooperation, Institutional Structures*. London/New York: Routledge.

Davinder, Mohan, Chopra, Anita, Ray, Rajat & Sethi, Hem (2001): Alcohol Consumption in India: A Cross-Sectional Study. In: Andrée Demers, Robin Room & Chantal Bourgault (Hrsg.): *Surveys of Drinking Patterns and Problems in Seven Developing Countries*. Geneva: World Health Organization: 103-114.

Deshpande, Anirudh (2001): Instability and Possibilities in South Asia. In: *Economic and Political Weekly*, Vol. 36, No. 22 (02.06.2001): 1953-1955.

Destradi, Sandra (2010): Indiens Rolle im Demokratisierungsprozess in Nepal. In: Sebastian Buciak & Rüdiger von Dehn (Hrsg.): *Indien und Pakistan – Atommächte im Spannungsfeld regionaler und globaler Veränderungen*. Beiträge zur Außen- und Sicherheitspolitik, Berlin: Köster Verlag: 161-191.

Destradi, Sandra (2013): Tiger oder Kätzchen? Indiens außenpolitische Debatten zeugen von andauernder Selbstfindung. In: *Internationale Politik*, Vol. 68, No. 5: 93-99.

Delfs, Tobias (2008): *Hindu-Nationalismus und europäischer Faschismus: Vergleich, Transfer und Beziehungsgeschichte*. Hamburg-Schenefeld: EB-Verlag.

Delfs, Tobias (2013): Ihr Kampf. Wie faschistisch ist der indische Hindu-Nationalismus? In: *iz3w*, Nummer 339: 33-35.

Deutsche Asset und Wealth Management International GmbH (2015): *DWS India*, https://www.dws.de/Produkte/Fonds/606/Uebersicht (letzter Zugriff am 16.02.15).

Deutsche Bank Research (2005a): *Indien im Aufwind. Ein mittelfristiger Ausblick*. Indien Spezial, https://www.dbresearch.com/PROD/DBR_INTERNET_EN-PROD/PROD0000000000187993/Indien+im+Aufwind%3A+Ein+mittelfristiger+Ausblick.pdf (letzter Zugriff am 16.01.2015).

Deutsche Bank Research (2005b): *Outsourcing nach Indien. Der Tiger auf dem Sprung*, https://www.dbresearch.com/PROD/DBR_INTERNET_DE-PROD/PROD0000000000191727/Outsourcing+nach+Indien%3A+der+Tiger+auf+dem+Sprung.pdf (letzter Zugriff am 25.01.2015).

Deutsche Bank Research (2005c): *Deutsche Direktinvestitionen in Indien. Unausgeschöpftes Potenzial*, https://www.dbresearch.com/PROD/DBR_INTERNET_DE-PROD/PROD0000000000192764/Deutsche+Direktinvestitionen+in+Indien%3A+Unausgesch.pdf (letzter Zugriff am 25.01.2015).

Deutsche Bank Research (2006): *China & Indien kontra Europa: 1:0? Facts and figures und was wirklich dran ist*, https://www.dbresearch.com/PROD/DBR_INTERNET_DE-PROD/PROD0000000000202464/Pr%C3%A4sentation%3A+%22China+%26+Indien%22+kontra+Europa%3A+1%3A0+.pdf (letzter Zugriff am 25.01.2015).

Deutsche Bank Research (2007): *Offshoring ist kein Jobkiller*, https://www.dbresearch.com/PROD/DBR_INTERNET_DE-PROD/PROD0000000000207416/Offshoring+ist+kein+Jobkiller.pdf (letzter Zugriff am 25.01.2015)

Deutsche Bank Research (2008): *Infrastruktur in Indien. 450 Mrd. Gründe, jetzt zu investieren*, https://www.dbresearch.com/PROD/DBR_INTERNET_DE-PROD/

PROD0000000000220457/Infrastruktur+Indien%3A+450+Mrd_+Gr%C3%BCnde%2 C+jetzt+zu+in.pdf (letzter Zugriff am 25.01.2015).

Dhattiwala, Raheel & Biggs, Michael (2012): The Political Logic of Ethnic Violence: The Anti-Muslim Pogrom in Gujarat, 2002. In: *Politics and Society*, Vol. 40, No. 4: 483-516.

Donaldson, Robert (1974): *Soviet Policy Toward India: Ideology and Strategy*. Cambridge, MA: Harvard University Press.

Doniger, Wendy & Kakar, Sudhir (2004): *Kamasutra*. Berlin: Verlag Klaus Wagenbach.

Drèze, Jean (2014a): The Gujarat Middle. In: *The Hindu* (10.05.2014), http://www.thehindu.com/opinion/op-ed/the-gujarat-middle/article5993938.ece (letzter Zugriff am 06.05.2015).

Drèze, Jean (2014b): The Gujarat Muddle. In: *The Hindu* (11.04.2014), http://www.thehindu.com/opinion/op-ed/the-gujarat-muddle/article5896998.ece (letzter Zugriff am 06.05.2015).

Dumont, Louis (1966): *Gesellschaft in Indien. Die Soziologie des Kastenwesens*. Wien: Europaverlag.

Dumont, Louis (1970): *Religion, Politics and History in India: Collected Papers in Indian Sociology*. Paris: Mouton.

Eberling, Matthias (2006): *Mahatma Gandhi. Leben, Werk, Wirkung*. Frankfurt am Main: Suhrkamp Verlag.

Eckert, Julia (2002): Der Hindu-Nationalismus und die Politik der Unverhandelbarkeit. Vom politischen Nutzen eines (vermeintlichen) Religionskonfliktes. In: *Aus Politik und Zeitgeschichte*, Heft 42-43: 23-30.

Eckert, Julia (2004): *Partizipation und die Politik der Gewalt. Hindunationalismus und Demokratie in Indien*. Baden-Baden: Nomos Verlag.

Elst, Koenraad (2002): *Ayodhya. The Case Against the Temple*. New Delhi: Voice of India.

Engineer, Asghar Ali (2003): *The Gujarat Carnage*. New Delhi: Orient Longman.

Engineer, Asghar Ali (2004): *Communal Riots after Independence: A Comprehensive Account*. New Delhi: Shipra.

Fearon, James D. & David D. Laitin (2003): Ethnicity, Insurgency and Civil War. *American Political Science Review*, Vol. 97, No. 1: 75-90.

Finanzen.net (2014): Indische Aktienfonds: Phönix aus der Asche, http://www.finanzen.net/ nachricht/fonds/Indische-Aktienfonds-Phoenix-aus-der-Asche-3730066 (letzter Zugriff am 25.01.2015).

Fischer, Louis (1983): *Gandhi. Prophet der Gewaltlosigkeit*. München: Heyne.

Foucault, Michel (2011): *Archäologie des Wissens*. Frankfurt am Main: Suhrkamp Verlag.

Framke, Maria (2012): Anti-Koloniale Solidarität? Der Abessinienkrieg, Indien und der Völkerbund. In: Sönke Kunkel & Christoph Meyer (Hrsg.): *Aufbruch ins postkoloniale Zeitalter, Globalisierung und die außereuropäische Welt in den 1920er und 1930er Jahren*. Frankfurt am Main/New York: Campus Verlag: 190-208.

Fuller, Graham & Forrest Pitts (1990): Youth Cohorts and Political Unrest in South Korea. *Political Geography Quarterly*, Vol. 9, No. 1: 9-22.

Fuller, Christopher J. (1992): *The Camphor Flame: Popular Hinduism and Society in India*. Princeton: Princeton University Press.Gandhi, Mahatma (2006): *Was ist Hinduismus?* Frankfurt am Main/Leipzig: Insel Verlag.

Gandhi, Mohandas K. (1958-1994): *The Collected Works of Mahatma Gandhi (CWMG). 100 Volumes.* New Delhi: Government of India.

Gandhi, Mohandas K. (1984): *Eine Autobiographie oder Die Geschichte meiner Experimente mit der Wahrheit.* Gladenbach: Verlag Hinder + Deelmann.

Gandhi, Mohandas K. (1988): *My life is my Message. Das Leben und Wirken von M. K. Gandhi.* Gandhi-Informations-Zentrum (Hrsg.): Kassel-Bettenhausen: Weber, Zucht & Co. Versandbuchhandlung und Verlag.

Gandhi, Mohandas K. (1999): *The Collected Works of Mahatma Gandhi. 98 Bände.* Government of India (Hrsg.): New Delhi: Publications Division, http://www.gandhiserve.org/e/cwmg/cwmg.htm (letzter Zugriff am 18.03.2015).

Gandhi, Mohandas K. (2011): *Gandhi (5 Bände). Band 1: Eine Autobiographie oder die Geschichte meiner Experimente mit der Wahrheit.* Herausgegeben von Narayan Shriman, übersetzt von Brigitte Luchesi. Göttingen: Wallstein.

Gandhi, Mohandas K. (2014): *Mein Leben.* 23. Aufl. Herausgegeben von Charles Andrews, übersetzt von Hans Reisiger. Frankfurt am Main: Suhrkamp Verlag.

Gandhi, Rajmohan (2015): Independence and Social Justice. Understanding the Ambedkar-Gandhi Debate, http://www.rajmohangandhi.com/articles (letzter Zugriff am 18.02.2015).

Ganguly, Sumit (1983): Why India Joined the Nuclear Club. In: *Bulletin of the Atomic Scientists,* Vol. 39, No. 4: 30-33.

Ganguly, Sumit (1989): Sino-Indian Border Talks, 1981-89: A View from New Delhi. In: *Asian Survey,* Vol. 29, No. 12: 1123-35.

Ganguly, Sumit (1990): Deterrence Failure Revisited: The Indo-Pakistani Conflict of 1965. In: *The Journal of Strategic Studies,* Vol. 13, No. 4: 77-93.

Ganguly, Sumit (1991): From the Defense of the Nation to Aid to the Civil: The Army in Contemporary India. In: *The Journal of Asian and African Affairs,* Vol. 26: 1-12.

Ganguly, Sumit (1991): Between Iraq and a Hard Place. In: *The International Executive,* Vol. 32, No. 4 (January-February): 37-8.

Ganguly, Sumit (1997): The Crisis in Kashmir: Portents of War, Hopes of Peace. New York: Cambridge University Press.

Ganguly, Sumit (1999): India's Pathway to Pokhran II: The Sources and Prospects of India's Nuclear Weapons Program. In: *International Security,* Vol. 23, No. 4 (Spring): 148-77.

Ganguly, Sumit (2004): Border Issues, Domestic Integration and International Security. In: Francine Frankel & Harry Harding (Hrsg.): *India and China: Rivalry and Engagement.* New Delhi: Oxford University Press.

Ganguly Sumit & Dinshaw Mistry (2006): The Indo-US Nuclear Accord: A Good Deal. In: *Current History,* No. 105: 375-8.

Ganguly, Sumit & Pardesi, Manjeet (2007): India Rising: What is New Delhi to Do? In: *World Policy Journal,* Vol. 24, No. 1 (Spring): 9-18.

Ganguly, Sumit (2008): Der indisch-pakistanische Konflikt. Bundeszentrale für politische Bildung, http://www.bpb.de/apuz/31208/der-indisch-pakistanische-konflikt?p=all (letzter Zugriff am 13.02.15).

Gargan, Edward A. (1992): At least 200 killed as Muslim-Hindu riots rage. In: *New York Times* (08.12.1992), http://www.nytimes.com/1992/12/08/world/at-least-200-killed-in-india-as-muslim-hindu-riots-rage.html (letzter Zugriff am 16.02.2015).

Garver, John (2001): *The Protracted Contest: Sino-Indian Rivalry in the Twentieth Century*. Seattle: University of Washington Press.

Gebauer, Matthias & Putz, Ulrike (2014): Indien streicht Deutsch als erste Fremdsprache. In: *Spiegel Online* (21.10.2014), http://www.spiegel.de/schulspiegel/indien-streicht-deutsch-als-fremdsprache-a-998355.html (letzter Zugriff am 01.11.2014).

Geißler, Rainer (2006): Bildungschancen und soziale Herkunft. In: *Archiv für Wissenschaft und Praxis der sozialen Arbeit*, No. 4: 34-49.

Germany Trade and Invest (2014a): Schwaches Wachstum in Indien hält an. http://www.gtai.de/GTAI/Navigation/DE/Trade/maerkte,did=981028.html (letzter Zugriff am 09.02.2015).

Germany Trade and Invest (2014b): Wirtschaftstrends kompakt: Jahreswechsel 2014/2015 Indien, http://www.gtai.de/GTAI/Content/DE/Trade/Fachdaten/PUB/2014/12/pub201412108006_19528.pdf (letzter Zugriff am 22.01.2015).

Germund, Willi (2014): Parlamentswahl in Indien – Tagesspiegel: Sanfter Faschismus. In: *Badische Zeitung* (17.05.2014), http://www.badische-zeitung.de/kommentare-1/tagesspiegel-sanfter-faschismus--84958384.html (letzter Zugriff am 17.11.2014).

Geulen, Christian (2007): *Geschichte des Rassismus*. München: C.H. Beck.

Goldman Sachs (2007): BRICs and Beyond, http://www.goldmansachs.com/our-thinking/archive/archive-pdfs/brics-book/brics-full-book.pdf (letzter Zugriff am 25.01.2015).

Gosh, Palash (2012): Hindu-Nationalist's Historical Links to Nazism and Fascism, http://www.ibtimes.com/hindu-nationalists-historical-links-nazism-fascism-214222 (letzter Zugriff am 21.05.2013).

Guardian (2011): Godhra Train Fire Verdict Prompts Tight Security Measures. In: *The Guardian* (22.02.2011), http://www.theguardian.com/world/2011/feb/22/godhra-train-fire-verdict (letzter Zugriff am 31.07.2015).

Gujral, Inder Kumar (1998): *A Foreign Policy for India*. New Delhi: India Ministry of External Affairs.

Gurr, Ted R. (1970): *Why Men Rebel*. Princeton: Princeton University Press.

Hadeed, Linda (2006): Contributing Factors to Staying in Abusive Relationships. Afro-Trinidadian Women in Trinidad and Tobago. In: *The Caribbean Journal of Social Work*, Vol. 5: 106-121.

Hagelüken, Alexander (2014): Heiraten zementiert soziale Spaltung. In: *Süddeutsche.de* (30.01.2014), http://www.sueddeutsche.de/wirtschaft/partnerwahl-und-ungleichheit-heiraten-zementiert-soziale-spaltung-1.1875581 (letzter Zugriff am 19.07.2014).

Hagemann, Albrecht (2008): *Mahatma Gandhi*. München: Jumbo.

Haidar, Suhasini (2014a): Hurriyat has no stake in peace process, India counters Pakistan. In: *The Hindu* (20.08.2014), http://www.thehindu.com/news/national/hurriyat-has-no-stake-in-peace-process-indiacounters-pakistan/article6335531.ece (letzter Zugriff am 22.08.2014).

Haidar, Suhasini (2014b): India to Modernise Vietnam's Defence Forces. In: *The Hindu* (29.10.2014), http://www.thehindu.com/news/national/indiavietnam-bilateral tics-india-to-modernisevietnams-defence-forces/article6542138.ece (letzter Zugriff am 30.10.2014).

Harms, Philipp & Stefan Zink (2005): Growing into and out of Social Conflict. In: *Economica*, Vol. 72: 267-286.

Hasan, Samir (2005): India and Pakistan: Common Identity and Conflict. In: *Refugee Survey Quarterly*, Vol. 24, No. 4: 74-80.

Hill, Douglas (2007): Food Security, Governance and Rural Development under the BJP. In: John McGuire & Ian Copland (Hrsg.): *Hindu Nationalism and Governance*. New Delhi: Oxford University Press: 179-200.

Hindu Janajagruti Samiti (2015): Tag Archives: Love Jihad, http://www.hindujagruti.org/tag/love-jihad (letzter Zugriff am 10.06.2014).

HJS (2011): Love Jihad – A Jihadi Organisations to Trap Hindu Girls. Einsehbar unter: Hindu Janajagruti Samiti, http://www.hindujagruti.org/news/6389.html (letzter Zugriff am 10.06.2014).

Hylsop, Jonathan (2011): Gandhi 1869-1915: The Transnational Emergence of a Public Figure. In: Judith M. Brown & Anthony Parel (Hrsg.): *The Cambridge Companion to Gandhi*. Cambridge: Cambridge University Press: 30-50.

IANS (2009): Babri Masjid demolition neither spontaneous nor unplanned: Liberhan. In: *Hindustan Times* (24.11.2009), http://www.hindustantimes.com/india-news/babri-masjid-demolition-neither-spontaneous-nor-unplanned-liberhan/article1-479698.aspx (letzter Zugriff am 16.02.2015).

Ihlau, Olaf (2006): *Weltmacht Indien. Die neue Herausforderung des Westens*. Bonn: Bundeszentrale für Politische Bildung.

Ihlau, Olaf (2008): Indien auf dem Sprung zur Weltmacht. In: *Aus Politik und Zeitgeschichte*, Heft 22: 3-6.

India Votes (2015): India's Largest Election Database, http://www.indiavotes.com/party/state_info?eid=1andtype=pcandpartylist=Akhil+Bharatiya+Hindu+Mahasabha+[HMS]andradioselection=pcandstate=0 (letzter Zugriff am 14.02.2015).

Isaac, M. (1998): India. In: Marcus Grant (Hrsg.): *Alcohol and Emerging Markets: Patterns, Problem and Responses*. Philadelphia: Brunner/Maze: 145-175.

Jaffrelot, Christophe (2003): Communal Riots in Gujarat: The State at Risk? In: *Heidelberg Papers in South Asian and Comparative Politics*, No. 17 (July).

Jaffrelot, Christophe (2007): *Hindu Nationalism. A Reader*. Princeton, New Jersey.

Jaffrelot, Christophe (2010): *Religion, Caste and Politics in India*. New Delhi: Primus Books.

Jaffrelot, Christophe (2011): *Religion, Caste and Politics in India*. London: C. Hurst and Company.

Jain, Mayank (2015): Police Detain Couples Urging Hindu Mahasabha to Fulfil Promise of Valentine's Day Weddings. Delhi Authorities Say Permissions had not been Obtained, http://scroll.in/article/706703/Police-detain-couples-urging-Hindu-Mahasabha-to-fulfil-promise-of-Valentine%27s-Day-weddings (letzter Zugriff am 15.02.2015).

Janssen, Elmar (2010): Machtfaktor Indien: Wirtschaftsentwicklung und Außenpolitik zwischen Regional- und Wirtschaftsmacht. In: Sebastian Buciak & Rüdiger von Dehn (Hrsg.): *Indien und Pakistan – Atommächte im Spannungsfeld regionaler und globaler Veränderungen*. Beiträge zur Außen- und Sicherheitspolitik. Berlin: Köster Verlag: 192-225.

Jaspers, Karl (1956): *Einführung in die Philosophie*. Tübingen: Piper Verlag.

Jayanth, Jacob (2014): Stronger India Will Be Better For Bhutan, SAARC Nations: PM Narendra Modi. In: *Hindustan Times* (16.06.2014), http://www.hindustantimes.com/india-news/allaboutmodisarkar/pm-modi-lays-stress-on-india-bhutan-ties-says-strong-india-will-be-helpful-for--neighbours/article1-1229918.aspx (letzter Zugriff am 18.06.2014).

Jodhka, Surinder (2002): Nation and Village: Images of Rural India in Gandhi, Nehru and Ambedkar. In: *Economic and Political Weekly*, Vol. 37, No. 32 (10.08.2002): 3343-3353.

Joshi, Vijay & Little, Ian Malcolm David (1994): India: Macroeconomics and Political Economy, 1964-1991. Delhi: Oxford University Press: 180-91.

Jürgenmeyer, Clemens (1994): Ayodhya: Chronologie der Ereignisse. In: *Internationales Asienforum*, Vol. 25, No. 3-4: 375-381.

Jürgenmeyer, Clemens (1995): Koexistenz und Konflikt zwischen indischen Religionsgemeinschaften: Das Beispiel Ayodhya. In: Walter Kerber (Hrsg.): *Religion: Grundlage oder Hindernis des Friedens?* München: Kindt Verlag: 79-164.

Jürgenmeyer, Clemens (1998a): Auf dem Weg zu einem fundamentalistischen Hindu-Staat? Hindu, Hindusthan, Hindutva. Die Politik des Hindunationalismus im heutigen Indien. In: *Der Bürger im Staat*, Ausgabe 48, Nr. 1: 46-53.

Jürgenmeyer, Clemens (1998b): Satyagraha – Das Festhalten an der Wahrheit als Lebensform. Individuelle Heilssuche und gesellschaftliches Handeln bei M. K. Gandhi, http://archiv.ub.uni-heidelberg.de/savifadok/volltexte/2010/1107 (letzter Zugriff am 13.01.2015).

Jürgenmeyer, Clemens & Rösel, Jakob (1998): Das Kastensystem. Hinduismus, Dorfstruktur und politische Herrschaft als Rahmenbedingungen der indischen Sozialordnung, http://archiv.ub.uni-heidelberg.de/savifadok/volltexte/2010/374 (letzter Zugriff am 18.03.2015).

Jürgenmeyer, Clemens (2003): Der Aufstieg des Hindu-Nationalismus – Zur Dialektik der Modernisierung in Indien. In: Subatra K. Mitra & Bernd Rill (Hrsg.): *Indien heute, Brennpunkte seiner Innenpolitik*. München: Hans-Seidel-Stiftung.

Jürgenmeyer, Clemens (2007): Ein Land, ein Volk, eine Kultur – Ideologie und Politik hindunationaler Identität in Indien. In: Theodor Hanf, Peter Molt & Helga Dickow (Hrsg.): *Kulturen und Konflikte im Vergleich. Festschrift für Theodor Hanf – Comparing Cultures and Conflicts*. Baden-Baden: Nomos Verlag: 632-647.

Jürgenmeyer, Clemens & Rösel, Jakob (2009): Hierarchie und Differenz – Die indische Kastengesellschaft. In: *Der Bürger im Staat*, Heft 59, Ausgabe 3/4: 206-214.

Kakar, Sudhir (1997): *Die Gewalt der Frommen. Zur Psychologie religiöser und ethnischer Konflikte*. München: Beck.

Kakar, Sudhir (2008): *Freud Lesen in Goa. Spiritualität in einer aufgeklärten Welt*. München: C.H. Beck.

Kakar, Sudhir (2011): *Die Inder. Porträt einer Gesellschaft*. München: Deutscher Taschenbuch Verlag.

Kandavel, Sangeetha (2014): Tamil Nadu Plans Exclusive Beer Shops to Increase Revenue. In: *The Economic Times* (31.05.2014), http://articles.economictimes.indiatimes.com/2014-05-31/news/50229128_1_tasmac-beer-sales-shops (letzter Zugriff am 23.10.2014).

Kaur, Ramandeep (2013): An Overview of the Rashtriya Swayamsevak Sangh. In: *Maps of India*, http://www.mapsofindia.com/my-india/politics/an-overview-of-the-rashtriya-swayamsevak-sangh-rss (letzter Zugriff am 21.05.2015).

Kavic, Lorne J. (1967): India's Quest for Security, Defense Policies: 1947-65. Berkeley, CA: University of California Press.Khan, Saira (2009): *Nuclear Weapons and Conflict Transformation. The Case of India-Pakistan.* London/New York: Routledge.

Khilnani, Sunil (2010): Die sanfte Brückenmacht. Eine Supermacht wird Indien so schnell nicht werden. Aber ein Vermittler. In: *Internationale Politik*, Vol. 65, No. 4: 10-21.

Kitchen, Nicholas (2012): Executive Summary. In: Nicholas Kitchen (Hrsg.): *India: The Next Superpower*: 4-5, http://www.lse.ac.uk/IDEAS/publications/reports/SR010.aspx (letzter Zugriff am 09.03.2015).

Kleine, Brigitte (2014): Das Ende eines Mythos? Das andere Gesicht des weltweiten Idols für Gewaltfreiheit Mahatma Gandhi. In: *titel, thesen, temperamente* (14.12.2014), http://www.daserste.de/information/wissen-kultur/ttt/sendung/hr/2014/sendung_vom_14122014-106.html (letzter Zugriff am 18.03.2015).

Kolge, Nishikanto (2014): The Politician: A Response to Arundhati Roy's The Doctor and The Saint. In: *Gandhi Marg Quarterly*, Vol. 36, No. 1: 145-164.

Krampe, Denise (2001): Vinayak Damodar Savarkar. Zur Person des Hindutva-Ideologen, http://www.suedasien.info/analysen/645 (letzter Zugriff am 01.03.2015).

Krell, Gert (2009): *Weltbilder und Weltordnung. Einführung in die Theorie der internationalen Beziehungen.* 4. Auflage. Baden-Baden: Nomos Verlag.

Kreutzer, Christian (2002): Ayodhya – Brennpunkt des Hindu-Moslem-Konflikts. In: Frankfurter Allgemeine Zeitung (15.03.2002), http://www.faz.net/aktuell/politik/indien-ayodhya-brennpunkt-des-hindu-moslem-konflikts-148259 (letzter Zugriff am 28.07.2014).

Kuber, Girish (2014): My Hindutva Face Will Be an Asset in Foreign Affairs. In: *Indian Express* (23.04.2014), http://indianexpress.com/article/india/politics/my-hindutva-face-will-be-an-asset-in-foreign-affairs/ (letzter Zugriff am 25.04.2014).

Kumar, Rajiv (2011): SAARC: Changing Realities, Opportunities and Challenges. In: Ulrich Volz (Hrsg.): *Regional Integration, Economic Development and Global Governance.* Cheltenham: Edward Elgar Publishing Ltd.

Kumaraswamy, P. R. (2003): India and Israel: Emerging Partnership. In: Sumit Ganguly (Hrsg.): *India as an Emerging Power.* London: Frank Cass: 192-206.

Kux, Dennis (1993): *India and the United States: Estranged Democracies, 1941-1991.* Washington, DC: NDU Press.

Lakha, Salim (2007): From Swadeshi to Globalization: The Bharatiya Janata Party's Shifting Economic Agenda. In: John McGuire & Ian Copland (Hrsg.): *Hindu Nationalism and Governance.* New Delhi: Oxford University Press India: 106-130.

Lehman Brothers (2007): India. Everything to Play for. With the right reforms, India could grow at 10% for a decade. *Lehman Brothers Global Economics*, http://www.llewellyn.co.nz/India.pdf (letzter Zugriff am 25.01.2015).

Lynch, Dov (2005): New Thinking about Frozen Conflicts. In: *Helsinki Monitor*, Vol. 16, No. 3: 192-195.

Madan, Tanvi (2014): Indian Prime Minister Modi's Foreign Policy: The First 100 Days (29.08.2014), http://www.brookings.edu/research/opinions/2014/08/28-modi-100-days-foreign-policy-madan (letzter Zugriff am 02.09.2014).

Mahalingam, Ramaswami, Haritos, Jana & Jackson, Benita (2007): Essentialism and the Cultural Psychology of Gender in Extreme Son Preference Communities in India. In: *American Journal of Orthopsychiatry*, Vol. 77, No. 4: 598-609.

Malone, David M. (2011): *Does the Elephant Dance? Contemporary Indian Foreign Policy*, Oxford: Oxford University Press.

Mazhar, Muhammad, Goraya, Naheed & Jabeen, Mussarat (2010): SAARC and Indo-Pak-Relationship. In: *Journal of Political Studies*, Vol. 1, No. 2: 127-145.

Mazhar, Muhammad, Goraya, Naheed & Kataria, Jafar R. (2011): Revisioning SAARC. In: *Interdisciplinary Journal of Contemporary Research in Business*, Vol. 3, No. 1: 734.

McMahon, Robert (1994): *The Cold War on the Periphery: The United States, India, and Pakistan*. New York: Columbia University Press.

Mearsheimer, John (2001): *The Tragedy of Great Power Politics*. New York: W. W. Norton.

Michael, Arndt (2013): *India's Foreign Policy and Regional Multilateralism*. Basingstoke: Palgrave Macmillan.

Michael, Arndt (2014): Advent of a 'Game Changer'?: India's Economic, Political and Strategic Engagement in Sub-Saharan Africa from 1991 until 2014. In: *India Quarterly: A Journal of International Affairs*, Vol. 70, No. 2: 341-357.

Michaels, Axel (1986): *Ritual und Gesellschaft in Indien. Ein Essay*. Frankfurt am Main: Verlag Neue Kritik.

Michaels, Axel (1998): *Der Hinduismus. Geschichte und Gegenwart*. München: C.H. Beck.

Ministry of Information and Broadcasting Government of India (Hrsg.) (1968): Hindu-Muslim tension: its cause and cure. In: Ministry of Information and Broadcasting, *Collected Works of Mahatma Gandhi*, Vol. 28. New Delhi: Ministry of Information and Broadcasting: 65.

Ministry of Rural Development, Government of India (2013): *The Right to Fair Compensation and Transparency in Land Acquisition, Rehabilitation and Resettlement Act*, http://www.rural.nic.in/sites/downloads/general/RTTFC_in_LARR_2013.pdf (letzter Zugriff am 14.03.2014).

Moe, Angela M. (2009): Battered Women, Children and the End of Abusive Relationships. In: *Affilia*, Vol. 24, No. 3 (August): 244-256.

Mohan, Raja C. (2003): Beyond Non-alignment. In: Kanti Bajpai & Harsh V. Pant (Hrsg.): *India's Foreign Policy. A Reader*. New Delhi: Oxford University Press India: 27-50.

Mohan, Raja C. (2006): India and the Balance of Power. In: *Foreign Affairs*, Vol. 85, No. 4: 17-32.

Mohindra, K. S. et al. (2011): Alcohol Use and its Consequences in South India: Views from a Marginalised Tribal Population. In: *Drug and Alcohol Dependence*, Vol. 117: 70-73.

Moller, Herbert (1968): Youth as a Force in the Modern World. In: *Comparative Studies in Society and History*, Vol. 10, No. 3: 237-260.

Mukherjee, Kunal (2014): The South Asian Association for Regional Cooperation: Problems and Prospects. In: *Progress in Development Studies*, Vol. 14, No. 4: 373-381.

Müller, Harald (2007): *Weltmacht Indien: Wie uns der rasante Aufstieg herausfordert*. Frankfurt am Main: Fischer Verlag.

Müller, Harald & Rauch, Carsten (2008): Indiens Weg zur Wirtschaftsmacht. In: *Aus Politik und Zeitgeschichte*, Heft 22: 7-13.

Müller, Oliver (2006): Wucht der Milliarden. Sonderheft: Weltmacht Indien. In: *Internationale Politik*, Vol. 61, No. 10: 39-45.

Nanda, Bal Ram (1985): *Gandhi and his Critics*. New Delhi: Oxford University Press India.

Nayar, Raj Baldev & Paul, T. V. (2013): Major-power Status in the Modern World. India in Comparative Perspective. In: Kanti P. Bajbai & Harsh V. Pant (Hrsg.): *India's Foreign Policy. A Reader*. New Delhi: Oxford University Press India: 127-164.

Nehru, Jawaharlal (1961): *India's Foreign Policy*. New Delhi: Government of India.

Nehru, Jawaharlal (1963): Toward Freedom: The Autobiography of Jawaharlal Nehru [1941]. 3rd Edition. Boston: Beacon Press.

Nehru, Jawaharlal (2006): *India's Foreign Policy. Selected Speeches September 1946 – April 1961*. 3rd Reprint. New Delhi: Ministry of Information and Broadcasting, Publications Division: 280-281.

Nissel, Heinz (2013): Indien: eine Regionalmacht und ihre geo-politischen Interessen. In: Michael Staack (Hrsg.): *Asiens Aufstieg in der Weltpolitik*. Opladen/Berlin/Toronto: Verlag Barbara Budrich Verlag: 107-134.

Ogden, Chris (2014): *Indian Foreign Policy. Ambition and Transition*. Cambridge/Malden: Polity Press.

Olzak, Susan (1992): *The Dynamics of Ethnic Competition and Conflict*. Stanford: Stanford University Press.

Padney, Gyanendra (1992): In Defense of the Fragment: Writing about Hindu-Muslim Riots. In: Representations, Vol. 37 (Winter): 27-55.

Palshikar, Suhas (1996): Gandhi – Ambedkar Interface: When Shall the Twain Meet? In: *Economic and Political Weekly*, Vol. 31, No. 31 (03.08.1996): 2070-2072.

Palshikar, Suhas (1997): Gandhi and Ambedkar. In: *Economic and Political Weekly*, Vol. 32, No. 30 (26.07.1997): 1918-1919.

Panda, Dhirenda & Stanley, William (2008): Communal Violence in Orissa: Hindu Fundamentalist attack minority Christians, In: *Communalism Watch* (05.09.2008), http:// communalism.blogspot.de/2008/09/communal-violence-in-orissa-hindu.html (letzter Zugriff am 17.02.2015).

Pant, Harsh V. (2012): *Contemporary Debates in Indian Foreign and Security Policy*. Basingstoke: Palgrave Macmillan.

Pati, Biswamoy (2008): In a Crucified State. In: *Hindustan Times* (02.09.2008), http://www. hindustantimes.com/StoryPage/Print.aspx?Id=6d2a5ff7-1561-44f9-aa73-45a5dc770179 (letzter Zugriff am 26.02.2015).

Paul, Thazha Varkey (2005): *The India-Pakistan Conflict. An Enduring Rivalry*. Cambridge: Cambridge University Press.

Paxton, Robert O. (1998): Five Stages of Fascism. In: *The Journal of Modern History*, Vol. 70, No. 1: 1-23.

Perkovich, George (1999): *India's Nuclear Bomb: The Impact on Global Proliferation*. Berkeley, CA: University of California Press.

Perras, Arne (2014): Rechts rum. In: *Süddeutsche Zeitung* (15.05.2014).

Petersmann, Sandra (2015): Schlappe bei Hauptstadtwahl. Schallende Ohrfeige für Indiens Premier, In: *Tagesschau* (19.02.2015), http://www.tagesschau.de/ausland/indien-221.html (letzter Zugriff am 06.05.2015).

Pothen, Sosamma (1989): Divorce in Hindu Society. In: *Journal of Comparative Family Studies*, Vol. 20, No. 3: 377-392.

Prys, Miriam (2010): Indiens Außenpolitik in Südasien im Wechselspiel zwischen regionalen und globalen Veränderungen. In: Sebastian Buciak & Rüdiger von Dehn (Hrsg.): *Indien und Pakistan – Atommächte im Spannungsfeld regionaler und globaler Veränderungen.* Beiträge zur Außen- und Sicherheitspolitik. Berlin: Köster Verlag: 133-160.

Rana, A. P. (1976): *The Imperatives of Nonalignment: A Conceptual Study of India's Foreign Policy Strategy in the Nehru Period.* Delhi: Macmillan.

Ranganathan, C. V. (2007): *Panchsheel and the Future: Perspectives on India-China Relations.* New Delhi: Samskriti.

Rao, P. V. (2012): South Asia's Retarded Regionalism. In: *Journal of the Indian Ocean Region,* Vol. 8, No. 1: 37-52.

Rao, Rajyasri (2002): *BBC News World Edition: Profile – The Vishwa Hindu Parishad,* http://news.bbc.co.uk/2/hi/south_asia/1860202.stm (letzter Zugriff am 13.04.2015).

Rao, Ursula (2003): *Kommunalismus in Indien. Eine Darstellung der wissenschaftlichen Diskussion über Hindu-Muslim-Konflikte.* Südasienwissenschaftliche Arbeitsblätter, Band 4. Halle-Wittenberg: Institut für Indologie und Südasienwissenschaften der Martin-Luther-Universität Halle-Wittenberg.

Ray, Baren (1996): Gandhi against Untouchability. An Introductory Essay. In: Baren Ray (Hrsg.): *Gandhi's Campaign against Untouchability, 1933-34. An Account from the Raj's Secret Official Reports.* New Delhi: Gandhi Peace Foundation: 1-47.

Rediff.com (2014): Good Governance Day: Modi Promises Open-door Administration, http://www.rediff.com/news/report/good-governance-day-modi-promises-open-door-administration/20141225.htm (letzter Zugriff am 14.02.2015).

Reetz, Dietrich (2014): Indien: Das zweitgrößte islamische Land der Erde. http://www.bpb.de/internationales/asien/indien/44418/muslime-in-indien (letzter Zugriff am 06.05.2014).

Rösel, Jakob & Gottschlich, Pierre (2008): *Indien im neuen Jahrhundert. Demokratischer Wandel, ökonomischer Aufstieg und außenpolitische Chancen.* Baden-Baden: Nomos Verlag.

Roß, Jan (2014): Gandhis vergiftetes Erbe. In: *Die Zeit* (17.10.2014).

Roß, Jan (2015): Wird Indiens starker Mann schon schwach? In: *Die Zeit* (01.03.2015).

Rothermund, Dietmar (2008): *Indien. Aufstieg einer asiatischen Weltmacht.* Bonn: Bundeszentrale für Politische Bildung.

Roy, Arundhati (2014): The Doctor and the Saint. In: S. Anand (Hrsg.): *Annihilation of Caste. The Annotated Critical Edition.* London/New York: Verso: 1.

Rubinoff, Arthur (1971): *India's Use of Force in Goa.* Bombay: Popular Prakashan.

SAARC (1985): Charter of the South Asian Association for Regional Cooperation (SAARC), Article III and IV, http://saarc-sec.org/saarc-charter/5/ (letzter Zugriff am 20.02.2015).

SAARC (2012): SAARC Statistical Yearbook – 2012, http://saarc-sec.org/uploads/document/SAARC%20Statistical%20Yearbook%202012%20(2nd%20May%20 2014)_20140501114459.pdf (letzter Zugriff am 14.02.2015).

Sambanis, Nicholas (2002): A Review of Recent Advances and Future Directions in the Quantitative Literature on Civil War. In: *Defence and Peace Economics,* Vol. 13, No. 3: 215-243.

Sarkar, Tanika (2011): Gandhi and Social Relations. In: Judith Brown & Anthony Parel (Hrsg.): *The Cambridge Companion to Gandhi*. Cambridge: Cambridge University Press: 173-195.

Savarkar, Vinayak Damoda (1923): Hindutva: Who is a Hindu? Bombay: Veer Savarkar Prakasan, https://archive.org/details/hindutva-vinayak-damodar-savarkar-pdf (letzter Zugriff am 14.02.2015).

Schmidt, Lars Peter & Schepp, Marcel (2015): Regionalwahlen in Delhi. Überraschender Erdrutschsieg für Anti-Korruptions-Partei. In: *Länderbericht Indien, Konrad-Adenauer-Stiftung*, http://www.kas.de/wf/doc/kas_40436-544-1-30.pdf?150210153309 (letzter Zugriff am 06.05.2015).

Schmidt, Manfred (2010): *Wörterbuch zur Politik*. 3. Auflage. Stuttgart: Körner Verlag.

Schneider, Norbert F. (2012): Die familiendemografische Entwicklung in Deutschland (31.05.), http://www.bpb.de/politik/grundfragen/deutsche-verhaeltnisse-eine-sozialkunde/138030/die-familiendemografische-entwicklung-in-deutschland?p=all (letzter Zugriff am 29.07.2014).

Sekretariat der Deutschen Bischofskonferenz (Hrsg.) (2010): *Solidarität mit verfolgten und bedrängten Christen in unserer Zeit. Indien. Beispiele aus dem Bundesstaat Orissa*. Bonn: Deutsche Bischofskonferenz.

Sengupta, Durga (2015): 'Wedding' Song & Dance Continues As Protesters Outside Hindu Mahasabha Arrested, Pushed into Bus, http://www.scoopwhoop.com/news/no-valentines-wedding/ (letzter Zugriff am 15.02.2015).

Shah, A. M. (1998): *The Family in India. Critical Essays*. New Delhi: Orient Longman.

Sharma, Dinesh C. (2014): India's IT industry. Software and Services for the World, http://www.bpb.de/internationales/asien/indien/190252/india-s-it-industry (letzter Zugriff am 25.01.2015).

Siasat Daily (2014): World Should Realize the Strength of India's Democracy: Narendra Modi, (02.06.), http://www.siasat.com/english/news/world-should-realize-strength-india%E2%80%99s-democracy-narendra-modi (letzter Zugriff am 03.06.2014).

SIPRI (2014): Military Expenditure Database of the Stockholm International Research Peace Institute, http://www.sipri.org/research/armaments/milex/milex_database/milex_database (letzter Zugriff am 13.02.2015).Singh, Amrinder (2001): *A Ridge Too Far: War in the Kargil Heights, 1999*. Patiala: Motibagh Palace.

Sitaraman, Srini (2012): Kashmir Conflict: 1900 to Present: South, Central and West Asia. In: Patit P. Mishra, Andrea L. Stanton, Edward Ramsamy, Peter J. Seybolt, Carolyn M. Elliott (Hrsg.): *Cultural Sociology of the Middle East, Asia and Africa: An Encyclopedia*. Thousand Oaks: SAGE.

Sivaranjani, S., Dutta, R., Gnanasekaran, S., Suchithra, S., Srilalitha, V., Sujitha, R., Sowmya, S., Subitha, S. & Dcruze, L. (2014): A Population based Study on Alcoholism among Adult Males in a Rural Area, Tamil Nadu, India. In: *Journal of Clinical and Diagnostic Research*, Vol. 8, No. 6: 1-3.

Skoda, Uwe & Voll, Klaus (2005): *Der Hindu-Nationalismus in Indien. Aufstieg – Konsolidierung – Niedergang?* – Berliner Studien zur internationalen Politik und Gesellschaft, Band 1. Berlin: Weissensee: 1-31, 83-114.

Skoda, Uwe (2014): *Kaste und Kastensystem in Indien. Eine Einführung*, http://www.bpb.de/internationales/asien/indien/44414/kastenwesen (letzter Zugriff am 29.07.2014).

Smith, Wilfred Cantwell (1974): *Modern Islam in India. A Social Analysis.* New York: AMS Press: 157-194.

Spodek, Howard (2010): In the Hindutva Laboratory: Progroms and Politics in Gujarat, 2002. In: *Modern Asian Studies*, Vol. 44, No. 2: 349-399.

Sridharan, Eswaran (2014): Behind Modi's Victory. In: *Journal of Democracy*, Vol. 25, No. 4: 20-33.

Stern, Robert W. (2005): India's Westminster System. In: Haig Patapan, John Wanna & Patrick Weller (Hrsg.): *Westminster Legacies – Democracy and Responsible Government in Asia and the Pacific.* Sydney: University of New South Wales Press Ltd: 152.

Strube, Michael J. & Barbour, Linda (1983): The Decision to Leave an Abusive Relationship: Economic Dependence and Psychological Commitment. In: *Journal of Marriage and Family* 1983, Vol. 45, No. 4: 785-793.

Susewind, Raphael (2011): „Opfer" und „Aktivistin". Zwei Muslima aus Gujarat ringen mit der Ambivalenz des Sakralen. In: *Internationales Asienforum*, Vol. 42, No. 2: 299-317.

Swami, Praveen (1999): *The Kargil War.* New Delhi: Leftword Books.

Swami, Praveen (2007): *India, Pakistan and the Secret Jihad: The Covert Kashmir, 1947-2004.* London: Routledge.

The Hindu (2009): Report of the Liberhan Ayodhya Commission of Inquiry (25.11.2009), http://www.thehindu.com/news/article54082.ece (letzter Zugriff am 17.04.2015).

The Hindu (2014a): A Historic Opportunity (17.09.2014), http://www.thehindu.com/opinion/editorial/xi-jinping-in-india-a-historicopportunity/article6416555.ece (letzter Zugriff am 19.09.2014).

The Hindu (2014b): Forward and Together in Progress (01.10.2014), http://www.thehindu.com/opinion/op-ed/narendra-modi-and-barack-obama-forwardand-together-in-progress/article6462523.ece (letzter Zugriff am 03.10.2014).

The Times of India (2009): BJP not Apologetic over Demolition of Babri Masjid in Ayodhya (13.07.2009), http://timesofindia.indiatimes.com/india/bjp-not-apologetic-over-demolition-of-babri-masjid-in-ayodhya/articleshow/4773539.cms (letzter Zugriff am 16.02.2015).

The White House, Office of the Press Secretary (2015a): Remarks by President Obama in Address to the People of India (27.01.), http://www.whitehouse.gov/the-press-office/2015/01/27/remarks-president-obama-address-people-india (letzter Zugriff am 16.02.2015).

The White House, Office of the Press Secretary (2015b): Remarks by the President at National Prayer Breakfast (05.02.), http://www.whitehouse.gov/the-press-office/2015/02/05/remarks-president-national-prayer-breakfast (letzter Zugriff am 16.02.2015).

The World Bank Group (2015): GDP growth (annual %), http://data.worldbank.org/indicator/NY.GDP.MKTP.KD.ZG/countries?page=1 (letzter Zugriff am 16.02.15).

Thomas, Raju G. C. (1978): *The Defence of India: A Budgetary Perspective of Strategy and Politics.* Delhi: Macmillan

Thornton, Thomas P. (1991): Regional Organizations in Conflict Management. In: *Annals of the American Academy of Political and Social Science*, Vol. 518, No. 1 (November): 132-142.

Tichy, Lauren L., Becker, Judith V. & Sisco, M. (2009): The Downside of Patriarchal Benevolence: Ambivalence in Addressing Domestic Violence and Socio-Economic Considerations for Women of Tamil Nadu, India. In: *Journal of Family Violence*, Vol. 24, No. 8: 547-558.

Tickner, J. Ann (1986): *Self-Reliance versus Power Politics: The American and Indian Experience in Building Nation States*. New York: Columbia University Press.

Tully, Mark (2005): Eyewitness: Ayodhya Mosque Destruction. In: *BBC News* (05.07.2005), http://news.bbc.co.uk/2/hi/south_asia/4651619.stm (letzter Zugriff am 16.02.2015).

Tylor, Edward Burnett (1871): *Primitive Culture: Researches into the Development of Mythology, Philosophy, Religion, Art and Custom*. London: Murray.

UN (1956): Demographic Yearbook 1956 (United Nations Population Division, New York), http://unstats.un.org/unsd/demographic/products/dyb/dybsets/1956%20DYB.pdf (letzter Zugriff am 31.07.2014).

Urdal, Henrik (2006): A Clash of Generations? Youth Bulges and Political Violence. In: *International Studies Quarterly*, Vol. 50, No. 3: 607-629.

Urdal, Henrik (2008): Population, Resources and Political Violence: A Subnational Study of India, 1956-2002. In: *The Journal of Conflict Resolution*, Vol. 52, No. 4: 590-617.

Varadarajan, Tunku. 2014. Modi's Operandi. In: *TIME* (06.01.), http://time.com/3430012/modis-operandi/ (letzter Zugriff am 30.11.2014).

Varshney, Ashutosh (2002): *Ethnic Conflict and Civic Life. Hindus and Muslims in India*. New Haven/London: Yale University Press.

Varshney, Ashutosh & Wilkinson, Steven (2004): Varshney-Wilkinson Dataset on Hindu-Muslim Violence in India, 1950-1995, Version 2. *Dataset on Hindu-Muslim Violence in India, 1950-1995, Version 2*. Ann Arbor, MI: Inter-University Consortium for Political and Social Research.

Varshney, Ashutosh (2014): Hindunationalism in Power? In: *Journal of Democracy*, Vol. 25, No. 4 (October): 34-45.

Venzky, Gabriele (1992): Gelähmt von religiösem Eifer. Nach dem Sturm auf die Moschee von Ayodhya: Indiens Religionsstreit zerreißt die Nation. In: *Die Zeit* (11.12.1992).

Vertical Media GmbH (2014): Offshoring, http://www.gruenderszene.de/lexikon/begriffe/offshoringhttp://www.gruenderszene.de/lexikon/begriffe/offshoring (letzter Zugriff am 11.02.2015).

Vranda, Mysore Narasimha (2013): Exploring Domestic Violence in an Indian Setting. In: *Indian Journal of Gender Studies*, Vol. 20, No. 1: 135-146.

Wagner, Christian (2005): *Die „verhinderte" Großmacht? Die Außenpolitik der Indischen Union. 1947-1998*. Baden-Baden: Nomos Verlag.

Wagner, Christian (2006): *Das politische System Indiens: Eine Einführung*. Wiesbaden: VS Verlag.

Wagner, Christian (2012): Die Außenpolitik Indiens. In: Michael Staack (Hrsg.): *Einführung in die Internationale Politik*. Studienbuch, 5. Auflage. München: UTB Verlag: 388-418.

Wagschal, Uwe, Metz, Thomas & Schwank, Nicolas (2008): Ein ‚Demografischer Frieden'? Der Einfluss von Bevölkerungsfaktoren auf inner- und zwischenstaatliche Konflikte. In: *Zeitschrift für Politikwissenschaft*, Vol. 18, No. 3: 353-383.

Waheguru, Pal Singh Sidhu & Yuan, Jing-Dong (2001): Resolving The Sino-Indian Border Dispute: Building Confidence Through Cooperative Monitoring. In: *Asian Survey*, Vol. 41, No. 2: 351-76.

Waltz, Kenneth (1979): *Theory of International Politics*. Boston, MA: McGraw-Hill.

Wirth, Heike (1996): Wer heiratet wen? Die Entwicklung der bildungsspezifischen Heiratsmuster in Westdeutschland. In: *Zeitschrift für Soziologie*, No. 5: 371-394.

Wohlforth, William C. (2008). Realism. In: Christian Reus-Smit & Duncan Snidal (Hrsg.): *The Oxford Handbook of International Relations*. Oxford: Oxford University Press: 131-149.

Wolf, Tobias (2012): *Extremismus im Namen der Religion. Wie der Hindu-Nationalismus die Demokratie in Indien gefährdet*. Aachen: Shaker Verlag.

World Bank. (2013): World Bank Gross Domestic Product Ranking 2013, http://databank. worldbank.org/data/download/GDP.pdf (letzter Zugriff am 24.02.2015).

Wörrlein, Johann (1913): *Vierzig Jahre in Indien. Erinnerungen eines alten Missionars*. Hermannsburg: Verlag der Missionshandlung.

Wulf, Herbert (2014): Indiens globale Anliegen und Ansprüche. In: *Zeitschrift für Außen- und Sicherheitspolitik*, Vol. 7, No. 1: 49-65.

Zavos, John, Hansen, Thomas Blom & Jaffrelot, Christophe (2004): *Hindu Nationalism and Indian Politics*. New Delhi: Oxford University Press.

Zeit Online (2014): Indien verspricht Null-Toleranz bei Gewalt gegen Frauen, http://www. zeit.de/politik/ausland/2014-06/indien-vergewaltigungen-strafe (letzter Zugriff am 26.10.2014).

Zingel, Wolfgang-Peter (2014): *Indien: Wirtschaftssystem und wirtschaftliche Entwicklung in Indien. Einführung und Überblick*. Bundeszentrale für Politische Bildung, http:// www.bpb.de/internationales/asien/indien/44512/ueberblick-wirtschaft (letzter Zugriff am 25.01.2015).

Zeitungen und Zeitschriften

Soweit die Zitate bzw. Endnoten nicht bereits explizit im Literaturverzeichnis belegt wurden, wurde in den Beiträgen zusätzlich aus folgenden Internetportalen, Zeitschriften und Zeitungen zitiert:

- BBC News
- Business Standard
- Deutsche Welle
- Die Zeit
- Firstpost
- Frontline
- International Business Time
- NDTV
- New York Times

- Spiegel Online
- The Daily Mail
- The Economic Times
- The Guardian
- The Hindu
- The Hindustan Times
- The Indian Express
- The Times of India

Interviewpartner und Gespräche

- Deswal, Manvenda: Deputy Director, Confederation Indian Industries, 13. März 2014.
- Engineer, Irfan A.: Center for Study of Society and Secularism (CSSS), 12. Februar 2015.
- Gosh, Aditya: Confederation Indian Industries, Deputy Director: Africa, Gulf and Middle East (International Division), 24. März 2014.
- Janvikas, Hozefa Vijani, 13. Februar 2015.
- Kanoria, Rajya Vardhan: Chairman and Managing Director, Kanoria Chemicals, ehemaliger Präsident der "Federation of Indian Chambers of Commerce and Industry" (FICCI), 12. März 2014.
- Malek, Rafi: Center for Development, 16. Februar 2015.
- Mulay, Indrayani: Confederation Indian Industries, Deputy Director: International Division, 24. März 2014.
- Prasad, Matthew: Chacko St. Xavier's College (Ahmedabad), 14. Februar 2015.
- Prashad, Cedric Prakash: 16. Februar 2015.

Register

Printed by Printforce, the Netherlands